权威 · 前沿 · 原创

B 重庆人力资源蓝皮书
BLUE BOOK OF CHONGQING'S HUMAN RESOURCES

重庆人力资源服务业发展报告

2021

《重庆人力资源服务业发展报告》编委会　编著

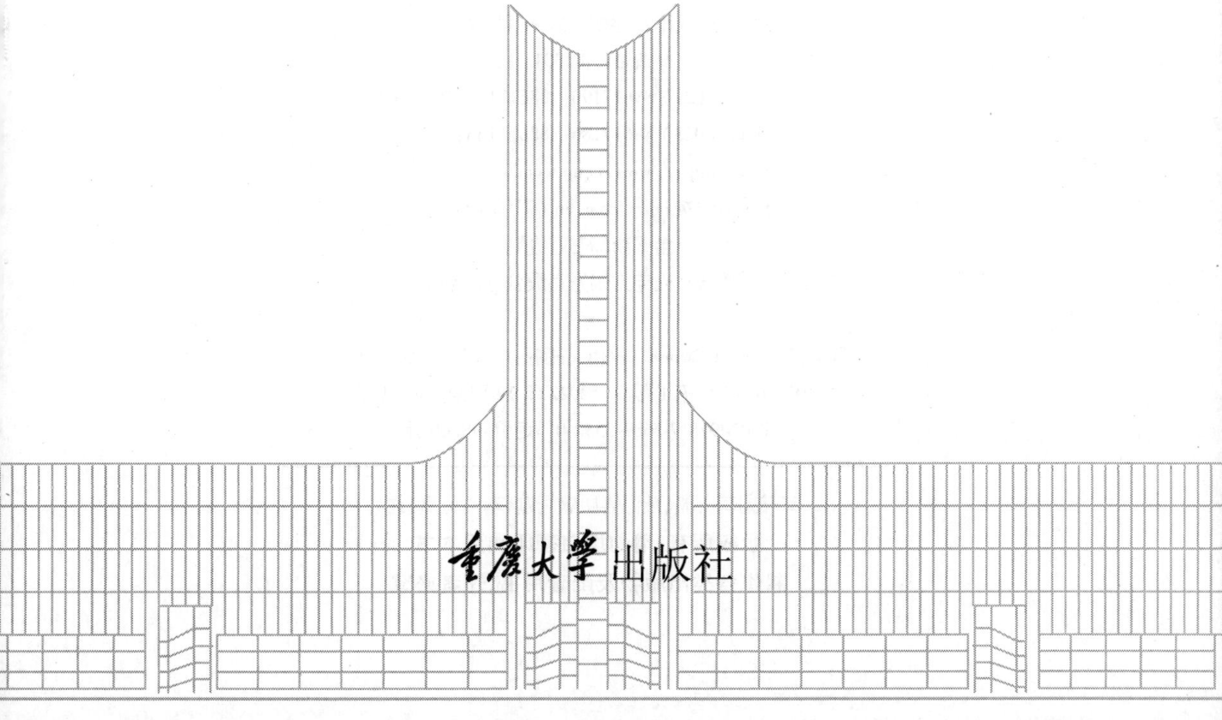

重庆大学出版社

图书在版编目(CIP)数据

重庆人力资源蓝皮书：重庆人力资源服务业发展报告. 2021 /《重庆人力资源服务业发展报告》编委会编著. -- 重庆：重庆大学出版社，2022.12

ISBN 978-7-5689-3550-0

Ⅰ. ①重… Ⅱ. ①重… Ⅲ. ①人力资源—服务业—产业发展—研究报告—重庆—2021 Ⅳ. ①F249.277.19

中国版本图书馆 CIP 数据核字(2022)第 174788 号

重庆人力资源蓝皮书:重庆人力资源服务业发展报告(2021)

CHONGQING RENLI ZIYUAN LANPISHU:CHONGQING RENLI ZIYUAN FUWUYE FAZHAN BAOGAO(2021)

《重庆人力资源服务业发展报告》编委会 编著

责任编辑:顾丽萍 版式设计:顾丽萍

责任校对:刘志刚 责任印制:张 策

*

重庆大学出版社出版发行

出版人:饶帮华

社址:重庆市沙坪坝区大学城西路 21 号

邮编:401331

电话:(023) 88617190 88617185(中小学)

传真:(023) 88617186 88617166

网址:http://www.cqup.com.cn

邮箱:fxk@cqup.com.cn(营销中心)

全国新华书店经销

重庆升光电力印务有限公司印刷

*

开本:720mm×1020mm 1/16 印张:19.25 字数:358 千

2022 年 12 月第 1 版 2022 年 12 月第 1 次印刷

ISBN 978-7-5689-3550-0 定价:98.00 元

编委会

编委会顾问　黎　勇　何振国

编委会主编　冉隆江

编委会副主编　王军国　熊荣军　丁林华　刘　杨

编委会成员　孙继伟　赵　飞　李　琳　苏彦丽
王怀玲　涂云利

编　　者　黄子华　卿　赟　赵明飞　刘苓玲
高福霞　陈永进　王亚飞　李贤柏
熊　艳

前言

PREFACE

《重庆人力资源蓝皮书:重庆人力资源服务业发展报告(2021)》通过对人力资源服务业相关规范、体系建设、发展环境和管理实践的分析,对重庆市人力资源服务业地方标准化规范制定、发展前景、趋势预判和未来展望进行研究,形成学术成果,对推动新时期人力资源服务业开发与规范、实现跨越式发展具有重要的参考意义。

全书分为总报告、基础篇、产业篇、队伍篇及附录等5部分。

总报告主要分析了2021年度重庆市人力资源服务业发展状况,结合重庆实际剖析面临的机遇与挑战,指出发展中的不足之处,提出人力资源服务业实现"千亿跃升"目标的路径与方法。

基础篇收录了《重庆市职业指导服务规范研究》《人力资源管理咨询服务规范指南研究》《人力资源服务业全口径统计体系建设研究》3篇报告。以上报告在国家标准基础上,参考京津冀等发达地区出台的地方标准,深入分析重庆市实际情况,力争为重庆市人力资源服务业地方标准的制订提供理论支撑,发挥理论指导实践的重要意义。

产业篇收录了《成渝地区人力资源市场协同发展问题研究》《推动重庆市人力资源服务业跨越式发展研究》《市场化引才体系建设研究》《重庆市人才服务数字化转型研究》4篇报告。以上报告以重庆市人力资源市场发展为切入点,立足重庆市人力资源服务业发展现状、人才服务数字化、成渝两地双城经济圈建设情况进行分析,分别提出实现成渝地区人力资源市场协同发展、重庆市人力资源服务业"千亿跃升"计划、人才服务数字化转型等意见建议。

队伍篇收录了《重庆市人力资源管理专业人员职称体系改革研究》《重庆市人力资源服务从业人员现状调查与发展研究》2篇报告。以上报告以重庆市人力资源服务业相关体制机制建设、改革优化等方面为切入点，对重庆市实际进行全面的分析，梳理了重庆市人力资源服务从业人员现状，分析其面临的困境与痛点，提出相关意见建议，以咨政府决策。

附录主要刊登《重庆市人力资源市场条例》，摘选2021年度重庆市人力社保工作大事记。

本书作者包括诸多人力资源服务业相关的实践和理论工作者，对重庆市人力资源服务业有不少真知灼见和成功经验，对推动重庆市人力资源服务业实现跨越式发展具有重要参考意义。本书的年度出版与发行，力争为人力资源服务业相关各方提供咨询交流的平台、实践创新的高地。

《重庆人力资源服务业发展报告》编委会

2022年8月

目录
CONTENTS

队伍篇▶

附　录▶

总报告

重庆市人力资源服务业发展报告(2021)

摘　要:本报告描述了2021年重庆市人力资源服务业发展现状,梳理了部分创新举措,探析了发展面临的机遇与挑战,提出了重庆市人力资源服务业高质量发展的路径。研究表明,重庆市人力资源服务业显现出政策体系逐步健全、行业规模逐渐壮大、民营机构竞争力进一步增强、服务产业链不断延伸等特点;在高效搭建人力资源服务业发展平台、创新人力资源公共服务、与经济社会发展同频共振、积极创新人力资源服务业态形式等方面开展了创新探索。重庆市人力资源服务业发展仍然处于重要的战略机遇期,同时面临更加复杂的国内外环境和诸多新挑战。本报告通过深入分析,提出通过完善政策体系、健全发展机制、强化队伍建设、激发市场需求、加大企业支持力度、搭建发展平台、加大研发投入、优化发展环境、提高服务价值、抓好转型升级等途径来实现人力资源服务业高质量发展。

关键词:重庆　人力资源服务业　高质量发展

人力资源服务业是现代服务业的重要门类,是现代服务业中具有代表性和成长性的行业,是实施就业优先、人才强国、乡村振兴等战略的重要抓手。近年来,重庆市人力资源服务业呈现出高速发展态势,展现出巨大的朝阳活力。

一、重庆市人力资源服务业发展成效

近年来,重庆市高度重视人力资源服务业发展,不断健全服务体系,完善服务机制,拓宽服务方式,推动人力资源服务业发展驶入快车道,政策体系逐步健全,行业规模不断扩大,从业人员素质大幅提升,服务产业链不断延伸,服务能力持续提升,为重庆高质量发展做出积极贡献。

（一）政策体系逐步健全

健全政策体系，促进人力资源服务业高质量发展，为行业发展提供良好的政策指引与支持。在深入贯彻实施《人力资源市场暂行条例》的基础上，积极推动人力资源市场立法工作，2021 年正式实施了地方性法规《重庆市人力资源市场条例》，在培育人力资源市场和规范人力资源市场活动，推动人力资源合理流动和优化配置，促进人力资源服务业健康可持续发展等方面起到了积极作用。发布了《重庆市人力资源服务业"十四五"规划（2021—2025 年）》，为人力资源服务业的发展描绘了新蓝图，指明了新方向。为促进人力资源服务业规模化、集约化发展，规范市级人力资源服务产业园建设管理工作，制订了《重庆市市级人力资源服务产业园管理办法（试行）》。

（二）行业规模明显壮大

面对新形势和常态化的疫情防控，大力推进人力资源服务业生态系统建设，优化公共服务体系，围绕服务经济社会发展大局精准发力，行业规模明显壮大，呈现出快速增长态势。截至 2021 年底，全市共有各类人力资源服务机构 2846 家，较上年增加 691 家，营业收入 618.05 亿元，较上年分别增长 32.06%，26.25%；人力资源服务机构的注册资本为 156.26 亿元，总资产为 762.54 亿元，税收达 8.77 亿元，较上年分别增长 144.84%，307.93%，2.33%，见表 1。

表 1　2020—2021 年重庆市人力资源服务业行业总量

年份	机构数（家）	注册资本（亿元）	总资产（亿元）	全年营业收入（亿元）	从业人员总数（人）
2020 年	2155	63.82	186.93	489.53	25597
2021 年	2846	156.26	762.54	618.05	28486

（数据来源：市人力社保局，下同）

（三）从业人员素质大幅提升

坚持人才资源是人力资源服务业发展的关键，把提升行业人才队伍素质放在重要位置，多形式、多层次地加强行业人才队伍建设。2021 年，继续在市外著名高校举办人力资源服务业发展高级研修班，培训区县（自治县）人力社保部门分管领导和人力资源服务机构高级管理人员60余人；在市内举办人力资源服务机构业务骨干培训班，培训人力资源服务机构业务骨干300余人。强化人力资源服务业从业人员职业技能提升培训，提升从业人员专业水平和综合能力，累计培训行业从业人员23710人，通过考核取得证书22455人。截至2021年底，全市共有人力资源服务从业人员28485人，较上年增长11.29%，其中高中及以下13866人，占比为48.68%，比上年减少23.12%；大专及本科14124人，占比为49.58%，比上年增长23.16%；研究生及以上495人，占比为1.74%，比上年增长8.55%，如图1所示；取得职业资格证书9790人，占比为34.37%，比上年增长4.44%。

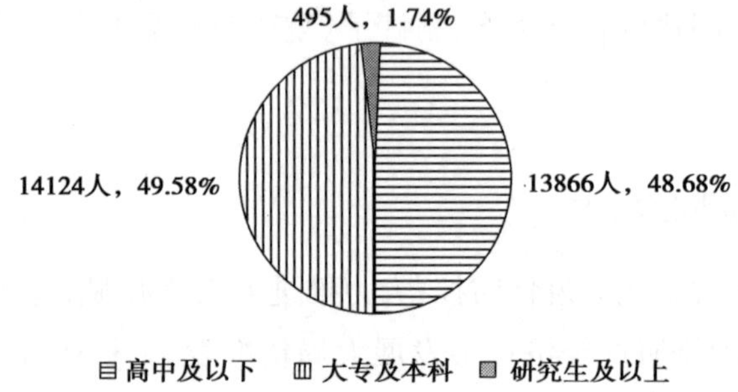

图1　2021年重庆市人力资源服务从业人员学历构成情况

（四）民营机构竞争力进一步增强

数据显示，重庆市人力资源服务机构种类较多，但推动重庆市人力资源服务业进入发展快车道的主力是民营机构。促进民营性质的人力资源服务机构发展壮大、提升其竞争力是重庆市人力资源服务业一贯的发展目标。截至2021年底，全市共有民营性质的人力资源服务机构2701家，占全市人力资源服务机构总量的94.91%，比上年增长3.30%；全市民营性质的人力资源服务机构共有从业人员25362人，占全市从业人员总人数的89.03%，比上年增长1.77%；全市民营性质的人力资源服务机构资产为663.23亿元，占全市人力资源机构总资产的86.98%，比上年增长10.56%。

（五）服务产业链不断延伸

支持人力资源服务机构围绕市场需求，创新服务产品，在做好人力资源招聘、劳务派遣、人力资源服务外包等业态基础上，积极拓展高级人才寻访（猎头）、人才测评、人力资源管理咨询、人力资源信息软件服务等业务，完善人力资源服务业生态系统，挖掘市场潜力，不断延伸人力资源服务产业链，充分满足客户需求。2021年，全市人力资源服务机构外包服务用人单位7030家，较上年增加366家，外包总人数达203204人次；派遣服务用人单位23860家，派遣662682人次；依托档案提供服务385782人次，较上年增加17456人次；举办培训班6201次，较上年增加1084次，培训人员265804人次；提供测评服务208919人次；人力资源管理咨询服务用人单位12802家，较上年增长21.38%；高级人才寻访（猎头）委托推荐岗位数20951个，成功推荐人才10929人，较上年分别增加10407个、6755人，增长率达98.7%，161.83%；人力资源信息软件服务，服务单位15766家次，见表2。

表2　2021年重庆市人力资源服务业服务情况

<table>
<tr><th colspan="2">劳务派遣服务</th><th>人力资源管理咨询</th><th>人力资源外包服务</th><th>流动人员档案管理</th><th colspan="2">培训服务</th><th>测评服务</th><th colspan="2">猎头服务</th><th>信息软件服务</th></tr>
<tr><td>服务用人单位（家）</td><td>派遣人员总量（人）</td><td>服务用人单位数（家）</td><td>服务用人单位（家）</td><td>依托档案提供服务（人次）</td><td>举办培训班（次）</td><td>参加培训人员（人次）</td><td>测评人数（人次）</td><td>委托推荐岗位数（个）</td><td>成功推荐人才（人）</td><td>服务单位数（家次）</td></tr>
<tr><td>23860</td><td>662682</td><td>12802</td><td>7030</td><td>385782</td><td>6201</td><td>265804</td><td>208919</td><td>20951</td><td>10929</td><td>15766</td></tr>
</table>

（六）就业促进作用充分发挥

着力提升人力资源服务业服务质效，强化对就业的促进和带动作用，充分发挥人力资源服务业在稳就业、保就业、促人才有序流动等方面的效应，逐步将人力资源服务业打造成为就业服务的主力军。截至2021年底，全市设立固定招聘场所297个，登记在案的人力资源服务网站366个，帮助劳动者实现就业、择业和流动达3644723人次，较上年增加479397人次，增长15.14%，服务用人单位达374116家次；举办现场招聘会4347场次，参会用人单位75309家次，提供招聘岗位1760397个次，参会求职人数1125572人次；开展网络招聘服务，发布岗位信息5644968条，发布求职信息7785382条。

（七）产业集聚效应进一步彰显

出台人力资源服务产业园招商优惠政策，对入驻产业园的人力资源服务机构在装修、房租、税收等方面给予优惠，支持有条件的区县建设市级人力资源服务产业园，推动产业园快速发展，凸显行业集聚效应。园区“集聚产业、拓展业态、孵化企业、培育市场”的功能逐步显现，有力地带动了全市人力资源服务业发展。

截至2021年底，中国·重庆人力资源服务产业园入驻企业达到112家，其中世界500强企业1家，中国500强企业1家，A股主板上市企业1家，港交所上市企业2家，世界人力资源行业100强企业3家，大中华区人力资源行业100强企业14家。2021年园区营业收入达130亿元，同比增长28.78%，税收3.1亿元，同比增长44.19%；服务人员总数140万人次，帮助劳动者实现就业、择业和流动50万人次，服务用人单位6.5万家次；为全市引进各类人才约1.2万人。

此外，全市已批准建设5家市级人力资源服务产业园。2021年，入驻企业共帮助72.2万人次劳动者实现就业和流动，帮助8753人次人才有序流动。其中重庆三峡人力资源服务产业园入驻机构30家，年营业收入4.92亿元，纳税337.2万元，服务用人单位3003家；重庆市数字经济人力资源服务产业园入驻机构15家，年营业收入3.74亿元，纳税143.9万元，服务用人单位3045家；重庆大足人力资源服务产业园入驻机构19家，年营业收入3.01亿元，纳税214.1万元，服务用人单位704家；重庆市荣昌区人力资源服务产业园入驻机构16家，年营业收入2.69亿元，纳税1355.3万元，服务用人单位5008家；重庆市大数据人力资源服务产业园入驻机构5家，年营业收入1.93亿元，纳税589万元，服务用人单位1105家。

（八）诚信体系进一步完善

印发《重庆市经营性人力资源服务机构“诚信积分制”管理暂行办法》，首创诚信动态积分管理机制，按“红蓝黑”三色对机构实施分类管理，以结果公示强化行政管理效能，保障市场诚信发展。深入推进人力资源诚信服务主题创建活动，组织开展2019—2020年度人力资源诚信服务示范机构选树活动，通过宣传发动、机构自主申报、主管部门推荐、公众投票、专家评审、结果公示等环节，认定30家机构为2019—2020年度重庆市人力资源诚信服务示范机构，在市内主流媒体上宣传报道。

（九）信息化建设进一步推进

依托“智慧人社”平台，开发并启用了包括人力资源服务机构基本信息、业务信息、从业人员信息采集、人力资源市场统计等功能，进一步丰富、完善了人力资源服务业管理服务信息系统，建成重庆市人力资源综合服务平台，通过大数据分析、建模、贴标，实现就业服务主动推送和精准对接，围绕重点群体就业、企业人力资源保障等重点工作构建数据可视化模型，为制定就业创业政策提供辅助决策，促进了人力资源市场管理服务信息化、便捷化。按照市政府的统一部署，不断优化线上办理程序，对人力资源服务机构设立、变更等事项实行网上申请、受理、审批服务，行政审批流程更加公开、公平、高效。

（十）监管服务进一步规范

先后印发《关于做好两地人力资源市场统一准入监管等工作的通知》《重庆市人力资源和社会保障局办公室关于开展 2021 年度主动监察的通知》等文件，签署《大力推进川渝人社公共服务“十件实事”合作协议》，持续深化“放管服”改革，实施“双随机、一公开”监督检查，优化营商环境，净化人力资源市场环境，促进事中事后监管措施规范化、制度化、常态化，维护市场公平竞争有序，为重庆市人力资源服务业营造了良好有序的发展环境。定期开展清理整顿人力资源市场秩序专项行动、防骚扰电话综合整治、人力资源市场安全隐患排查整治和人力社保领域培训摸排等工作，加大违法违规行为查处力度，人力资源市场日常监管不断加强，市场执法力度不断加大。

二、重庆市人力资源服务业创新探索

近年来，重庆市人力资源服务业呈现出高速发展态势，与重庆市加大对行业的支持力度以及创新探索有密切关系。

（一）高效搭建人力资源服务业发展平台

一是发挥赛会结合优势，为行业发展提供新动能。成功承办了第一届全国人力资源服务业发展大会，圆满举办了 2021 重庆英才大会、2020 第三届中国猎头行业发展峰会、第二届西部 HR 能力大赛、首届人力资源服务创新创业大赛等活动，搭建人力资源服务供需双方交流合作平台，有效提升了行业影响力和知名度，提供人力资源服务业发展新动能，为重庆市经济社会高质量发展保驾护航。

二是强化产业园建设，推动行业取得新发展。产业园是推动人力资源服务业发展的重要抓手，具有集聚产业、拓展服务、孵化企业、培育市场的牵引作用。重庆市以推进产业园建设为中心，加快推动人力资源服务业从行业化发展向产业化发展转变，推进建立"国家级+市级+区县级"三级产业园矩阵建设体系，按照"1+10+N"产业园体系建设目标，已建成 1 家国家级人力资源服务产业园、5 家市级产业园、6 家区县级园区，进一步促进人力资源服务业集聚发展。积极服务西部(重庆)科学城人才保障需求，按照"一园多区"思路，高标准建成中国 · 重庆人力资源服务产业园科学城园区，进一步扩展国家级园区辐射带动范围。紧抓机遇、乘势而上，推进产业园三期项目建设，加快全国优质人力资源服务机构、本土龙头人力资源服务机构集聚，进一步优化服务体系和特色服务项目，营造更加开放、务实的营商环境，促进园区企业快速发展，助推全市产业向千亿元目标跃进，向高质量发展转型。

三是建立研究平台，为行业发展探索新路径。人社部同意建设中国重庆市人力资源服务产业发展研究院，加快对人力资源服务全产业业态开展全方位的理论研究与服务。建设国家级的人力资源服务出口基地，有效推动重庆市人力资源服务业进一步开放发展，有利于加快培育对外贸易新业态、新模式，加快形成人力资源服务领域国际竞争新优势。建设我国首个数字经济人才市场，力争打造成高端数字经济人才培育基地、全国数字经济人才输送交流平台，目前已开展市场化引才等多项理论研究。2021 年，委托重庆市人才研究和人力资源服务协会通过公开招标、自愿申报、受理审核、课题竞标、中期评审等程序，组织开展了 10 项人力资源服务业标准化服务指南和重点课题研究工作，形成职业指导服务规范指南、人力资源管理咨询服务规范指南等多项人力资源服务业标准服务指南，以及人力资源服务业全口径统计体系建设研究、人力资源专业职称体系改革研究等领域重点课题，为重庆市人力资源服务业发展提供了理论支撑和实践路径。连续多年发布重庆市人力资源服务业发展报告，对当年全市人力资源服务业发展情况进行总结，剖析存在的问题和行业发展面临的形势，提出发展对策，助力重庆市人力资源服务业快速发展。

（二）创新人力资源公共服务

一是做优人才公共服务。建立人才“一站式”服务平台，大力推进重庆英才服务卡，将 17 个领域的高频服务事项纳入优先保障范围，组建起 1600 余人的服务专员队伍。截至 2021 年底，全市发放重庆英才服务卡 10000 余张，其中“A 卡”3980 张，“B 卡”6000 余张，累计提供政策找人、子女入学、看病就医等专项服务近 7 万人次。推进人才服务上线上云，开通重庆英才移动服务平台、官网平台，促使“数据多跑路、人才少跑路、服务更直接”，高层次人才服务综合满意度达 99% 以上。

二是提高人才服务水平。帮助企业引智引才，采取“走出去、引进来”相结合的思路，市级层面抓大活动、大平台、大宣传，开展“百万英才兴重庆”全国知名高校网络巡回引才等线上活动，打造了“博士渝行周”“民营企业服务月”等服务子品牌。同时，引导各区县（自治县）开展小而专、精准化引才活动。2021 年，全市签约引进约 5 万人（含用人单位自主招聘），其中，开展引才活动 250 余场，签约引进约 1.3 万人；开展各类大学生就创活动 2500 余场，服务大学生 60 多万人次；全市新增就业见习基地 2600 余家，完成就业见习 2.7 万人。近年来，建设海外引才联络站 52 个，与北京大学等 19 所全国“双一流”高校就业部门签订校地引才和实训合作协议。

三是拓展线上服务渠道。为更好、更广泛、常态化地开展网络人社公共服务、网络人力资源服务，建设了中国 · 重庆人力资源服务产业园融媒体中心，主要用于产业园区内人社公共服务部门、人力资源服务机构开展网络直播招聘、直播人社政策解读、直播职业指导、在线培训、扶贫带货等服务。积极探索“网络直播招聘”促就业新模式，创新开展“重庆英才 · 职等您来”网络直播招人招才公共服务，为求职者打造求职招聘“一站式”服务。

（三）与经济社会发展同频共振

一是与产业协同发展。在发展综合性人力资源服务产业园和人力资源市场的同时，积极建设数字经济、大数据人力资源服务产业园以及金融人才市场等专业领域人力资源服务业产业园和人力资源市场，促进人力资源服务业与其他产业深度融合，实现协同发展。

二是优化政策措施。落实贫困劳动力一次性求职创业、交通等补贴政策，对人力资源服务机构等市场主体免费帮助贫困人员稳定就业 3 个月及以上的，按一定标准给予就业创业服务补助，促进贫困人员转移就业。

三是促进供需信息对称。以公共人力资源市场服务平台为基础，通过购买服务委托经营性人力资源服务机构承办公共就业服务专项活动，通过“公共+市场”的方式，充分整合资源，积极为劳动者搭建供需对接平台。各区县(自治县)人力社保部门常态化举办人力资源服务机构助力脱贫攻坚专场招聘会，为贫困劳动力就业创造条件，并针对贫困劳动力的不同需求提供有针对性的个性化服务。

四是提供就业保障。新冠肺炎疫情期间，面对全市企业尤其是“6+2”重点电子企业紧急缺工的现象，重庆市充分发挥人力资源服务机构作用，围绕需求、供给两端发力，一方面多渠道、分批次收集全市重点企业50余万个就业岗位，统一在招聘专区向社会发布；另一方面组织人力资源服务机构建立企业招工专员服务制度，实行24小时用工调度，全面保障规模以上工业企业复工复产和各类重点企业用工需求。

五是开展跨区域合作。为全面贯彻落实习近平总书记关于成渝地区双城经济圈建设重要指示精神和《成渝地区双城经济圈建设规划纲要》决策部署，川渝两地牵手同行，进一步拓宽合作领域，延长合作服务链，促进川渝人才要素顺畅流动、人才服务协同发展、人才创新创业开放共享，形成了区域人才服务一体化发展新格局，也为人力资源服务业提供发展新模式。此外，重庆还先后与贵州、浙江、山东等省签订务工人员返岗合作备忘录，建立农民工返岗复工“点对点”服务保障机制，实现健康互认、劳务互助。

(四)积极创新人力资源服务业态形式

一是探索人力资本银行建设。鼓励并引导人力资源服务机构开展创新探索，向数字化和智能化转型，积极引导人力资源服务机构走“专精特新”之路。重庆市云日信息技术有限公司是中国内地最早从事人力资本银行建设发展的机构之一。该公司运营的人力资本银行项目，秉承“人才数据化、数据资产化、资产市场化”的发展理念，对人力资本进行测评、估值、增值和交易，集“生涯导航、学分银行、智能就业”三大功能于一体，采用金融创新机制，开创育人新模式，精准提升劳动者就业创业能力。依托大数据智能化手段，对人力资本进行采集、增值、输出。其中，“智能人才测评系统”不仅能够科学规划职业生涯，还集合了直播带岗、线上面试、企业画像等功能。

二是为新经济、新业态发展提供服务。随着新经济、新业态的出现，短期用工、共享用工、平台用工等情况不断增长，催生了配送骑手、物品分拨、互联网运营、共享用车司机等大批量的灵活用工及自雇式用工岗位的出现。重庆杰成人力资源集团从2015年起就开始针对这些新经济新业态提供人力资源服务，配合美团在重庆建立配送站，协助招募早期的骑手。2019年协助拼多多在全国建立菜品分拨及配送系统的过程中，针对50～60岁年龄段的人群难就业的情况，积极布局社区就业服务站，提供"线上数据化+线下体验店"服务模式，通过灵活就业方式帮助这一部分人实现更好的就业。

三是创新提供共享用工服务。共享用工实现了人力过剩企业、人力紧缺企业和共享员工三方共赢，呈现出强劲的增长趋势，积极引导人力资源服务机构顺应趋势，拥抱共享经济，为共享用工提供服务。重庆欧达人力资源管理有限公司开发的"推才宝"App为辖区企业搭建起人力资源共享平台，通过"线上+线下"模式，打通就业"最后一公里"。"推才宝"打破了传统就业服务模式，通过创新型服务模式实现一个劳务经纪人服务多个企业，一个企业拥有多个劳务经纪人服务，降低了企业人力成本，提高了招聘效率。为激发劳务经纪人"推才"主动性，为劳务经纪人提供了线上交付结算服务，促进人力资源市场交易数字化、智能化。目前在线下已建立家门口就业服务驿站一百余个，实现求职招聘有场所、岗位对接有服务、管理规范有秩序、安全运行有保障。通过这种"线上智能匹配"+"线下人工深度互动"，实现人才的精准匹配和企业需求的精准对接。"推才宝"现已注册平台劳务经纪人8000余人，300余位职业指导师全程为求职者提供专属服务，服务企业1200余家，有效推荐就业15000余人次，实现精准就业3000余人次。

三、重庆市人力资源服务业发展挑战与机遇

重庆市人力资源服务业的发展既面临机遇，也存在挑战。面对发展的机遇和挑战，必须认识和把握发展规律，善于在危机中育先机、于变局中开新局，抓住机遇，应对挑战，开创人力资源服务业新局面。

（一）面临的挑战

一是生态系统还不健全，业务范围有待进一步拓展。对新经济新业态背景下的人力资源服务市场需求认识还不够深刻，市场潜力挖掘还不够充分，开展的主体业务还局限于传统领域，还不能与新经济发展趋势高度协同。尽管重庆市一直大

力鼓励发展高级人才寻访(猎头)、人才测评、人力资源管理咨询、人力资源信息软件服务等中高端业务,但目前大多数机构服务模式仍以招聘、派遣、人事代理等为主,低端化、同质化现象还比较突出,中高端业务市场开拓力度还不够,产品供给还不充分,难以满足用人单位日益增长的需求。

二是机构规模偏小,从业人员队伍还有待充实。2021 年底,重庆市人力资源服务机构平均营业收入为 2171 万元,与北京、上海、广东、浙江等省市相比,还存在行业规模较小、整体实力较弱等问题。国内外知名机构缺乏,国内外百强人力资源服务机构以子公司形式落户重庆的还不多。从业人员总量偏少,总体素质不高,缺乏管理型、复合型高层次人才。2021 年底,重庆市人力资源服务业平均每家机构拥有从业人员不到 10 人,人员队伍中,高中及以下学历人数占比达到了 48.68%,研究生学历人数仅为 1.74%。

三是区域发展不平衡呈现加剧趋势,均衡发展有待落实。全市各区县经济发展水平和地域存在差异,造成了人力资源服务机构的分布存在不平衡现象。2021 年,渝中区、江北区、九龙坡区、渝北区、江津区、璧山区、永川区、两江新区、西部科学城重庆高新区等 9 个区的机构数均超过了 100 家,共计 1384 家,占机构总数的 48.63%。在新增人力资源服务业机构中,主城都市区新增 645 家,占新增机构数的 93.34%,渝东北三峡库区城市群新增 34 家,占新增机构数的 4.92%,渝东南武陵山区城市群新增 12 家,占新增机构数的 1.74%;渝北区、九龙坡区、江津区、西部科学城重庆高新区、永川区等 5 个区新增人力资源服务机构分别为 84 家、64 家、62 家、56 家、50 家,共占新增机构数的 45.73%。

四是行业认知度不高,服务需求有待激发。重庆市经济发展水平与北上广深还有差距,企业人力资源管理理念更新还不及时,人力资源服务需求还未充分激发,一些用人单位还停留在通过企业自身开展人力资源管理工作的传统模式上,对委托专业性人力资源服务机构从事专业化管理服务认识不足,购买人力资源服务产品的积极性、主动性不高,市场购买力不强。人力资源服务机构对市场潜力挖掘不够,市场开发能力还需要提升,服务产品的营销力度还需要加大,还需提升用人单位对人力资源服务产品的认知度,增强影响力,还需进一步营造重视、支持、运用人力资源服务产品的浓厚氛围。

五是扶持政策针对性比较薄弱,监管服务有待加强。近年来,重庆市陆续出台了一系列扶持政策,但政策针对性还不强,对猎头、外包、灵活用工等行业细分领域的专项支持政策偏少;人力资源服务业人才引进政策不够具体,引才力度不够大,缺乏多样的配套设施与政策福利吸引市外人力资源服务领域人才来渝发展。

六是新冠肺炎疫情的持续影响，产业发展受到严重考验。受疫情防控常态化影响，人力资源服务业正面临前所未有的全新挑战。人力资源需求短期内难以完全恢复，部分用户还有缩减需求的可能，导致人力资源服务业业务增长缓慢；基于疫情防控的需要，部分类型的人力资源服务可能在短期内无法得到正常开展，这将导致工作效率下降和服务成本提高。

（二）发展机遇

一是诸多战略叠加及支持政策集群为行业发展提供了新机遇。在“十四五”时期，实施制造强国、科技创新、新型城镇化、区域协调发展、乡村振兴等战略，将促进劳动力要素配置的深刻变化，为人力资源服务业创造新增长点，形成新动能。《中共中央 国务院关于加快建设全国统一大市场的意见》明确提出，要加快建立全国统一的市场制度规则，打破地方保护和市场分割，打通制约经济循环的关键堵点，促进商品要素资源在更大范围内畅通流动，这必然涉及人力资源统一大市场的建立，也涉及劳动力要素资源在更大范围内畅通流动问题，为人力资源服务业提供发展新风口。《人力资源市场暂行条例》（国令第 700 号）、《人力资源服务业发展行动计划》（人社部发〔2017〕74 号）、《关于推进新时代人力资源服务业高质量发展的意见》（人社部发〔2021〕89 号）的陆续出台，进一步加强了对人力资源服务业的扶持和关注。国家发展改革委修订发布了《产业结构调整指导目录（2019 年本）》，将“人力资源和人力资本服务业”列为鼓励类第四十六条，进一步确立了行业地位，对全社会进一步认识、重视人力资源服务业的发展起到了重要的引导作用，为人力资源服务业的发展提供了有力支撑。

二是新一轮区域发展规划为行业发展创造新预期。当前，成渝地区双城经济圈建设正如火如荼地开展，继续全面融入共建“一带一路”、长江经济带发展，加快建设内陆开放高地，为重庆市人力资源服务业拓展市场、开展协作提供良好机遇。同时，重庆市正处在产业结构转型升级的关键阶段，传统制造业向现代制造业转变，高科技产业迅速崛起，金融、物流、电子商务等服务业快速发展，产业结构演化进一步激发对人力资源的需求，为人力资源服务业提供了广阔的发展空间。

三是人力资源服务业“十四五”规划为行业发展描绘新蓝图。重庆市在编制了《重庆市人力资源和社会保障事业发展“十四五”规划》的基础上，单独编制了《重庆市人力资源服务业“十四五”规划（2021—2025 年）》，提出了“十四五”时期的发展目标，部署了重点任务和重点项目，为重庆市人力资源服务业发展描绘了蓝图，指明了方向，也为重庆市人力资源服务业发展提供了新机遇。

四是人力资源供求新特点为行业发展提供新商机。目前我国劳动力市场正在发生深刻变革，人口老龄化进程加快，适龄劳动人口不断下降，劳动力供给规模进一步减少，劳动力供求结构性矛盾突出。人力资源服务业及时调整业务范围，适应人力资源供求变化新特征，抓住新的商机，创新商业模式，将成为人力资源服务业发展新的增长点。

五是新经济新业态的涌现为行业发展注入新动能。近年来，以网络信息技术产业为重要内容的互联网、大数据和人工智能，促进了技术与产业的深度融合，带来了共享经济、数字经济、平台经济、智能制造等发展新模式，导致劳动者参与经济活动以及获得报酬的方式和过程较传统就业发生了很大变化，衍生出新型用工模式，为人力资源服务业培育新的经济增长点注入了发展新动能。

六是新科技新技术为行业发展提供新手段。随着科技创新的强力推进，新科技新技术不断涌现，人工智能、区块链、5G、AR、大数据技术、基于数据分析的个性化推送技术等产业形态深刻赋能人力资源服务业，催生灵活用工、“互联网+”人力资源、人力资源金融服务等新兴业态，推动人力资源服务业向智能化升级以及数字化转型，推动人力资源向人力资本升级。

七是人才强国战略为行业发展提供新契机。新时代人才强国战略提出全方位培养、引进、用好人才，加快建设世界重要人才中心和创新高地的目标，并提出了一系列新理念、新战略、新举措，包括坚持全方位培养用好人才、深化人才发展体制机制改革、聚天下英才而用之、营造识才爱才敬才用才的环境等，这为人力资源服务业发展提供了新动力。人力资源服务业发展将会与新时代人才强国战略深度融合，发挥在人才“引育用留”环节中的关键作用，为人才提供高质量服务，助力新时代人才强国战略实施。

四、重庆市人力资源服务业高质量发展路径

重庆市将在新征程上，立足新发展阶段、贯彻新发展理念、融入新发展格局，加快实施人力资源服务业“千亿跃升”行动计划，争取到 2023 年全市人力资源服务业营业收入达到 1000 亿元，到 2025 年，全市人力资源服务业营业收入达到 1500 亿元，积极推动人力资源服务业成为重庆市主导产业，为全市经济社会发展提供坚实

的人力资源要素保障。

（一）完善政策体系，强化政策牵引

提高人力资源服务业的战略地位，强化对人力资源服务业发展的政策支持，推动行业高质量发展。积极落实《重庆市人力资源服务业“十四五”规划（2021—2025年）》，研究出台新时代推进人力资源服务业高质量发展的政策措施，打造包括行业准入、服务标准、人才培养、资源配置、行业监管等全方位的政策体系。贯彻落实《重庆市人力资源市场条例》，强化政府培育人力资源市场职责作用。完善信息化建设制度体系，加快人力资源市场管理服务信息化建设，完善相关平台制度体系建设，建立健全人才大数据安全保障体系。

（二）健全发展机制，促进协同发展

一是构建产业协同发展体系。抓住重庆市产业转型升级契机，针对性开展人力资源优化配置服务，强化人力资源服务业与产业发展的相互联动，构建人力资源服务与产业协同发展机制。

二是构建科技协同发展机制。构建人力资源服务与技术协同发展机制，建立新技术新模式敏感触发机制和快速响应机制。定期开展新技术在人力资源服务业的应用培训，常态化开展技术创新活动，开展人力资源服务业创新模式培训。

三是构建区域协同发展机制。强化人力资源高效配置，探索成渝地区人才评价政策创新方面先行先试，建立川渝籍海外人才数据库，共同做好海外人才引进工作。推动人力资源服务业集群发展，支持川渝毗邻地区建立人力资源服务产业园，助推万达开川渝统筹发展示范区、渝西川南地区融合发展。积极融入全国统一大市场的建设，健全统一的人力资源市场体系，协同推进人才引进平台建设，加快建立衔接协调的人力资源流动政策体系和交流合作机制。加强国际合作，鼓励人力资源服务机构主动对接“一带一路”国家，加强国际人才引进，国际劳务输出，搭建国际人才网络服务平台。

（三）强化队伍建设，发挥人才关键性作用

一是支持引进高层次人才。以更加灵活的方式实施重大引才引智工程，加大对人力资源服务业领军人才、高端人才、国内外高层次复合型人才的引进力度，加

快人力资源服务业人才集聚，为人力资源服务业的发展提供核心资源。探索制定人力资源服务业人才专项、相关优惠政策。

二是实施“领军人才”培养计划。加大人力资源服务业高层次人才的培养力度，实施人力资源服务业“领军人才”培养计划，开展学术交流和研修培训活动，加强人力资源服务业高级专业技术人员选拔。定期选派人力资源服务机构管理人员到发达地区、“双一流”高校、知名研究机构和人力资源服务机构或产业园区学习交流，大力培养行业领军、后备人才和职业经理人。

三是提高从业人员专业化水平。强化行业专业技术人员继续教育，加大从业人员职业培训力度。深入实施人力资源服务从业人员技能提升培训计划，探索举办国（境）外人力资源服务业高级研修班，继续举办人力资源服务机构业务骨干培训班，不断提升从业人员的综合素质和能力水平。常态化组织开展人力资源服务技能大赛，依托行业协会、产业园区开展猎头、测评、外包等细分业务从业人员能力大赛，不断提升行业从业人员能力素质。依托行业协会，不定期组织会员单位和行业从业人员开展行业知识讲座、经验交流、案例分享等活动，增进行业人员之间相互了解，促进共同发展。

四是创新人力资源服务业人才培养模式。探索在重庆市内高校开设人力资源服务专业，培养行业发展所需专业人才。创新设置培养方案与培养模式，支持人力资源服务机构与高校、职业院校、知名培训机构合作建立培训基地和实训基地，共同培养行业专业人才，鼓励人力资源服务企业和高校开展“订单式”培训，探索“产教融合、校企合作、工学结合”人才培养模式。探索与重庆高校合作，培养人力资源服务方面的技能人才，扎牢塔基人才。

（四）激发市场需求，拓展业务范围

一是加大政府购买力度。加大政府向人力资源服务机构购买服务的力度，推进就业援助、春风行动、民营企业招聘、高校毕业生就业服务、职业技能培训、公共就业创业服务、档案整理与数字化加工、人力资源市场供求信息监测等内容纳入政府购买服务指导目录。鼓励人力资源服务机构参与创业孵化基地、就业见习基地创建，经认定后可享受相关扶持政策。支持人力资源服务机构参与人才引进，并根据引才工作绩效给予奖励。

二是支持打造全生命周期服务链。鼓励人力资源服务机构探索构建人力资源服务业的职前教育、职前规划、职中培训、职后生活服务的全生命周期服务体系。

鼓励人力资源服务不断完善和优化产业链,发展为多元化和多层次的产业格局,不断向更加专业化、更加综合化的服务体系发展。引导人力资源服务业与重点产业深度融合,发展高级人才寻访、人才测评、人力资源管理咨询、信息软件服务、薪酬管理、灵活用工平台等新业态及衍生服务,推动全市人力资源服务产业链从中低端向中高端实质性发展。积极发展线上人力资源市场,支持建设经营性人力资源服务网站,开发人力资源供求信息查询、人才测评、职业指导、远程招聘等系统,发展个性化、定制化、精细化服务。

三是探索开展人才孵化业务。结合"智能+技能"人才孵化模式,鼓励人力资源服务业机构探索开展人才孵化业务。探索在市级层面成立人才孵化投资基金,建立以人才为引领的创业孵化体系,对孵化人才开展创新创业能力提升培训,对其创业项目进行辅导。

(五)加大支持力度,助力企业成长

一是引育一批重点企业。探索开展全市人力资源服务骨干企业遴选工作,重点培育一批有核心产品、成长性好、实力雄厚、影响力大、核心竞争力强的综合性人力资源服务企业集团,充分发挥其行业辐射和带动作用,提升产业链整体质量水平。重点引进一批业态先进、规模较大、拉动效应强的高端人力资源服务企业。支持重庆市人力资源服务企业在交易所上市、新三板挂牌或在重庆股份转让中心成长板挂牌。实施人力资源服务骨干企业培育计划,建立跟踪培育、服务联系和动态管理制度。提高公共服务能力水平,加快建设一批管理规范、服务高效、群众满意的优质公共人力资源服务企业。

二是鼓励并支持创办企业。发展一批有市场、有特色、有潜力的中小人力资源服务企业,支持创办小型微型人力资源服务企业。鼓励市内人力资源服务企业"走出去",积极开拓市外市场,在市外设立分支机构或合资合作企业。支持劳动密集型、知识密集型企业和互联网企业兼营人力资源服务业务。搭建产业融合发展平台,大力发展专业性、行业性人力资源市场。鼓励重庆市大型企业成立人力资源服务公司,激活人力资源服务需求。

三是培育优质品牌。深入实施人力资源服务优质品牌培育计划,鼓励人力资源服务企业加强品牌建设,注册和使用自主商标,参选服务业重点企业名录,参与高新技术企业认定,争创中国质量奖、中国驰名商标、中国服务业 500 强等,打造一批知名企业和特色品牌,对获得驰名商标的企业给予奖励。

（六）搭建发展平台，促进集群发展

一是持续推进产业园矩阵体系建设。充分发挥中国·重庆人力资源服务产业园的示范引领作用，引领带动全市人力资源服务业高质量发展。持续鼓励有条件的区县（自治县）结合当地经济社会和重点产业发展需要，规划建设一批区域性、专业性的市级人力资源服务产业园，形成区域衔接、优势互补、资源共享、层次合理的产业园布局，促进人力资源服务业集聚发展。鼓励社会资本以独资、合资、参股、联营等方式参与市级、区县级人力资源服务产业园建设发展。

二是大力推进人力资源市场建设。进一步加大人力资源市场建设力度，合理布局，大力发展专业性、行业性人力资源市场，建设1～2家国家级人力资源市场，发挥国家级人力资源市场的辐射、带动、示范作用，建设5家以上市级人力资源市场，配套建设一批区县级人力资源市场。

三是建设人力资本开发示范区。依托中国·重庆人力资源服务产业园三期工程，建设西部人力资本服务中心，开展人才评估、人才银行、人才基金、人才保险、人才价值交易和人才大数据六大业务；布局人力资本产业生态，链接各行业头部企业，实现“人力资本+百行万业”的新模式。

四是搭建机构交流平台。鼓励各地联合行业协会举办人力资源服务业创新创业大赛、发展论坛等活动。全力办好中国（西部）人力资源服务博览会、猎头行业发展峰会、HR能力大赛等品牌活动，促进人力资源服务供需双方畅通交流与合作，鼓励人力资源服务机构参加各类人力资源服务博览会、交易会、创新创业大赛，提高人力资源服务机构的知名度和影响力。实施优质人力资源服务机构进区县、进园区、进企业“三进”专项行动，开展产品宣介、业务洽谈活动，充分发挥人力资源服务业服务产业、服务企业、服务就业的作用，建立与产业发展的密切联系机制和跟踪机制。

（七）加大研发投入，创新服务模式

一是加强理论研究。发挥中国重庆人力资源服务产业发展研究院以及行业协会作用，依托科研院所、高等学校，开展人力资源服务业相关课题研究，对行业共性技术和关键技术展开研究，为人力资源服务业高质量发展提供理论支撑。定期发布重庆市人力资源服务业发展报告，深入总结人力资源服务业在促进就业创业、优化人才开发和服务经济发展等方面发挥的重要作用，指导行业发展。

二是鼓励加大研发投入。综合运用高新技术产业政策、知识产权政策，引导人

力资源服务机构设立研发机构，加大研发投入，加快服务创新、技术创新、产品创新，积极开发具有自主知识产权、符合企业差异需求、具有竞争力的项目，提高人力资源服务技术含量。设立人力资源服务创新研究资助项目，发放人力资源服务“创新券”。依托重点企业、重点机构、重点园区，建立国家级人力资源服务产品研发中心，搭建人力资源服务创新平台，支持企业在人才测评、高级人才寻访、网络招聘、薪酬外包、弹性福利、人力资源流程外包等中高端服务领域开展新产品研发、测试、推介。推动人力资源服务企业与有条件的高等院校、研发机构、产业园区、中介机构开展产学研合作。

（八）优化发展环境，营造浓厚氛围

一是推进标准化建设。深入贯彻落实国家人力资源服务标准要求，结合重庆市实际情况，加快推进地方标准、团体标准建设。针对行业发展新业态，积极探索创立地方服务标准。

二是加大宣传力度。充分利用电视、报刊、手机客户端等媒体，大力宣传人力资源服务业的政策法规、发展情况和先进典型，丰富宣传内容，创新宣传形式，不断提升行业影响力和知名度。

三是完善诚信服务体系。深入落实《重庆市经营性人力资源服务机构“诚信积分制”管理暂行办法》，优化建立人力资源服务机构信用等级分类评定办法，设立人力资源服务机构信用“银行”，建立人力资源服务机构诚信档案，建立分类业务检查制度，继续实施诚信积分制和黑白名单管理制度。完善人力资源诚信服务示范机构管理办法，开展人力资源诚信服务示范机构遴选，建设市级人力资源诚信服务示范机构库。

四是强化监督管理。全面实施人力资源服务行政许可备案报告等制度，实施人力资源服务机构年度报告公示制度，引导人力资源服务机构如实报告行政许可和备案事项、注册资本实缴情况、经营活动情况、财务情况等内容。深入开展清理整顿人力资源市场秩序、人力资源市场安全隐患排查整治等专项行动，严肃查处非法职业中介、提供虚假信息、乱收费用等违法违规扰乱市场行为。探索工商登记信息与人力资源服务许可信息定期比对机制，及时清理“无照经营”等违法行为。

五是加强行业协会建设。加强重庆市人才研究和人力资源服务协会建设，鼓励参与理论研究、标准化建设、从业人员培训、行业交流活动筹办等工作。依托行业协会，搭建政府与机构、机构与从业人员之间的交流平台。进一步发挥行业协会在制订行业自律规范和行业公约倡议等方面的作用，维护会员合法权益，强化对会员的监督,促进行业公平有序发展。

(九)提高服务价值,提升服务能力

一是提高服务价值。发挥人力资源服务业优势,进一步提高人才交流配置效率;进一步提高人力资源服务业促进就业创业的效应,在就业创业中发挥更大的作用;促进人力资源服务业通过服务创新模式为客户降低人力资源管理成本、提升竞争力等,为企业创造更多价值。

二是提升服务经济社会的能力。推动公共人力资源服务补短板、强弱项、提质量,增强公共就业和人才服务保障能力,促进优质服务资源跨区域配置和向农村、贫困地区、重点群体延伸。支持经营性人力资源服务机构提供公益性人力资源服务,参与民营企业招聘周、高校毕业生就业服务周、大中城市联合招聘等活动。深入实施人力资源服务业助力乡村振兴专项行动,支持人力资源服务机构到乡村设立分公司,加大乡村人力资源服务培训基地和实训基地建设力度,优化乡村人力资源培训机制,打造农村劳动力转移就业服务平台、农民工返乡创业平台等。

(十)抓好转型升级,应对后疫情时代

一是加快数字化转型。新冠肺炎疫情成为人力资源服务业数字化转型的加速器,数字化趋势凸显。人力资源服务业需要把握数字化转型方向,打通机构与数字经济时代的接口,大力拓展各类线上服务模式。深入实施"互联网+人力资源服务"行动,鼓励打造"互联网+人力资源+人力资源服务"一体化服务平台,鼓励人力资源服务机构加快发展灵活用工、背景调查、人力资源数据分析运用、人才数字化管理等数字化服务。鼓励人力资源服务机构加强与互联网企业的交流合作,通过与互联网平台合作、技术资金融合等方式,打造更优、更便捷的线上服务平台,通过线上线下结合,促进人力资源服务业高质量发展。

二是创新服务模式。鼓励人力资源服务机构运用云计算、大数据、移动互联网、人工智能、区块链等新技术,创新人力资源服务模式,拓展服务渠道,适应后疫情时代的变化趋势。鼓励和引导人力资源服务机构实施产业融合发展项目,积极发展市场需求量大、产业关联度高的新业态、新产品、新技术,促进产能合作和供需对接。鼓励运用创新技术在金融、教育、医疗、信息技术等行业探索跨界服务模式,推进人力资源服务创新和产品创新。

执笔人:王军国　熊荣军　丁林华　孙继伟　李贤柏　王怀玲　涂云利

基础篇

重庆市职业指导服务规范研究

摘　要:职业指导,即针对劳动者个体,围绕其职业发展全过程提供的指导、辅导、咨询等服务。职业指导既对劳动者个体的职业生涯愿景、人生价值实现、美好生活憧憬和构建具有实际意义,又对国家深化人才发展体制改革,搞好人力资源开发、配置和使用具有实际和理论意义,是对帮扶各类就业群体实现更加充分和更高质量就业的重要服务手段。结合重庆市情和区域经济形势、发展的特点,建立科学合理的职业指导服务体系,构建职业指导服务规范的地方标准势在必行。本研究采取定性与定量相结合的方法,以期为重庆市的职业指导服务规范在制度建设、服务指南、服务标准等方面做出有益的探索。

关键词:职业指导　服务　规范

就业是民生发展的关键,为加强就业管理,我国相继出台了一系列政策,确保就业市场的稳定,如《中华人民共和国劳动法》《中华人民共和国劳动合同法》等政策法规中都有明确的就业福利保障,并依据不同的群体落实了有针对性的就业指导策略,保护了不同群体的就业权益,如妇女就业保障、退伍军人就业保障等,且这些政策法规也在不断完善中。① 保证就业是地方政府和人力社保局、就业局等相关部门的主要职能之一,保证充分就业,不仅可以促进经济的平稳上升,还可以实现社会的稳定发展。在劳动就业管理中,政府的主要职能是通过扩大就业实现就业平衡发展。在经济新常态下,在对内对外双循环新格局形成的基础上,在市场环境的动态变化下,政府应该构建更加开放、公正、透明的就业市场,拓宽更加务实、

① 周汉涛.简述强化人力资源公共就业服务对劳动力就业的促进作用[J].商情,2020(14):149.

高效和顺畅的就业渠道,加大对劳动者专业技术的培训力度,对失业、劳动力分布情况、劳动力结构及人才需求等进行充分调研统计,积极促进就业指导服务和管理工作的动态调整,以适应市场的变化,满足人民群众对美好生活的向往。

因此,按照国家标准《职业指导服务规范》(GB/T 33554—2017),结合重庆市情和区域经济形势、发展的特点,建立科学合理的职业指导服务体系,构建职业指导服务规范的地方标准势在必行。

一、职业指导服务规范研究的重要意义

公共就业服务体系的职业指导,涵盖多层多类的更高质量就业和需要就业帮扶的人群,职业指导服务的规范化和标准化,是进一步推动实施人才兴国、人才强国国家战略的必要工作,在深化人才发展体制改革,做好人力资源开发、配置和使用等方面具有理论和实践意义。

(一)研究的理论意义

第一,建设职业指导服务规范是人力资源公共服务标准化建设的重要组成部分。[①] 人力资源服务标准化建设,是健全统一规范灵活的人力资源市场的重要内容,是统一人力资源市场管理的重要技术基础,是促进人力资源服务业发展的有效措施,对更好地发挥市场机制在促进就业和配置人力资源中的基础性作用有着积极意义。

第二,建设职业指导服务规范是落实"精细化"就业服务工作的前提。职业指导工作作为我国公共就业服务中一项很重要的内容,它既连接着用人单位和求职者,又蕴含着"授人以鱼"以及"授人以渔"的双重就业指导重要内涵。加强对职业指导服务规范的建设,就是夯实"精细化"就业服务工作的基础工作。

(二)研究的实际意义

第一,建设职业指导服务规范有利于健全公共就业服务体系,加强基层公共就业服务能力建设,提升基本公共就业服务水平。就业重点群体职业指导服务关系

---

① 陈军.加快推进人力资源服务标准化建设[J].中国标准化,2013(8):31-35.

重庆市民生大计。近年来，随着高校扩招，毕业生增多，大学生就业问题逐渐凸显，因此，职业指导服务需求迫切。以 2021 年为例，全国应届毕业生达 1076 万人，重庆市 2022 年应届毕业生达 31.5 万人，重庆市面临的就业压力不容小觑。因此，做好职业指导，促进就业关系重庆市民生大计，也是促进经济发展，构建和谐社会的重要内容。

第二，职业指导服务关系重庆市经济社会发展。习近平总书记强调，发展是第一要务，人才是第一资源，创新是第一动力。而发展靠创新，创新靠人才，人才是第一生产力。专业化的职业指导，能够将合适的人才放到合适的岗位上，让人才在经济建设、社会发展上创造更大的价值，发挥更大的作用。在唱好"成渝双城记"，共创成渝地区双城经济圈之时，对人才的需求越发强烈，对将人才放到最适合的岗位上去的专业化职业指导越发重要。因此，需要公共人才服务机构、市场提供高质量、规范化的职业指导服务。

第三，职业指导服务是劳动者实现自我价值的助推器、点睛笔。在人才越发重要的今日，通过有效的职业指导和规范的职业指导服务，形成"人尽其才，才尽其用，用当其时"的良好局面，是国家、社会和个人共同的期待。而要实现以上的期待，离不开对劳动者个体的自我职业兴趣、能力、价值观和行业发展的了解，更离不开学业指导、生涯规划、职业培训、相关政策咨询等职业指导服务。

二、调研方法及调研情况

（一）定义

职业指导是指为劳动者求职、稳定就业、职业发展以及用人单位招录人员、合理用人提供咨询、指导、测评等服务的过程。

职业指导服务规范是指公共人力资源机构在为劳动者和用人单位提供服务的时候应该遵循的要求，包括专业性规范、程序性规范。本研究主要研究职业指导的专业性规范。

（二）研究思路及方法

1. 研究思路

对现行职业指导服务规范的国家标准进行认真研读和分析，充分调研已经出台了地方标准的北京、上海等省市地区，再结合重庆经济发展情况、产业结构特色、行业发展态势及现有的职业指导工作的开展情况，形成重庆职业指导服务的地方规范，进一步构建具有重庆特色的职业指导服务标准。

2. 研究方法

（1）文献法

通过国家标准全文公开系统查阅 GB/T 30663—2014、GB/T 32624—2016、GB/T 25124—2019、GB/T 33554—2017 等国家标准，梳理 CNKI 数据库中以“职业指导服务”为篇名搜索的 620 篇文献资料，并利用互联网、图书馆等现有书籍和报刊等相关文献资源收集相关数据和报道，进行分析比较，汲取有价值的历史文献和数据部分，为研究和撰写职业指导服务规范指南的开展打好扎实的理论基础。

（2）调查法

调查法主要通过问卷和访谈两种方式进行。一是自编问卷。形成“1+1”调查闭环，即 1 个前测基本情况调查，1 个职业指导后评估调查。问卷进行信效度检验后，结合被调查高校职业指导工作人员、大学生、服务机构的情况，分行业、分层分类地针对职业指导的有关情况进行研究分析。二是编制职业指导访谈提纲，并实施访谈。构建“4+1”访谈结构维度：4 个认知维度即从“总体认知”“重庆职业指导服务的现状认知”“最新职业指导发展理念与科技融合的认知”“重庆与国内外先进职业指导技术的差距认知”4 个方面全面了解和把握重庆地区职业指导行业现状和问题；1 个综合维度即从道德、规范、科学多角度交叉论证重庆市地区职业指导服务规范要求。

（3）比较法

以其他省市已经有的职业指导标准规范和国外完善的相关标准规范作为基础，与调研得到的重庆市的相关实情、现状做比较，为重庆市职业指导服务规范的相关标准提出建议。

(4)案例研究法

结合重庆市职业指导服务实际,按照“案例研究设计、案例选择、收集数据、分析资料和撰写报告”的研究流程,以服务中的典型案例为素材,通过对服务对象和内容、服务流程、服务要求、服务监督、评价改进的全流程研究,从个体案例中,找到服务规范的共性信息,为建设规范化、标准化的服务指南打下基础。

(5)归纳总结法

对通过比较分析得出的标准规范和案例研究得到的共性信息进行归纳总结和提炼,为重庆市职业指导服务规范指南标准体系的构建提出建议。

(三)研究对象与抽样

1. 研究对象

本研究以重庆市区县的公共人力资源服务机构在提供职业指导时是否规范作为主要调研内容。基于此,调研对象包括公共人力资源服务机构从事职业指导的工作人员、辖区内接受职业指导服务的就业群体代表、辖区内接受职业指导服务的用人单位代表。

2. 抽样方法

对公共人力资源服务机构的相关人员调研,尽量做到全覆盖;对辖区内接受职业指导服务的相关就业群体代表、辖区内接受职业指导服务的用人单位代表进行随机抽样,样本数量保证研究的科学性和有效性。

(四)调研情况

课题组主要对重庆市就业服务管理局职业指导科及区县职业指导服务中心或者服务所的相关从业人员进行了问卷调查和线上线下的座谈。向公共人力资源机构发放问卷 15 份,有效回收 15 份;向公共人力资源机构工作人员发放问卷 30 份,有效回收 30 份;向劳动者发放问卷 50 份,有效回收 42 份;向用人单位发放问卷 20 份,有效回收 16 份,并对相关人员进行了座谈和线上交流。

三、文献综述

(一)国内文献综述

职业指导服务是公共人力资源服务机构的一项重要职能,也是职业生涯规划的必要手段,国内不同学者通过不同视角和专业领域对职业指导服务进行了相关研究。

1. 公共人力资源服务机构职业指导服务标准化研究

人力资源服务标准化建设是健全统一规范灵活的人力资源市场的重要内容,是统一人力资源市场管理的重要技术基础,是促进人力资源服务业发展的有效措施,对更好地发挥市场机制在促进就业和配置人力资源中的基础性作用有着积极意义。职业指导服务作为人力资源服务体系中的一个重要部分,构建职业指导服务的标准化体系也十分重要。陈军指出,服务业标准化需要人力资源服务标准化发挥更大作用;人力资源和社会保障事业发展需要标准化做出更大贡献;健全统一规范灵活的人力资源市场需要标准化做有力支撑;人力资源服务业发展需要标准化做有效保障。① 柳成洋、李涵认为,公共服务标准化建设是将标准化原则与方法有效运用到公共服务的领域里,利用对公共服务标准的制定和实施,完善公共服务的质量目标化、方法化、规范化与过程程序化,从而得到最佳公共服务秩序与社会效益的过程。②

胡税根、徐元帅从理论价值、技术价值、管理价值、绩效评估价值、社会价值、伦理价值、应用价值多个方面对中国政府公共服务标准化建设进行了价值分析。③ 按照当前我国政府行政管理和公共服务的关键领域将其重点内容概括为基本公共服务的标准化、公共服务管理体制的标准化和政府绩效管理体制的标准化三个方面。

---

① 陈军. 加快推进人力资源服务标准化建设[J]. 中国标准化,2013(8):31-35.

② 柳成洋,李涵. 中国服务业标准化走到"岔道口":政府、企业、社会共同参与加快服务业标准化建设[J]. 标准生活,2009 (11):18-20.

③ 胡税根,徐元帅. 我国政府公共服务标准化建设研究[J]. 天津行政学院学报,2009,11(6):39-44.

鄯爱红从公共需求的角度，将人的需要分为 5 种，即生存型需要、安全型需要、社交型需要、享受型需要和发展型需要。[①] 目前中国公共需求正从生存型向安全型、享受型、发展型转变，政府公共服务精细化、精准化是标准化建设的必然要求。政府应通过了解需求、整合需求和引导需求，推进公共服务标准化建设，提升公共服务水平。

刘璟、孙彩英和高玉斌以陕西省、山东省新泰市和北京市东城区 3 个公共服务标准化试点为切入点，指出我国公共服务标准化存在问题：第一，服务供给不均衡导致很难形成一个全国或地区统一的、完善的基本公共服务标准体系；第二，管理体制不健全导致政策制定和执行在一定程度上具有随意性；第三，公共服务标准化工作缺乏经费、人才和政策保障。[②]

胡税根、陈雪梅进行了公共服务标准化的创新研究，以杭州市上城区为例，在公共服务标准化体系的基础上还建立保障体系、信息化支持平台、绩效考评体系，有力地促进了体系的实施与完善。[③]

卢文超认为，从效率导向到公民导向转变是目前中国政府公共服务标准化建设的新理念，是政府公共服务标准化的价值变迁。他认为公民导向是政府公共服务标准化的一种理念创新，这种理念应以满足公民需求为出发点和落脚点。[④]

2. 公共人力资源服务机构职业指导的精细化研究

“精细化”是现代工业的管理概念，最早由日本企业在 20 世纪 50 年代提出，它所追求的是细节、过程和效果。孙硕认为，职业指导是一个通过合理引导，帮助劳动者认识自我，从而实现稳定就业、高质量就业的过程。[⑤] 将这两个概念相互融合，意在促进职业指导工作向以人为本、科学规范、注重细节、高效实用方向转化，具备“个性化有针对性”和“具体化可执行性”。精细化职业指导以提升劳动者职业素质和就业能力为目标，结合劳动者个人性格特征、社会经历、就业愿望和职业能力开展个性指导，帮助劳动者科学规划职业生涯，准确定位职业目标，从而提高就业竞争力、稳定性和获得感。

---

① 鄯爱红. 公共需求管理与公共服务标准化[J]. 北京行政学院学报，2012(2)：42-45.

② 刘璟，孙彩英，高玉斌. 我国公共服务标准化建设探析[J]. 中国标准导报，2013(2)：28-29.

③ 胡税根，陈雪梅. 公共服务标准化创新研究：以杭州市上城区为例[J]. 理论探讨，2014(5)：160-164.

④ 卢文超. 公民导向：中国政府公共服务标准化的新理念[J]. 陕西行政学院学报，2015，29(1)：27-32.

⑤ 孙硕. 试论如何开展精细化职业指导：从公共就业服务人员角度解析[J]. 中国就业，2018(1)：50-51.

郭旭认为，职业指导工作是实施"精细化"就业服务工作的前提；实现"精细化"就业服务"以人为本"的工作宗旨；职业指导通过优先服务，提升"精细化"服务成效。①

魏蓝蓝认为，职业指导与"精细化"就业服务工作的关系包括：职业指导是实施"精细化"就业服务工作的前提条件；职业指导的过程以就业服务为载体；职业指导有助于提高"精细化"就业服务工作质量。同时，她认为，职业指导在"精细化"就业服务工作中的新实践包括："因材施教"，就业援助对象划分；"因地制宜"，丰富指导内容；"与时俱进"，就业指导方式转变。②

3. 特殊困难群体的职业指导服务研究

就业困难群体的就业问题是当前公共就业工作中的难点和重点，直接影响社会的稳定和家庭的安宁，做好就业困难群体的就业服务工作，帮助他们实现再就业，是全面落实"就业优先战略"的重中之重。吴英俊认为，做好特殊困难群体的就业服务与指导，需要"进一步认清做好就业困难群体就业服务与职业指导工作的重要意义"；找准"就业困难群体就业服务与职业指导工作应遵循的原则"；对"就业困难群体成因、特点及就业难度分析"；并对这一特殊群体实施精准的帮扶措施。③

王晓雯、刘蕾针对农村妇女进行了专业的职业指导服务调研，结合当前农村妇女就业指导的基本情况与出现的问题，首先构建了农村妇女就业指导的目标，作为构建农村妇女就业指导体系的前提。④ 就业指导目标分为 3 个方面：职业规划目标、技能培训目标、就业保障目标。其次构建农村妇女就业指导体系，主要从 4 个方面进行构建：就业指导组织机构的建设、农村妇女就业指导课程的构建、农村妇女就业指导服务体系的构建、农村妇女就业指导评价体系的构建。通过构建农村妇女就业指导体系有助于丰富农村妇女就业指导的理论与实践研究，推动当前农村妇女就业指导的发展。

李剑中、杨秀梅认为，强化对农民尤其是新型农民的职业指导，对推进和谐社

① 郭旭. 职业指导在"精细化"就业服务工作中的作用与重要性[J]. 职业，2016(22)：52-53.

② 魏蓝蓝. 职业指导与"精细化"就业服务[J]. 职业，2016(22)：45-47.

③ 吴英俊. 对就业困难群体的就业服务与职业指导[J]. 企业改革与管理，2017(6)：91.

④ 王晓雯，刘蕾. 互联网+背景下农村妇女就业指导体系构建研究[J]. 时代金融，2020(8)：107-108.

会的建设大有助益。[1] 通过加强组织领导、科学管理、构建平台、创新方式、多措并举,强化跟踪服务指导,提升新型职业农民的培育质量,创造条件支持新型职业农民发展产业,扩大规模,带动更多人加入职业农民队伍,助力全县乡村振兴战略实施和优势产业提质增效。

李烨影认为,应加强对求职困难群体就业难的成因进行分析,然后有的放矢地对其问题提供精准帮扶与指导。[2] 通过调研,职业指导应紧紧围绕"就业意愿不足问题""就业能力提升问题""就业岗位不足问题""劳动者权益保障问题"开展职业指导工作。

(二)国外文献综述

1. 英国职业指导服务

英国是世界上较早建立职业指导服务的国家之一,迄今已有一百多年的发展历史,在百年历程中出现过不同的发展模式,各阶段的发展模式都与英国经济和政治发展有很大关系。英国职业指导领域中的不断调整和改革,其实质是不断追求职业指导经济性与社会性间的平衡。在第二次世界大战期间,英国青年职业指导服务发挥了重要作用,大大推动了英国职业服务的发展。战后,英国逐渐建立起福利模式的职业服务体系。通过 1948 年的《就业和培训法》和 1973 年的《就业和培训法》,英国政府逐渐建立起职业服务福利模式的基本构架。

曹文娟通过文献梳理认为,第二次世界大战结束后至 1948 年,随着《国民保险法》《国民医疗保健法》《国民救济法》《工伤法》《国民健康服务法》等一系列法规的通过,英国建立起福利国家的整体结构。[3] 在职业指导服务方面,1948 年通过的《就业和培训法》构建了战后职业指导的基本框架。其对英国职业指导发展有两大重要意义,一是确定增加对青少年职业教育培训的资金投入,二是通过该法案建立了全国统一的青年职业服务体系。

至此,英国明确了职业服务目的,即"帮助人们选择职业,使个人拥有或维持适

---

① 李剑中,杨秀梅. 加强跟踪服务指导 着力提升新型职业农民培育质量[J]. 甘肃农业,2019(7):116-117.

② 李烨影. 论职业指导在推动实现更高质量就业的重要性[J]. 职业,2016(22):57-59.

③ 曹文娟. 20 世纪中期英国青年职业服务福利模式的建立和发展(1939—1979)[J]. 中国劳动,2015(8):27-32.

合其年龄和能力的工作,同时帮助雇主寻找合适的雇员。总体而言,就是促进与社会需求相一致的就业”。①

第二次世界大战后,英国建立了福利性的职业指导模式,其重要特征是将青年职业服务纳入政府预算,加强政府在职业服务中的主导作用,大量人员、经费投入到青年职业服务中去。职业指导人员优先考虑求职者而非雇主的利益,指导的目标不是找到工作,而是找到符合就业者利益及有利于其职业发展的职业。

2. 德国职业指导服务

德国职业指导的特点是构建了双轨制职业指导模式、信息化就业指导方式、全民参与的多元交融的职业指导服务体系。双轨制职业指导模式是学校和企业各自开展职业培训,是以教育学、心理学为理论依据,通过教师有目的的教学活动,激发学生的主观能动性,让学生在实践中获得体验,从而提高自身能力的一种就业指导模式。当前德国已在职业教育、继续教育、高等教育方面建立了双轨制就业指导教育体系。

德国的就业体系及信息化建设十分完善,体现了规模化、规范化及人性化建设的突出特色。德国以劳工部为主建立的联通全国各地的就业服务网络体系,具有统一的网络就业服务程式和技术规范、快速的信息收集及处理方式、强大的组织和动员能力、详尽而优秀的服务水准。

此外,德国就业指导充分发挥社会力量,形成一个高效合理、规范有序、全民参与的就业指导服务体系,即以政府(联邦劳动总署与各州、市劳动局)为主体,学校、企业和私人咨询介绍所等社会多方力量共同参与。

肖松涛、高跃辉在梳理了德国的就业指导特色后,得到如下启示:德国政府在支持青年就业创业过程中注重发挥社会团体的主体作用。② 政府通过项目化运作的方式,向社会团体出资购买促进青年就业创业的公共服务,一方面鼓励和促进了社会团体的发展,另一方面繁荣了对青年就业创业的公益扶助。很多社团都举办各种针对青年的创业指导活动,为他们提供免费咨询,包括法律手续、业务方案、创业初期的有关信息等。还有一些社团针对青少年学生开展就业创业的启蒙,致

① PECK D. Careers services: history, policy and practice in the United Kingdom [M]. New York: Routledge Falmer, 2004.

② 肖松涛,高跃辉. 德国就业指导特色与启示[J]. 社科纵横(新理论版),2013(3):62-63.

力于学校和经济界的联系，帮助学生做职业定向等。这体现了德国通过发挥民间社团的力量，把就业创业指导工作贯彻到了全社会。

3. 美国职业指导服务

美国的职业指导服务起步早，是世界上最早开展就业指导的国家。美国波士顿大学教授弗兰克·帕森斯于1908年创办波士顿职业局，旨在解决工业革命中大量新移民和年轻人的就业问题。1909年，他在《选择一份职业》(*Choosing a Vocation*)一书中首次提出"就业指导"(Vocational Guidance)。1911年，哈佛大学首开职业生涯辅导课程，自此就业指导开始在美国高校兴起，并成为高校的重要职能之一。第二次世界大战后，美国经济发展迅速，产业工人需求激增，退伍军人退役后亟待安置，推动了高校就业服务模式从就业指导向就业安置(Job Placement)转变，同时机构规模得以进一步扩张。① 1942年，卡尔·罗杰斯的《咨询与心理治疗:实践中的新概念》一书问世，标志着人本主义的职业指导学派诞生。20世纪50年代，金兹伯格、舒伯等人提出"生涯发展理论"，霍兰德在对人格、兴趣与职业三者开展相关性研究的基础上建立了职业兴趣理论。1971年，时任美国教育署长的马兰博士提出了"职业生涯教育"(Career Education)的新构想。1980年末，舒伯在继承前人理论研究的基础上，形成了生涯发展阶段、自我概念、生涯成熟度、生涯彩虹等概念。班杜拉则综合了个人心理、社会、经济、家庭等内外因素，有机整合了已有理论的相似成果，诞生了社会学习认知理论。② 伴随着理论的发展和现实的变化，美国逐步构建起以人为本的发展式就业服务体系，工作重心从就业安置转变为职业生涯规划及自我实现指导，强调学生是生涯发展、求职就业的主体，就业服务者是职业咨询专家，承担着帮助学生探索自我、认识环境、规划生涯、准备就业的责任，而咨询、座谈会等数据就成为评价就业工作业绩的主要依据。

通过对国内、国外相关文献的梳理和总结，课题组发现，越是经济发达的国家和地区，越是重视职业指导服务工作。随着我国的国力继续提升，国民经济收入持续增加，人民群众对美好生活的向往更是有了长足的期待，定制化的职业指导服务

---

① CASELLA D A. Career networking:the newest career center paradigm[J]. Journal of Career Planning & Employment,1990,50(4):32-39.

② DEY F, CRUZVERGARA C Y. Evolution of career services in higher education [J]. New Directions for Student Services,2014(148):5-18.

更加需要。因此,重庆市相关部门要进一步提升职业指导服务的质量,不仅需要从从业者如咨询师、培训师等的专业化着手,更要从服务规范的标准化建设方面着手。标准化的制定一是体现行业特点,促进行业健康有序发展;二是提高服务质量,规范服务行为,满足顾客实际需求;三是行政统一规划,地方和行业参与;四是发挥市场在资源配置中的决定性作用。

四、重庆市职业指导服务现状研究

职业指导是贯穿劳动者职业生涯和政府就业服务全过程的关键技术和手段,公共部门的职业指导服务对促进劳动者职业发展、提升就业服务机构服务效率具有重要意义。

当前,在"双创"背景下,职业指导又被赋予了新的内涵,即协助个人发展并使之形成具有创新特质的自我形象,同时发展形成具有创新特质的职业角色形象,使之体现在个人的职业生涯之中,不仅为自己同时也为他人和社会创造幸福。我国的公共人力资源部门一直致力于帮助更多的劳动者实现就业,目前已经建立起了一套比较成熟的就业工作体系,职业指导作为其中一项工作也得到了很大的发展。但随着人们需求的变化,原有的就业指导方式已经不能适应求职者的需求。因此,我国公共人力资源部门的就业指导服务有必要推进精细化管理和精准化服务,这是当前各地公共就业服务部门共同面临的重大挑战。

(一)公共人力资源部门职业指导服务的现状

1.初步建立起了全市的职业指导工作体系

调研发现,重庆市职业指导服务工作目前市级层面(市就业局)有专门的科室统筹,同时已初步建立了面向各个区县的职业指导工作体系。部分区县的公共人力资源部门设置了专门的职业指导室和服务窗口,制订了基本的职业指导工作服务规范和流程,配置了专门的职业指导人员,组建了专门的职业指导师团队,建立了以此为核心的公共就业服务人员轮训制度。如沙坪坝区就业和人才服务中心、北碚区就业和人才服务中心、渝北区就业和人才服务中心等。

重庆市就业局带动区县公共人力资源服务机构在积极探索和实施专业化的职业指导服务,正在建立或引入信息化平台,为职业指导提供专业的素质测评工具和测评数据。

2. 整体发展尚处于粗放式服务状态

各地高校职业指导服务工作做得相对扎实，由于各高校有专业化的职业指导师队伍，加上帮扶群体（大学生）情况趋同且问题相对单一，因此指导服务工作开展比较有效。但在人力资源市场中的求职者，需要提供就业指导服务的困难群体，几乎包括了社会各个阶层，每个人的需求都不尽相同，因此公共人力资源部门的服务应该更加多元化和精细化。

从重庆市总体情况来看，职业指导服务尚处于粗放服务阶段，起步相对较晚、水平较低。目前，除了经济发达区域，其他地区公共就业部门所开展的就业指导服务还停留在发布招聘信息，代企业进行岗前培训，与高校合作对大学生进行就业政策和形势的讲座，以及简单的就业知识讲座等，总体呈"粗放式""一般性"，针对不同服务对象、全程式的精细化服务远远不够；同时，职业指导、职业介绍、职业培训三者间尚未形成合力。作为促进就业和稳定就业的关键环节，如何强化职业指导的针对性，提升服务的精细化程度，提高服务对象的满意度，满足不同群体的需求已经迫在眉睫。

3. 职业指导服务发展不均衡

职业指导服务的服务内容既包括了求职指导，也包括了用人指导。求职指导是针对高校应届毕业生、高校往届未就业毕业生、退役军人、退捕渔民、返乡农民工、登记失业人员、残疾人员等群体，用人指导是针对不同性质的用人单位。一方面，求职指导与用人指导发展不均衡。与内容丰富、形式多样的求职指导相比，用人指导服务相对薄弱。另一方面，不同区县职业指导服务工作发展不均衡。部分区县，职业指导服务工作开展得相对早，有一支相对专业的队伍，成效就相对好；有些区县，职业指导服务工作相对滞后，目前只是停留在政策解读状态。

4. 职业指导专业化程度不够

近年来，各地不断推进公共就业服务体系建设，从服务场所、服务功能、服务人员、服务规范和信息化方面都有了长足发展，但调研发现，服务体系建设的投资结构仍存在不足，体现在服务场所和信息化建设方面投入较多，而在职业指导服务功能、职业指导专业人才队伍和职业指导服务规范建设方面投入相对较少，缺少必要的专业化测评工具、职业信息资源和专业指导人员。此外,还存在着城乡之间和区域之间职业指导资源配置不平衡问题,基层服务人员业务水平不足、人员流动性大、队伍不稳定等问题较为凸显。虽然接受过一些专业化培训,但大多缺乏后续应用实践环节的督导;感性化指导多,专业化程度较低,缺少成体系化、广泛化的运用操作技能。在社区层面,劳动保障协理员缺乏参加职业指导师认证培训经历,加上自身学习能力较弱和流动频繁,客观上限制了其职业指导积极性和潜能的发挥。大部分地区虽建有不同类型的职业指导工作室,但缺乏正常开展职业指导的工作机制,作用、功能发挥有限,因此导致指导工作时间短、次数少,同时也缺乏后续的跟踪指导和反馈,工作浮在面上。有些地区即便配置了专业化的测评工具,但服务开发能力不足,也难以提供高质量、专业化的职业指导服务。

5. 标准化工作运行机制基本形成

一是标准化技术组织逐步健全。2007 年,全国人力资源服务标准化技术委员会成立;2009 年,人力资源和社会保障部成立了全国社会保险标准化技术委员会。随着标准化技术组织逐个成立,标准化工作管理办法出台,标准化工作机制也逐步形成。在业务范围内这些组织机构基本覆盖了人力资源和社会保障的职能,为标准化工作奠定了组织基础,如图 1 所示。

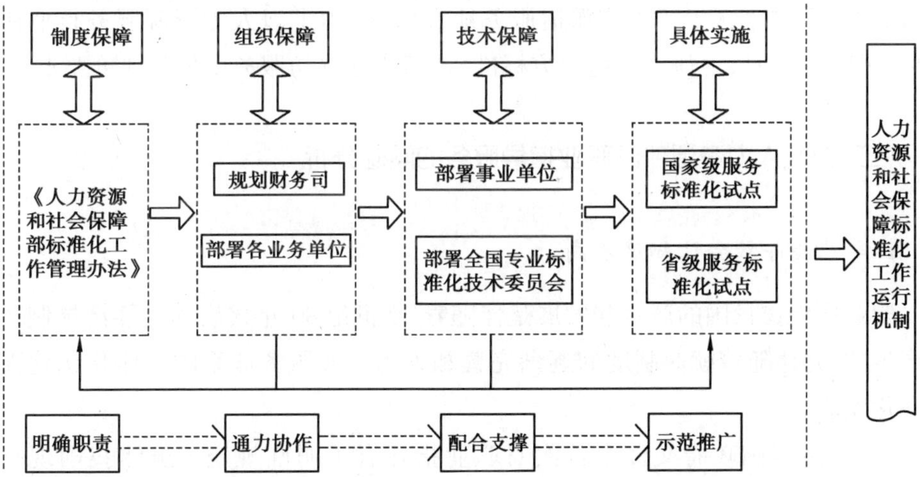

图 1　人力资源和社会保障标准化运行机制

二是人力资源服务标准化运作机制初步形成。目前,我国基本形成了由国家标准、行业标准、地方标准和企业标准组成的标准体系,全国人力资源服务标准化建设已初步形成了由人力资源和社会保障部规划财务司牵头、人力资源市场司等有关业务司分工负责、全国人力资源服务标准化技术委员会提供技术支撑、中国人才交流协会提供资源平台、各人力资源服务机构作为实施主体的运行格局，为人力资源服务标准化工作奠定了坚实的基础。

6. 相继出台一些国家、地方和行业标准

截至目前，我国人力资源和社会保障领域已经颁布了 23 项国家标准。标准的内容主要涉及劳动定额、信息化建设、社会保险、职业能力建设、人力资源服务等领域，在人力资源服务标准化理论研究、标准制订、宣传贯彻、基础建设等方面进行了有益探索，取得了一定的成效，推动了人力资源服务标准化、规范化发展。

近年来，各地都在陆续探索如何通过规范化、标准化的手段提升公共服务能力，为人力资源与社会保障标准化工作的开展积累了多样化的实践经验。北京人力资源服务行业协会制订和颁布了一系列人力资源服务地方标准，并以此为基础开展了人力资源服务机构的等级评定活动。2006 年，北京市颁布了《人才服务标准》，这是我国首部人力资源服务的地方标准；2013 年 9 月，北京发布全国首个人力资源服务行业地方标准，即《人力资源服务规范》和《人力资源服务机构登记划分与评定》；2006 年，四川省人事厅印发《四川省 R 级人才市场认定实施细则（试行）的通知》；同年，《上海人才派遣服务地方标准》由上海人力资源服务行业协会起草；2013 年 2 月，上海市实施地方标准《高级人才寻访服务质量与评价要求》。

（二）公共人力资源部门职业指导服务的问题分析

1. 职业指导社会认知度不高

职业指导在我国的产生和发展是伴随着 20 世纪 80 年代启动的经济体制改革而产生的，并伴随着就业制度的逐渐完善和人力资源服务体系的立体化构建而向纵深化发展。

1994 年，我国政府文件中首次对职业指导有了明确规定。虽然我国现行的《中华人民共和国职业教育法》《中华人民共和国就业促进法》以及部分地方行政法规对职业指导有明确要求，但由于宣传不够、专业度不强、效用不高，推行多年后仍有许多求职者和众多用人单位对职业指导的性质、功能认识不清，并缺乏主动寻求帮助的意识。

接受过职业生涯教育的大学毕业生，虽然在校期间上过职业生涯规划教育课和就业指导课，但由于授课老师对职场认知较浅，课程内容针对性不强，其指导效果不佳，导致其在职场中的应用并没有达到预期效果。因此，就业服务的精细化管理和服务在很多地方成了一种口号，难以落实。同时，公共部门没有做好职业指导宣传工作。宣传渠道单一，宣传形式简单，宣传方式不灵活，宣传模式不够创新，宣传效果有限，也导致社会对职业指导的知晓度不够，认知度不高。

调研发现，受访单位普遍对公共人力资源服务机构提供的职业指导服务的认知度比较低，占比62.5%，甚至有12.5%的受访单位认为非常低，他们在交流座谈中进一步表示，更多会通过采购第三方机构服务的方式，如人力资源机构、律师事务所等来解决员工职业指导、技能培训及用工合规问题，见表1。

表1　用人单位对公共人力资源服务机构职业指导服务的认知情况

选　项	非常高	比较高	一般	比较低	非常低
人　数	0	0	4	10	2
占　比	0	0	25%	62.5%	12.5%

2. 职业指导服务专业化程度不强

从调研情况来看，目前重庆市内各区县均在开展职业指导工作，提供职业指导服务时，更多把职业指导等同于职业介绍，缺乏满足求职者需求的针对性服务。职业指导工作是长期性、持续性的工作，它伴随整个职业生涯。同时，由于每个人的家庭环境、个性特征、偏好等都不尽相同，找工作目标也不同，大部分求职者需要有人帮助他们对未来的职业生涯进行规划。从调研结果来看，各地职业指导工作深度存在差异，经济较好的区县职业指导工作进行得比较深入，更加个性化，比如主城都市区的公共人力资源服务机构能大致针对求职者的个人特点进行分类分级，并把心理咨询融入职业指导中。但其他区县就业指导服务主要局限于职业介绍、就业咨询和信息发布、政策办理服务等，即使有职业指导服务也以团体为主，宣传基本的职业指导内容，个体咨询比例不大，且以提供招聘信息为主。

职业指导与职业介绍之间有很大的差别，职业介绍只是让不对称的信息变得对称，进行人职匹配。而职业指导是职业介绍的延续和发展，它涉及对求职者进行职业测评、求职分析，包括个性、观念、需求的合理性等，是在对市场有充分了解的基础上进行的人职匹配。虽然部分区县设立了职业指导场所，配备了相应的设施与软件，但因缺乏统一的公共职业指导服务的范式和流程，缺少必要的信息技术支撑和必要的载体以及服务渠道，导致有限的服务人员难以承接大量的服务对象，更无法做到个性化服务。

据参与过公共人力资源部门职业指导服务的劳动者的反馈，公共人力资源部门的职业指导服务主要集中在职业介绍（占比59.52%）、政策咨询（占比71.43%）、失业求职登记（占比35.71%）、参加双选会（占比66.67%），基本停留在信息匹配和政策解释，鲜有个性化服务，职业指导的专业化规范没有得到应有的重视，见表2。

表2　劳动者参与公共人力资源部门职业指导服务情况

选　项	职业介绍	政策咨询	失业求职登记	参加双选会
人　数	25	30	15	28
占　比	59.52%	71.43%	35.71%	66.67%

3. 缺乏一支专业化的职业指导人员队伍

职业指导是一项兼具专业性和实践性的工作，需要具备多方面的知识和能力，要熟悉国家就业政策，要具备心理学、教育学、人力资源管理等学科知识，要善于与人沟通，要具有人才测评、商务礼仪等方面的知识与能力等。除了具备相关的从业资格，还需要在实践中持续提升专业知识水平，这对职业指导人员的业务水平、工作专注度、工作时间都有严苛的要求。2017年9月以前，人力资源和社会保障部对就业指导人员进行职业指导人员从业证书认证，目前各地持有证书人数总数量较多，高级职业指导师数量很少，从业者兼职居多，指导缺乏相关背景知识。在社区层面，劳动保障协理员缺乏参加职业指导师认证培训经历，加上自身学习能力较弱和流动频繁，客观上限制了其职业指导积极性和潜能的发挥。2017年9月，人力资源和社会保障部取消职业指导人员从业证书认证后，职业指导的规范化、专业化建设更加艰难，如何衡量职业指导人员的专业水平，如何对职业指导师进行评价和管理成为公共管理部门面临的新挑战。

调查发现，对个性化指导和服务是有需求的，尤其是对“个体职业咨询”的需求，达到了95.24%；其次是“职业测评”，达到了76.19%；“求职技巧讲座”，达到了71.43%，见表3。但是，这些服务的提供，都需要服务者具有专业化的指导能力和丰富的职业指导经验。从现有的职业指导师资来看，专业化的、经验丰富的师资远远不够。

表3　劳动者需要公共人力资源部门提供职业指导服务情况

选　项	职业介绍	职业测评	个体职业咨询	求职能力培训	求职技巧讲座	求职经验分享座谈
人　数	15	32	40	25	30	27
占　比	35.71%	76.19%	95.24%	59.52%	71.43%	64.29%

4.社会力量参与不足

政府部门开展的公共职业指导，由于集行政管理和社会服务于一身，固有的职能理念和管理模式使职业指导服务难以做出敏捷、快速的反应。市内部分区县建有不同类型的职业指导工作室，但缺乏职业指导的工作机制，且职业指导人员的再培训和技能提高措施欠缺，缺乏及时的督导。加之体制僵化、基层平台建设投入不足、工作经费和人员编制有限、工作内容繁杂，在职业指导精细化实施和精准化服务上难免捉襟见肘，没有精力和时间去履行引导、组织和协调社会力量做好全社会职业指导工作的政府职责。目前，公共职业指导服务中社会力量引入有限，政府和社会机构合作尚处于较低层次，社会优质资源包括专业人才、服务模式、技术手段等难以进入政府服务领域。在通过政府购买服务引入社会力量参与职业指导的具体操作方面，仍然面临各有关制度缺乏衔接、配套细则不够、运作机制僵化等问题。同时，在政府购买服务中，政府和社会力量可持续合作模式以及成果共享、归属等问题都仍需进一步探讨。

五、重庆市职业指导服务规范化影响因素研究

（一）基层服务机构工作条件和实际需求不符

当前基层服务机构工作条件和工作待遇与实际需求存在较为明显的差异，从而影响了基层工作人员的服务质量，同时也使人才出现了断层，现有的工作人员在工作能力和工作素养上有待提高。另外，公共就业服务机构的性质导致管理经费不足，从而影响了工作的开展，降低了工作质量。从不同区域来看，不同区域的就

业压力存在明显的差异，城镇就业条件虽然比较优越，但就业压力大，而农村地区虽然就业压力较小，但是由于就业服务条件较差，设施不齐全，劳动力就业无法得到相应的保障，部分法律法规落实不到位。

（二）信息化建设不足

现代化的公共就业服务机构需要更多信息化手段，需要不断加强信息化建设，但由于不同区县对信息化建设工作的重视程度不同、环境限制、就业人员能力水平不一等，各区县呈现出较大差距，直接影响了城乡人力资源公共就业服务的质量，导致人力资源分配的不均。城镇公共就业服务信息化建设程度较高，而农村公共就业服务信息化建设程度较低，乡村公共就业服务机构在收集人力资源信息、发布人力资源信息等工作细节上存在较大的阻碍，无法实现信息流通和共享，导致大量的人力资源信息不能流通，影响了就业率，造成劳动力分布不均衡，影响了劳动市场的平衡发展。

（三）就业培训不足

就业培训不足是现阶段人力资源公共就业服务管理中存在的主要问题之一。从业人员需要进行终身培训和学习，主要表现在培训内容过于简单，培训深度不够，培训方式过于单一，培训内容没有参考工作人员的实际需求，过于形式化，所起的作用不大。就业培训指导作为一项系统的工作，不仅要做好前期的工作安排，还要分析人员的具体情况，然后根据人员的情况制订培训计划，确定培训方案，落实培训策略，并做好后期的评估，才能确保培训的质量，但是很多公共服务机构在培训前、培训中、培训后的工作细节安排不太妥当，缺乏合理性，从而造成培训工作质量不高，收益不大。

（四）标准化的建设工作相对滞后

一是标准化的意识不强。国家、行业及民众对标准化的认识不够。长期以来，行政力量推动人力资源服务行业标准化建设是主要手段，而发挥技术标准的作用，提升人力资源服务水平较少。人力资源服务行业尤其是职业指导服务板块对标准化建设的重要性和紧迫性认识不足、重视不够，直接影响了职业指导的专业化发展。

二是政府主张，公众参与的程度不高。我国人力资源服务标准化建设是一项系统工程和复杂的长期任务，并不是较容易实现的目标。标准化建设不仅涉及政府内部的权责调整，也直接影响着社会利益的实现和需求的满足，需要国家及相关部门的重视和推动，更需要人力资源服务行业的认可和支持。

三是标准不统一，交叉重复。现有的人力资源和社会保障服务标准体系，就业人力资源标准主要分为公共就业人才服务管理标准、人事人才管理标准、经营性人力资源服务标准、劳动关系与调解仲裁标准等子体系。这种划分方法基本是以“公共”和“非公共（经营）”为标准，在业务内容上就出现了标准的交叉重复问题，不利于统一市场体系的建立。现有的职业指导服务规范（国家标准）内容过于宏观，且服务标准数量较少，部分标准内容单一、原则性强、可操作性低，与实际需求有较大差距。

四是标准研制需要科学的理论进行指导，科学研究是标准编制的基础和前提。目前，虽然人力资源和社会保障部在人力资源服务、社会保险、医疗保险等领域进行了标准体系的探索研究，但这些研究较为分散，缺乏系统性，不能满足人力资源和社会保障工作的总体要求，成为制约标准化工作开展的瓶颈。尤其是人力资源服务标准化方面的研究更加薄弱，人力资源服务理论较少，教材几乎空白。

六、重庆市职业指导服务规范化建设对策及建议

（一）转变指导理念，把职业指导提高到战略高度

强化人力资源和社会保障体系中职业指导服务的战略位置。随着时代的发展，物质生活极大充盈以后，越来越多的劳动者向往更加美好的职业，需要更加个性化的职业指导和服务。以提供就业信息为主的传统职业服务已经满足不了广大劳动者的新需求。这就需要政策制定者和决策者，从新时代、新形势、新职业的大背景出发，转变工作理念，进一步把职业指导提高到战略高度。

公共部门的职业指导定位于协助求职者建立解决问题的能力，是平等而非上下级的关系，应逐步从职业指导转变为职业咨询。同时，充分认识和明晰职业指导在积极就业政策中的定位，强调政府的主导责任，并把职业指导工作上升到战略高度。加强全民职业生涯规划教育和就业指导，促进民众树立正确的职业理念，完善对职业指导的定位及认知。同时，强调职业指导政策效应，积极发挥职业指导在维

护社会稳定和促进劳动者职业发展中的作用。应把职业指导服务体系建设作为完善公共就业服务体系和人力市场功能建设的重点，把职业指导服务质量作为衡量各区县公共就业服务机构就业服务质量的关键指标。

（二）精准对标求职者需求，建立全市统一的职业指导分级服务模式

从目前职业指导由粗放型向集约型转变的现状看，建立符合求职者需求的职业指导分级分类服务是必然趋势。从实践经验看，北京和上海虽有尝试，但与理想的效果差距还很大，其他省市有需求但尚未进行探索。由于精准化职业指导服务体系的专业性和技术复杂性，因此建设中有必要对分类分级职业指导服务体系建设的核心业务和关键技术进行顶层设计、统筹规划，既能统筹全市职业指导服务的全局，节约政府资源，还可以大大提升全市的职业指导服务水平。做好职业指导的分级分类模式构建，首先需要市级主管部门对职业指导的相关理论和技术的应用研究成果进行梳理和分析，再充分结合重庆市各区县的地域特点和人口分布特点，通过对就业困难对象的求职需求和求职能力特点分析，构建求职者分级指标、职业指导分级服务标准和评估方法，最终提出职业指导分级服务的实现模式和路径。在此服务模式中，最关键的是劳动者的需求分析，构建分级分类指标体系，并根据求职者的实际情况确定服务方式。可以集中有共同求职问题的求职者，提供团体辅导服务，如求职技能培训等，而针对个性化的问题，可以提供“一对一”的服务。

（三）加强职业指导人才队伍专业化建设

职业指导工作人员的素质决定了职业指导工作开展的质量，应以提高职业指导工作质量和效果为出发点，加强职业指导工作人员业务技能提升培训，适应职业指导分级服务工作。一是探索建立有利于职业指导工作人员发展和稳定的工作机制，为职业指导工作人员提供多渠道、多形式的学习交流机会，提高职业指导工作人员的待遇和社会地位，为职业指导工作人员提供明确的上升渠道，提升职业指导工作人员的职业归属感和职业安全感；二是针对不同的职业指导工作人员和不同的培训需求，有针对性地组织开展高级研修培训和一般性业务培训，重点加强新技能、新素质、新理念的培训，提高他们适应现有岗位的工作能力和适应新要求的能力；三是通过座谈会、研讨会、现场观摩等多种形式，加强职业指导工作人员的业务交流和研讨，为职业指导工作人员提供多样化的学习机会，满足职业指导工作人员的自我提升需求；四是开发提升职业指导实践技能的多样化教材，满足工作人员便

利化学习的需求,实现一线从业人员的日常化学习、个性化学习;五是完善职业指导工作人员的补贴或福利待遇的政策性规定。

(四)政府购买职业指导服务,做到更精细化服务和管理

精细化就业服务的理念是指以服务方式的专业化、工作机制的社会化、服务规范的制度化,秉持“以人为本”的服务宗旨,为用人单位以及求职者提供便捷高效的就业服务,促进再就业,确保就业困难人员获得有效的援助。

职业指导旨在推动劳动力市场的有序流动和劳动资源的有效利用,从而满足“以人为本”的精细化就业服务工作要求。通过职业指导,可以帮助劳动者确定择业方向,掌握求职方法,增强择业能力;有助于双方及时了解最新职业现状,进一步把握供求双方互补性,以期分别指导,增进双方的选择,实现人才与职位匹配最大化;通过职业指导,把握市场的热点,创新就业岗位;鼓励和引导有资质、有思想的求职者进行自主创业;坚持以人为本,对劳动力资源进行更好地利用和开发。

党的十八届三中全会明确要求推广政府购买服务,而构建地方政府购买服务的准市场机制也是解决当前公共职业指导服务困境的重要手段。政府和就业部门在职业指导中不应仅是服务的提供者,更应该是组织者、资金提供者和管理者。首先,职业指导区别于传统的政府指派式服务,打破了传统服务人手不足、缺乏可选择性、效率低下的困境,提高公共职业指导服务的效率和质量。其次,它体现出了公共就业服务的均等化,让所有的社会公众都有平等的选择机会,也增加了服务的个性化需求。最后,公共部门的专业人员有更多的时间和精力进行深度的职业指导再设计,让职业指导服务工作体系更加精细、精准。公共职业指导服务部门可以借鉴其他部门的购买经验,探索自身的购买模式和服务方式,如可以根据服务对象的特征初步进行分级分类,采用凭单式模式把职业指导券发给需求者,需求者根据需要选择外包服务。

(五)充分运用互联网平台技术,使线上与线下职业指导服务有机融合

目前,社会已经进入“互联网+”时代,传统的线下服务已经不能满足人们的需求。

一是增加线上服务。对于个体而言,线下的辅导方式是优势,但如果能够同时增加线上服务,那么可以同时关注到广度和深度,尤其年轻人群体,学习、生活、工作越来越快速化和虚拟化,他们更加偏爱线上的方式,可以充分利用微信、公众号、

微博、QQ 等手段,线上普及基础知识和进行宣传,增加职业指导的影响力和受众群体,同时以活动的形式预约线下服务,让有进一步需求的人群了解、接受并参与线下服务。

二是运用“互联网+”对群体进行大数据分析,总结共同特征和问题,以提供更标准化的服务。

三是建立职业指导工作人员分享经验、共享信息、互动交流以及为职业指导工作人员提供线上培训的互联网平台。目前信息技术在支撑职业指导工作人员专业化建设方面发挥作用有限,建设培训平台可以突破地域限制,通过线上学习提升从业人员专业水平。同时还可以建立督导机制,职业指导工作人员不再“单打独斗”,而是建立起工作联盟,使工作更有效。

课题研究单位:重庆云日创心教育科技有限公司
重庆市重点产业人力资源服务有限公司
课题组负责人:黄子华
课题主研人员:敖　宾　张雪松　刘　星　刘平澜　王　辉　李士颍
钟　敏　田振敏　张　珂　易　琼　方　鹤　杨　川

人力资源管理咨询服务规范指南研究

摘　要：随着经济全球化进程的加快，企业间竞争的加剧，越来越多的企业更加关注人力资源管理咨询。本报告旨在通过人力资源管理咨询服务规范相关研究成果，厘清人力资源管理咨询服务规范研究的背景及深刻意义，分析当前人力资源管理咨询服务规范国家及地方标准，深入开展重庆市人力资源管理咨询服务机构现状调查研究，在数据分析及典型案例分析的基础上，结合重庆市人力资源管理咨询服务实际情况，提出编制"人力资源管理咨询服务重庆市地方标准"的基本思路，以促进重庆市人力资源管理咨询服务及管理咨询服务业稳步健康发展。

关键词：人力资源管理　咨询服务　服务规范

一、课题研究的背景及目的意义

（一）课题研究背景

2016年11月1日，《人力资源管理咨询服务规范》国家标准正式实施，标志着我国人力资源管理咨询服务业迈向规范化。此后，党的十九大更明确提出，要加快建设实体经济、科技创新、现代金融、人力资源协同发展的产业体系，在人力资本服务等领域培育新增长点、形成新动能，这对推动人力资源服务业发展提出了新的更高的要求。人力资源管理咨询作为人力资源服务业的新兴业态，在人力资源配置优化、服务高质量发展、推动产业转型等方面发挥着重要作用。

根据《人力资源管理咨询服务规范》国家标准，人力资源管理咨询是指根据客户要求，依据其组织目标，进行内部、外部环境调研和分析，明确人力资源管理规划和人力资源管理目标，制订人力资源管理解决方案的服务过程。在市场化的今天，人力资源管理咨询工作有了形式上与实质上的改变，依靠人力资源管理咨询激发人才潜能，利用人力资源管理咨询确定人才管理重点成为核心的任务。要在新时期进一步明确人力资源管理咨询的价值和功能，以现代化、系统化和科学化作为建设人力资源管理咨询体系的出发点和落脚点，整合人力资源管理咨询的细节和关键，扩大人力资源管理咨询的范围与领域，为人力资源管理咨询事业的发展提供更为广阔的空间。

由于经济全球化的进程加快，企业间竞争愈加激烈，人才越发重要，越来越多的企业更加关注人力资源管理咨询服务。近年来，管理咨询市场上人力资源管理咨询服务的需求日趋活跃，明显多于其他类型的管理咨询，我国人力资源管理咨询服务已发展成为人力资源服务的一个重要细分市场，成为推动中国企业人力资源管理水平的重要力量。随着市场经济进一步深化发展，我国人力资源管理咨询服务已经发展成为庞大的智力产业、朝阳产业。

在此背景下，2017 年重庆市成立了第二个国家级人力资源服务产业园，在人力资源管理咨询领域起到“领头羊”作用，但是从人力资源管理咨询行业来看，目前重庆市尚未出台人力资源管理咨询地方标准，存在市场缺乏管理、人才缺失、从业人员知识基础薄弱、咨询项目开展条件不成熟等短板。

1. 市场缺乏管理

目前，重庆市人力资源管理咨询服务领域进入门槛仍然较低，存在粗放式管理问题，对提供人力资源管理咨询服务的机构或个人没有严格的规范限制，还存在很多独立个人提供咨询服务的情况。另外，重庆市还没有统一的规范对从事人力资源管理咨询服务的机构及专业人员等做出要求，例如要求专业人员具备一定的知识和能力。

2. 知识基础薄弱

我国咨询业发展历史短暂，在发展过程中缺乏人才和知识的积聚。我国人力资源管理咨询服务领域的专业咨询师整体素质偏低。我国的人力资源管理咨询服务领域还未形成完善的咨询体系，仅仅是对企业进行某个方面的咨询而已，未足够重视咨询案例数据库的积累，缺乏动态的信息源作为支持。相对于发达地区，重庆市知识基础较为薄弱。

3.咨询项目开展条件不成熟

部分咨询项目开展条件不成熟导致服务质量不高，客户满意度低。主要原因有人力资源管理咨询服务机构自身能力无法达到客户咨询需求，存在超能力接单的现象；咨询客户自身的管理理念、对自身角色的理解、咨询服务参与度无法达到咨询服务的要求。

4.客户对咨询项目的要求较低

部分有咨询需求的公司，对于咨询的需求是迫于形势政策的压力，对于咨询需求，只停留在出具咨询报告书层面，报告并没有真正的实施，没有完成一个完整的咨询流程，咨询需求流于形式，没有真正起到激发人才潜能的作用。

综上所述，我国人力资源管理咨询业务发展快速、市场需求旺盛，但重庆市人力资源管理咨询服务市场仍处于起步阶段，行业自律机制尚未健全，行业监管有待加强。为了提升重庆市人力资源管理咨询服务水平，重庆市虽出台了很多鼓励人力资源服务业发展的宏观性政策、指导性政策，但针对人力资源管理咨询服务的专项政策较少，人力资源管理咨询服务规范重庆地方标准亟待建立。

（二）课题研究的目的及意义

1.课题研究的目的

通过对重庆市人力资源管理咨询服务现状进行深入调研与全面分析，客观评价重庆市人力资源管理咨询服务的现状与效果，找出存在的问题、原因及对策，有针对性地规范人力资源管理咨询服务流程，提高人力资源管理咨询人员的业务素质，规范人力资源管理咨询市场，促进重庆市人力资源管理咨询服务健康快速发展。本研究旨在通过扎实的调研和前期准备工作，在《人力资源管理咨询服务规范》国家标准的基础上，结合实际出台重庆市的服务指南和地方标准，给政府提供理论支撑。

（1）提升人力资源管理咨询服务规范化程度

从人力资源管理咨询业的从业主体、需求主体以及服务内容方面分析，重庆市的人力资源管理咨询业尚处于起步阶段，而人力资源管理咨询服务内容较广，是一项专业性、技术性很强的工作。从事人力资源管理咨询服务的机构的基本要求、人力资源管理咨询服务流程、服务内容及服务质量控制的科学性和严谨性直接影响着人力资源管理咨询服务的质量，出台重庆市的人力资源管理咨询服务指南和地方标准有利于对人力资源管理咨询服务的要求、内容、流程、质量控制以及人力资源管理咨询市场进行规范，提高人力资源管理咨询人员的业务素质，提升重庆市人力资源管理咨询服务的规范化程度。

(2)促进人力资源管理咨询服务业发展

第一，重庆市人力资源管理咨询服务顺应市场而生，大多呈自由发展之态，产业门槛很低，咨询业供给侧难以提供符合市场期待的人力资源管理咨询服务，消费端的咨询客户由于自身的管理理念、对自身角色的理解、咨询服务参与度，也无法达到咨询服务的要求，因此，制定统一的地方规范，能够完善人力资源管理咨询服务业的短板，解决缺乏常态和有效市场管理的问题，促进地方人力资源管理咨询服务业良性发展。

第二，人力资源管理咨询服务业的产生、发展、壮大，始终与经济社会的创新发展紧密相连，是敏锐适应社会精细化需求、不断创新商业模式、提升服务能力的典型新兴行业。而《人力资源管理咨询服务规范》具有科学性、导向性和针对性，出台重庆市的人力资源管理咨询服务指南和地方标准能够对人力资源管理咨询业务经营与管理起到指导性和示范性作用，对重庆市人力资源服务企业培养行业自律和规范经营，加快人力资源管理咨询服务质量变革、服务效率变革、服务动力变革具有重要推动作用。

(3)适应我市产业结构调整需要

人力资源管理咨询作为人力资源服务业的新兴业态，反映了产业转型升级、新经济发展模式对人力资源服务业发展的新需求，也反映了该行业由高速增长向高质量发展的新趋势。

因此，出台重庆市人力资源管理咨询的服务指南地方标准，有利于丰富重庆市人力资源服务业的产品结构，解决企业需求和服务机构供给结构单一的问题，提升行业效率，增加行业收入，培育经济发展新动能，推动重庆市产业转型升级，实现高质量发展目标。

2. 课题研究意义

在理论意义方面，有助于为人力资源管理咨询服务监督管理政策制定提供理论支撑，发挥理论指导实践的功能。

在实践意义方面，立足重庆市人力资源管理咨询服务现状，进行深入调研与全面分析，有助于客观评价重庆市人力咨询管理咨询服务的现状与效果，找出存在的问题、原因及对策，促进重庆市人力资源管理咨询服务健康快速发展。

（1）丰富和发展人力资源管理咨询服务规范理论研究

目前来看，为规范人力资源管理咨询业市场，我国部分地区出台了人力资源管理咨询地方标准，如2018年在京津冀地区适用的《北京市地方标准》《上海市地方标准》等，都是相对发达的地区出台的。以西部地区各省（直辖市）的名义发布的人力资源管理咨询服务规范比较少见，重庆市尚未出台人力资源管理咨询相关规范标准，因此，本研究有利于弥补人力资源管理咨询服务规范的理论研究的不足，有助于加深重庆市人力资源管理咨询服务的进一步研究。

（2）为行业管理部门规范管理提供参考

党和国家高度重视人力资源服务业发展。党的十九届四中全会明确提出，要扎实推进治理体系和治理能力现代化。本研究在深入调研的基础上，针对问题，结合实际构建理论体系，为行业治理提供理论联系实际的决策参考，为出台“人力资源管理咨询服务规范重庆市地方标准”提供可靠的理论依据和数据支撑。

（3）为人力资源机构规范业务提供遵循

通过调研走访、国家标准政策宣传、提出重庆市地方规范标准建议，为行业主管部门正式出台“人力资源管理咨询服务规范”重庆市地方标准打下基础，引起人力资源服务机构对规范开展人力资源管理咨询业务的高度重视，并为人力资源机构规范人力资源管理咨询业务提供参考和遵循。制定服务标准、规范服务行为，对于维护人力资源管理咨询服务业秩序，保障企业的合法权益，推动行业发展有着重要的价值。

二、人力资源管理咨询服务发展历程回顾

人力资源管理咨询是专业咨询机构帮助企业发现和解决人力资源管理方面的问题，是人力资源管理理论和管理咨询业发展到一定阶段的产物。随着全球市场竞争越来越激烈，国际国内企业人力资源管理实践的不断深入，企业对人力资源管理咨询产业的发展需求越来越强烈，人力资源管理咨询业的出现是一个必然的发展趋势。

(一)人力资源管理的发展和演变

在市场经济条件下,人力资源是最宝贵的战略资源,是企业在竞争中生存与发展的最重要的物质基础。人力资源既是制定企业战略的重要依据,又是实施企业战略的支撑点。人力资源管理作为企业的重要管理活动和管理职能,其发展与社会和经济环境的变化紧密联系。

1. 产业革命阶段(18 世纪末至 19 世纪末)

产业革命阶段是人力资源管理的萌芽阶段,该时期的人力资源管理被称为人事管理,其特点是一切以工作或生产为中心,把人看成机器,忽视人性的存在,对人的主要管理方式是以强权管理为主。

2. 科学管理阶段(19 世纪末至 1920 年)

科学管理的基本假设是存在一种最合理的方式来完成一项工作。被称为科学管理之父的泰勒对劳动时间和作业方法进行了科学的分析,并依此建立了工资制度和用人制度。

3. 人际关系阶段(1920 年至第二次世界大战)

1927—1932 年,哈佛大学教授梅奥和他的助手在美国西屋电器公司霍桑工厂进行了一系列试验,结果发现人际关系的重要性。研究发现,在工作中,影响生产效率的关键变量不是外界条件,而是员工的心理状态。泰勒认为企业是一个技术经济系统,而霍桑试验的结果却表明企业是一个社会系统。

4. 行为科学阶段(第二次世界大战至 20 世纪 70 年代)

该阶段是人力资源管理理论发展的重要阶段,主要代表人物及其理论有马斯洛及其人类需求层次论、赫茨伯格及其激励因素—保健因素理论、麦格雷戈及其 X—Y 理论、大内及其 Z 理论等。

5. 人力资本管理阶段(20 世纪 70 年代以来)

这一时期人力资源的发展体现在两个方面:一是人力资源管理重心不断转移,由以物为中心向以人为中心转移,即从人本管理向人心管理转移;二是人力资本理论成为人力资源管理的基础理论，开始全面介入企业管理。

（二）管理咨询服务发展历程

作为一种专业化的服务事业和社会职业，管理咨询最早出现在19世纪末美国。19世纪末，以泰勒为代表的"效率"顾问工程师将管理理论运用到企业管理中深入企业生产组织领域为企业提供有效的咨询服务，改善企业的管理活动。

20世纪30年代，美国形成了新一代的"智囊团"，他们能提供各种专门的服务，帮助企业经理实现目标做出正确、客观的选择。这些管理咨询公司拥有强有力的顾问队伍，他们把专业的管理知识运用到企业管理实践中从而把管理知识转变为高效生产性的能力。在这期间因经济大萧条许多公司的财务状况出现困难，组织结构需要进行改组，管理咨询业又开创了一个新的重要活动领域。从此管理咨询成为"病态"企业的救命稻草，得到重视。

进入20世纪70年代后，管理咨询业进入飞速发展时期。当时美国等西方发达国家经济出现"滞胀"，高新技术迅速发展，产品更新换代迅速，国际市场竞争加剧，企业发展面临严峻的挑战，也为西方管理咨询业提供了一个新的发展空间。在该阶段，管理咨询始终保持两位数以上的增长速度，成为富有希望的"朝阳产业"。

20世纪90年代以来，全球科技竞争日益加剧，信息流动速度加快，电子商务和网络企业发展迅速，企业跨国经营迅速发展。这种变革促进社会进步和经济发展的同时，也促进管理咨询业的飞速发展。管理咨询的业务范围越来越广泛，专业化程度越来越高，发达国家的管理咨询业迅速发展成为兴盛的产业。

（三）人力资源管理咨询的发展历程

人力资源管理咨询是管理咨询的重要细分业务，指专业咨询机构运用人力资源开发与管理的理论和方法，对企业人力资源开发与管理进行分析，找出薄弱环节，并加以改善，以促进企业正确、有效地开发人力资源和合理、科学地管理人力资源，为企业创造永续的竞争力。其咨询内容包括：人力资源管理培训、人力资源管理咨询、人力资源职能外包、劳务派遣、人力信息化解决方案、猎头等各种为企业人力资源管理咨询部门提供的智力咨询服务。

1. 国外人力资源管理咨询的发展历程

1973年，西方工业发达国家的经济出现了生产停滞和通货膨胀，而此后新技术不断涌现,新产品的更新换代加快,激烈的市场竞争导致企业经营管理的分工进一步细化,在企业内部形成战略管理、流程管理、生产管理、财务管理、营销管理、人力资源管理等专门的部门和机构。

到了20世纪90年代,随着经济的发展和市场竞争的加剧,企业面临的挑战越来越大,人力资源成为企业取胜的关键因素,传统的人事管理不再适应企业发展竞争的需要。人力资源管理咨询成为潜力巨大的业务类型。一方面,人力资源管理咨询要为企业提供基础的人力资源外包服务;另一方面,人力资源管理咨询要为企业提供专业化、职业化的现代人力资源管理的咨询服务。

2. 我国人力资源管理咨询服务发展历程

伴随着世界经济一体化,国外人力资源管理咨询机构纷纷踏入中国,我国的管理咨询业是借鉴日本和欧美国家企业管理咨询的理论、方法和经验发展起来的。随着我国改革开放进程的发展,20世纪80年代初,我国咨询业应运而生。纵观我国咨询业近40年的发展历程,人力资源管理咨询在中国经历了3个阶段。

(1)萌芽期(20世纪80年代初至80年代末)

我国咨询业的发展首先起源于政府创办咨询企业,主要集中在投资、科技和财务咨询领域。同时,人力资源外包在中国以类似人力资源派遣的"提供中方雇员"方式,为中国人力资源管理咨询行业积累了宝贵的经验,为人力资源管理咨询行业的起步和发展奠定了人才基础。

(2)起步阶段(20世纪90年代初至90年代末)

伴随着改革开放的步伐,民营企业和外资企业相继出现,人才也开始小范围流动,各地人才交流中心和职业介绍中心开始为民营企业和外资企业提供基于人事档案的劳动用工手续的服务。同时,由于外资企业进入和先进西方人力资源管理理念的引进,我国部分企业对人的概念从传统的人事管理理念转变为人力资源管理理念,此过程造就了一批人力资源管理实践专家。这些人利用自己的专业知识和实践经验,纷纷成立了人力资源管理顾问公司,开始推动中国人力资源管理咨询市场。

到了20世纪90年代后半期,随着我国市场经济的日趋完善,市场竞争日趋激烈,国外管理咨询公司大批进入我国市场,从此管理咨询业告别"点子"时代,进入专业化发展阶段。同时,由于国有企业改革、职工下岗,出于下岗职工就业的需要,真正市场运作的人力资源派遣开始渐渐出现。到90年代末期,一部分国内管理咨询公司开始在市场上崭露头角，如“汉普管理咨询”“远卓管理顾问”“派力营销”等。

(3)发展阶段(21 世纪初至今)

从 21 世纪起，中国人力资源管理咨询行业进入一个发展期。人力资源管理职能外包先行一步，不但向规范化、专业化发展，还出现了市场细分。由于众多跨国企业在华业务的发展、分支机构和人数的增多，纷纷开始由其在华总部牵头，将其人事事务统一管理外包出去。人力资源派遣在这之前完成了初步探索，各个专业人力资源派遣机构露出“尖尖角”，官方和民间开始有组织地对人力资源派遣进行经验总结和理论研究，各地相继出台了一些相关法规，行业协会的成立也开始提上议程。从人力资源外包的现行发展轨迹可以看出，人力资源管理咨询的产生是一个必然的趋势，并且在未来会有一个持续稳定发展的进程。

咨询业的发展是市场经济发展的产物。随着经济的发展，国内企业面临转型升级，亟待提升管理的科学化和规范化水平，对管理咨询的需求也与日俱增，从而给管理咨询带来巨大市场和客户群体。数据显示，中国管理咨询业的年营业收入增长率达到 29%，行业毛利率达到 21%；管理咨询的市场渗透率年增长率达到 9%左右；人力资源管理咨询在我国管理咨询业中的比重达到 17%。

三、人力资源管理咨询服务规范理论研究

(一)人力资源管理咨询服务概念界定

1. 管理咨询

管理咨询是由具有丰富经营理论知识和实践经验的专家，与企业有关人员密切配合，应用科学的方法对企业进行调研、诊断，找出存在的问题，分析产生问题的原因，并提出解决方案，指导方案的推行实施，以达到解决问题、达成企业的经营目标、推动企业健康稳健发展的目的。管理咨询分为普通管理咨询及类似微咨询、管理课程培训等的细分管理咨询业务。咨询的行为都是借助服务提供者的丰富的知识、经验，在企业提出要求的基础上深入企业，并且和企业管理人员密切结合，应用科学的方法，找出企业存在的主要问题，进行定量和确有论据的定性分析，查出存在问题的原因，提出切实可行的改善方案，进而指导实施方案，使企业的运行机制

得到改善,提高企业的管理水平和经济效益。

2. 人力资源管理咨询

人力资源管理咨询是指根据客户要求,依据其组织目标,进行内部、外部环境调研和分析,明确人力资源管理规划和人力资源管理目标,制订人力资源管理解决方案的服务过程。

3. 人力资源管理咨询相关的文献综述

(1)关于从业主体的研究

佐佑认为,人力资源管理咨询业的从业主体格局多包括外资咨询公司、国内咨询公司、“个体业主”、高校研究人员。周玉龙等总结我国主要咨询机构类型包括:高校人力资源类专家牵头的学院型机构;有多年实际操作和管理经验的实干型机构;依附已有的培训、管理体系认证的寄生型机构;将人力资源整合进企业管理体系的整合型机构;游离于组织外的独立咨询人士。

(2)关于人力资源管理咨询需求的研究

佐佑认为,民营、私营企业对人力资源管理咨询的需求旺盛,外资企业是推动人力资源管理咨询发展的主要力量。商华认为,国内人力资源管理咨询主体发育不良,主要的需求主体是民营、私营和外资企业。

(3)关于人力资源管理咨询发展问题的研究

张静用 SOWT 模型分析了我国人力资源管理咨询企业。其优势是了解国情和文化的本土优势,相对国外企业,有更合理的价格优势和灵活性,有占有市场份额的优势。弱势是专业人才少,技术平台差,资信水平低,竞争压力大。机会是市场需求全面启动,人力资本观念强化。威胁是缺少信息产业支撑,优秀人才流失。针对我国人力资源管理咨询业发展过程中存在的问题,一些专家学者也相应从各个方面提出相应的建议和对策。

(4)关于人力资源管理咨询宏观层面的研究

陈明等认为,要规范人力资源管理咨询行业管理,适当提高咨询机构的进入门槛,并成立人力资源管理咨询师认证机构,建立咨询人员资格认证和考核制度。耿庆利主张,发展市场经济实现人力资源管理咨询商品化、产业化和现代化,同时要加快建立全国性的管理咨询行业协会,实现行业自律和行业规范。

(5)关于人力资源管理咨询微观层面的研究

张静认为,国内人力资源管理咨询机构的进一步发展可以与国外咨询公司合作,实现优势互补,在本土企业国际化、国际企业本土化的过程中,提高国内资源公司和从业人员的整体素质。周玉龙指出,国内人力资源管理咨询机构要埋头建立自己的理论体系,并开发出真正适合中国的管理咨询工具。袁渊、李伟等认为,人力资源管理咨询公司进行流程再造,能够发挥自身的专业优势,为客户提供满意的优质服务。乔俊基于人力资源在企业管理中的特殊地位,以及中小型民营企业面临问题的共性提出,咨询公司要明确市场定位,确定咨询流程和表单,明确项目组激励方案等。

综上所述,纵观国内相关人力资源管理咨询研究的文献,我国学者注重从宏观的角度介绍我国人力资源管理咨询业在发展历程中存在的各种问题,较少从中外咨询公司对比的角度讨论我国人力资源管理咨询机构发展存在的问题。为了我国人力资源管理咨询机构进一步发展,提升我国人力资源管理咨询机构的竞争力,有必要从本土国外人力资源管理咨询机构的身上挖掘其优势的原因,从中吸取其成功的经验。

(二)国家及省市标准分析

2016 年 4 月 25 日,《人力资源管理咨询服务规范》(GB / T 32625—2016),经中国国家标准化管理委员会批准予以公布,自 2016 年 11 月 1 日起实施。该标准是一项中华人民共和国国家标准,归口于全国人力资源服务标准化技术委员会,规定了人力资源管理咨询服务的基本要求、服务内容、服务流程以及服务质量控制,适用于人力资源管理咨询服务。

2016 年 6 月 20 日,上海市发布了《人力资源管理咨询服务规范》(DB31/T993—2016)地方标准;2018 年 4 月 24 日,北京市、天津市、河北省共同组织制定并发布的《人力资源服务规范》(DB11/T 3008)中第 9 部分内容为:人力资源管理咨询服务。目前,全国制定的地方标准并不多,本研究主要分析了国家标准及以上两个地方标准。

四、重庆市人力资源管理咨询服务现状调查

（一）调研方法和内容

1. 调研对象

本研究调研对象分为两类：第一类是人力资源服务机构；第二类是管理咨询机构。对人力资源服务机构的调研，主要是调研经营范围中含有人力资源管理咨询服务业务相关的机构，对机构及人员进行问卷调研和面对面访谈。对管理咨询机构的调研，主要是调研重庆市的人力资源管理咨询机构，对机构负责人进行问卷调研和面对面访谈，案例探讨等。

2. 调研方法

课题组对人力资源管理咨询服务的主体、对象进行深度访谈调查，对服务内容、执行情况、现实挑战与困境等现状进行深入调研，客观评价咨询服务效果，找出当前亟待解决和改进的问题。一是开展文献调研。通过资料文献的搜集，全面了解重庆市人力资源服务机构开展人力资源管理咨询业务的情况。二是问卷调查。课题组针对管理咨询机构、人力资源管理机构分别研究制定了两份内容相关、互相补充的“人力资源管理咨询服务规范调查问卷”，针对人力资源服务机构，利用问卷星二维码扫描填报方式，发放问卷 49 份，收回有效问卷 49 份。针对人力资源管理咨询机构，发放问卷 6 份，回收有效问卷 6 份。三是实地调研，由课题负责人带队，到各人力资源管理咨询服务机构，通过现场座谈、实地走访、实地查看场地设施、搜集机构相关资料等进行调研。共实地走访 6 家人力资源管理咨询机构，通过访谈，收集了一手资料。四是电话访谈。电话调研了 2 家全国性人力资源公司和 1 家国际性审计咨询公司。

（二）对人力资源服务机构的调研分析

1. 基本情况分析

“重庆市人力资源管理咨询工商企业商家名录”资料显示，重庆市的商家名录

里经营范围中具有人力资源管理咨询业务的公司有305家，但因人力资源管理咨询服务是技术性强、专业性强的智力服务，很多机构虽然在经营范围中包含了此项服务，但从未开展过服务，通过对名单的分析和调研，对重庆市其中具有人力资源管理咨询业务的49家人力资源服务机构进行了问卷调研。

2. 问卷结果分析

公共人力资源服务机构占8.16%，经营性人力资源服务机构占87.76%，其他人力资源服务机构占4.08%。

调研发现，89.8%的机构经营范围中都包含人力资源管理咨询业务，10.2%的机构没有此项业务。包含人力资源管理咨询业务的机构中仅仅只有18.37%的机构实际开展从事过此业务。

实际开展人力资源管理咨询业务的18.37%的机构中，收入在0~50万元的占14.29%，收入在50万~200万元的占2.04%，收入在500万~1 000万元的占4.08%，如图1所示。

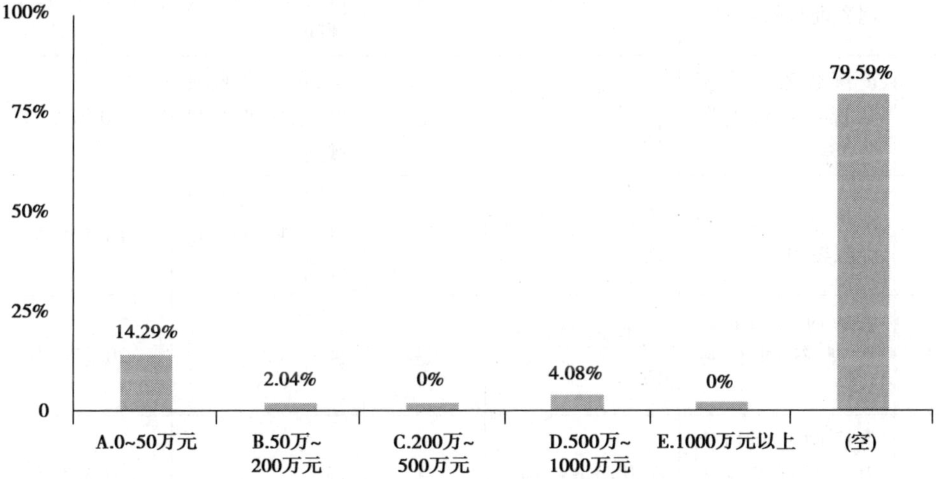

图1　从业人员收入区间

（三）对咨询服务机构的调研

1. 基本情况

调研情况及重庆市人才研究和人力资源服务协会资料显示，重庆市提供人力资源管理咨询服务业务的公司分为五类:第一类是全国大型咨询机构在重庆市的办事机构;第二类是重庆市内本土的大型专业性咨询机构;第三类是人力资源机构,主要提供人力资源服务,涉及少量的人力资源管理咨询业务;第四类是高校人力资源管理专业专家教授,主要从事独立的咨询或者成立机构为企业提供服务,也会创办公司进行业务运作;第五类是咨询服务个体户,也可称为独立咨询顾问,也在提供人力资源管理咨询服务。

2. 对咨询机构的访谈调研分析

本次调研对象为重庆重大同浩管理咨询有限公司等6家人力资源公司,从基本要求出发,对机构及专业人员配置、服务环境等方面开展调研,见表1。

表1 访谈调研的咨询机构

序号	机构名称	机构性质	是否具有法人资格	是否有专职咨询人员	累计服务企业情况
1	重庆重大同浩管理咨询有限公司	公共服务机构	是	是,具有专职项目经理和咨询顾问	1000家左右
2	重庆般若人力资源管理咨询有限公司	民营类服务机构	是	是,具有专职项目经理和咨询顾问	170家左右
3	重庆菲斯克人力资源集团	民营类服务机构	是	是,具有专职项目经理和咨询顾问	10家左右
4	重庆海斯姆企业管理咨询有限公司	民营类服务机构	是	否	20家左右
5	重庆两江新区人力资源开发服务中心有限公司	公共服务机构	是	否	10家左右
6	重庆富源人力资源管理服务有限公司	民营类服务机构	是	是,具有专职项目经理和咨询顾问	8家左右

在专业人员能力方面:除了国家标准规定的人力资源管理行业知识、经营管理行业知识、沟通能力、统计分析能力、解决问题能力及学习能力、客户服务意识、职

业道德素养，重庆重大同浩管理咨询有限公司认为咨询人员还应具有演讲能力，重庆般若人力资源管理咨询有限公司认为咨询人员还应具有相关行业经验，操盘过企业的经验。

为咨询专业人员提供的业务培训方面：6 家机构均认为国家标准规定的人力资源管理知识、沟通能力、客户服务和关系发展知识、经营管理知识、项目管理知识、办公软件的操作能力等是咨询专业人员具备的基本素质，咨询机构在聘用专职咨询人员时已经具备，专职咨询人员具有 8～10 年的中高管经验，以上能力在项目开展时能够得到进一步锻炼。

在服务环境方面：咨询服务机构均有固定的办公场所，并明示工商营业执照或其他经营许可证。办公场所都有完善的办公与通信设备，重庆重大同浩管理咨询有限公司还具有数据库、知识库、图书室等。办公场所均符合国家标准的规定，具有安全防护、防盗、消防设施。

（四）调研结论及建议

本次调研主要采用问卷调研和现场访谈等形式，深入调研，不仅对人力资源管理咨询服务类业务进行探讨，还对重庆市的人力资源管理咨询市场以及整个管理咨询服务进行探讨并提出建议。

1. 重庆市从事人力资源管理咨询服务的企业数量不多，需要相应的措施鼓励行业发展

重庆市的人力资源管理咨询机构总体数量较少，专业从事人力资源管理咨询的机构不到 10 家，因此，专业的人力资源管理咨询人才也相对匮乏，咨询人才无论从个人发展还是职业发展来看，都会选择北上广等大型咨询机构。主要原因有以下几点：一是咨询市场不成熟，重庆市的经济发展水平与发达地区存在差距，导致企业咨询需求存在差距；二是行业内部管理不成熟，咨询行业社会环境与发达地区存在差距，导致企业对咨询工作不够重视，咨询意识落后。建议重庆市出台相应的激励政策鼓励企业开展人力资源管理咨询，出台相应配套政策，加快建立咨询行业规范，营造社会咨询意识，改善监管体制，明确咨询行业的发展定位，将咨询行业作为发展核心竞争力。

2. 重庆市人力资源管理咨询服务总体水平较高,但存在亟待规范之处

调研发现,绝大部分重庆市人力资源服务机构或咨询机构的人力资源管理咨询服务都达到了国家规范标准的要求,甚至部分机构在基本要求、服务内容、服务流程、服务质量控制等方面超过了国家规范标准的要求。但是,仍有少数人力资源管理咨询服务在机构人员配备、服务环境等方面存在亟待规范之处,咨询服务无证经营、独立咨询顾问挂靠、咨询服务只限于前期的咨询报告并未实际实施等现象仍然存在。

3. 咨询机构对于人力资源管理咨询服务规范的了解不够,需要加大宣传力度,扩大地方标准的影响力

调研发现,部分咨询机构对国家标准的了解不够,也未将该标准作为指导规范,但是在实际提供咨询服务中达到或超过了国家标准的规定。咨询机构对出台重庆市地方标准不够关注,因此建议重庆市加大国家标准在咨询行业的宣传力度,在制定地方标准的过程中,多在咨询机构进行宣讲,扩大地方标准的影响力。

五、编制“人力资源管理咨询服务规范重庆市地方标准”的基本思路

(一)编制原则

《中华人民共和国标准化法》的制定是为了加强标准化工作,提升产品和服务质量,促进科学技术进步,保障人身健康和生命财产安全,维护国家安全、生态环境安全,提高经济社会发展水平。标准包括国家标准、行业标准、地方标准、团体标准和企业标准。同时国家标准分为强制性标准、推荐性标准,其中强制性标准必须执行,行业标准、地方标准是推荐性标准,国家鼓励采用推荐性标准。地方标准是由地方(省、自治区、直辖市)标准化主管机构或专业主管部门批准、发布,在某一地区范围内统一的标准。地方标准的制定有利于促进企业研制和运用先进标准生产,提高产品和服务质量;有利于引导消费,强化社会监督,维护消费者权益,满足社会各界便捷查阅地方标准文本的需求。“人力资源管理咨询服务规范重庆市地方标准”的编制原则主要体现在以下几方面:

1. 科学性原则

服务标准文件制定的科学性直接影响人力资源管理咨询服务规范的实施和推广。为确保重庆市地方标准文件制定的科学性,课题组进行了充足的调研工作,包括专家访谈和咨询服务机构访谈,广泛的问卷调研。参与调研的服务机构在机构性质上覆盖了国有企业、事业单位、民营企业等,在机构规模上覆盖了大中小型咨询服务机构,且比例合理,尽可能充分客观地反映重庆市人力资源管理咨询服务机构的现状。课题组对人力资源管理咨询服务的基本要求、服务内容、服务流程、服务质量控制等方面做了细致的调研,做了具体的规定,在制定过程中遵循科学的流程和方法,尤其注重在行业内外广泛调研和充分研讨,力争在行业内具有较为广泛的群众基础。确保人力资源管理咨询服务规范重庆市地方标准文件能够科学、规范地制定实施,从而保证重庆市人力资源管理咨询的服务质量,提高人力资源管理咨询水平。

2. 导向性原则

对评估项目可行性、项目调研和辅导方案实施等服务流程进行了规范,考虑到不同类型人力资源管理咨询服务机构的实际情况,强调客户和项目评估、项目调研以及方案辅导的必要性,要体现出一定的导向性,以引导行业的发展。

3. 针对性原则

为促进人力资源管理咨询服务的专业化、科学化,提升重庆市人力资源管理咨询服务水平,在标准文件制定过程中强调项目调研的重要性和针对性。在设计访谈提纲和调研问卷之前,课题组以国家标准、上海市和京津冀地方标准为参照,结合重庆市具体情况,起草人力资源管理咨询服务规范的框架。根据服务规范的框架,有针对性地设计访谈提纲和调研问卷。实地调研之后形成调研报告,根据调研报告的数据有针对性地设计人力资源管理咨询服务规范的各条内容。

(二)编制参考依据

①《中华人民共和国标准化法》。由中华人民共和国第十二届全国人民代表大会常务委员会第三十次会议于 2017 年 11 月 4 日修订通过,自 2018 年 1 月 1 日起施行。

②《人力资源管理咨询服务规范》（GB/T 32625—2016）中华人民共和国国家标准，2016年4月25日发布，2016年11月1日实施。

③《人力资源管理咨询服务规范》（DB31/T 993—2016）上海市地方标准，2016年6月20日发布，2016年10月1日实施。

④《人力资源服务规范第9部分：人力资源管理咨询服务》（DB11/T 3008.9—2018）北京市地方标准，2018年4月24日发布，2018年8月1日实施。

⑤《中华人民共和国劳动合同法》，由中华人民共和国第十一届全国人民代表大会常务委员会第三十次会议于2012年12月28日通过，自2013年7月1日起施行。

⑥《中华人民共和国税法》，2007年4月。

⑦《中华人民共和国公司法》，2018年10月26日第四次修正。

⑧《中华人民共和国企业法人登记管理条例》，2019年3月2日第四次修正。

⑨标准编写格式依据2020年10月1日实施的《标准化工作导则第1部分：标准化文件的结构和起草规则》（GB/T 1.1—2020）进行编写。

（三）与现行有关法律、法规、规章和强制性标准的关系

“人力资源管理咨询服务规范重庆市地方标准”应遵守《中华人民共和国劳动合同法》《中华人民共和国公司法》《中华人民共和国税法》等中华人民共和国现行的法律、规章以及现行的地方性法规、规章和规范性文件。

《人力资源管理咨询服务规范》国家标准是2016年4月25日发布、2016年11月1日实施。全国各省、自治区、直辖市中，目前只有上海市和京津冀等省市制定出台了《人力资源管理咨询服务规范》地方标准。建议在遵循国家标准、借鉴以上两个地方标准的基础上，根据重庆经济发展实际和管理咨询行业发展实际制定重庆市地方标准，确保在标准之间有较强的协调性。

（四）标准条款涉及主要指标依据确定

1. 基本要求

《中华人民共和国民法典》（自2021年1月1日起施行）第五十七条规定，法人是具有民事权利能力和民事行为能力，依法独立享有民事权利和承担民事义务的组织。法人应当具备下列条件：依法成立；有必要的财产或者经费；有自己的名称、

组织机构和场所;能够独立承担民事责任。我国的法人主要有4种:机关法人、事业法人、企业法人和社团法人。咨询机构应为企业法人。

因此,对于从事人力资源管理咨询机构(简称"咨询机构")的基本要求建议表述为:依法取得法人资格并具有管理咨询相关业务范围的机构。

咨询机构人员方面,国家标准2016年规定应有项目经理和咨询顾问。随着经济发展和咨询机构业务量的增加,结合重庆实际和未来咨询行业发展需要,从提高服务的专业化出发,建议人员方面增加客户服务专员,主要职责是接受客户咨询,帮助客户解答疑惑,或者承担客户服务工作的专职人员。客户服务专员应具备人力资源管理、经营管理和相关行业知识,具有客户服务意识和良好的职业道德素养。

服务环境,指企业向顾客提供服务的场所,不仅包括影响服务过程的各种设施,还包括许多无形的要素。服务环境作为信息提供的媒介,比如企业通过象征性的暗示与目标顾客进行沟通,以区别其他企业所提供的服务体验;作为吸引注意力的媒介,使服务环境从其他竞争者的环境设计中凸显出来;作为产生效果的媒介,加强顾客的服务体验,同时提高顾客对某种服务或体验的兴趣。因为咨询机构提供的咨询服务是知识服务,最终成果是咨询报告,随着服务企业的增加,需要存档的文字资料越来越多,建议在服务环境方面,除了国家规定外,增加办公场所应有文档资料储藏区域和储藏设备。

2. 服务内容

根据调研及各大人力资源管理咨询公司公开服务范围介绍,咨询机构的服务范围建议参照国家标准。

3. 服务流程

综合分析国家标准和地方标准的服务流程,国家标准的服务流程包括了解客户需求、评估项目可行性、提交书面项目建议书、签订项目合同、合同签订后启动项目、进行调研和阶段性沟通、提交咨询解决方案、辅导项目实施、项目结项以及资料归档。上海市地方标准的服务流程包括了解客户需求、签订项目合同、项目调研和制订咨询方案、辅导实施咨询方案、项目结项以及服务成果归档。京津冀地方标准的工作流程项目,需求确认阶段主要是客户沟通、制订咨询建议方案、签订协议、建立项目日志;项目准备阶段主要是成立项目组、准备资料、确认项目计划和时间安排;项目实施阶段是项目诊断、方案设计、方案实施、执行保密要求、项目评估、材料归档。三个标准从流程来看,基本没有差异,在具体内容的表述方面存在差异,根据对重庆市咨询机构的实际调研来看,所有的咨询机构都应遵守保密约定,因此建议增加"无论项目是否获得客户确认,无论项目是否进入签订合同阶段,咨询机构都应遵守保密约定"。

4. 服务质量控制

综合分析国家标准和地方标准,认为应建立项目管理制度和项目风险控制制度,在咨询服务过程中进行质量跟踪和控制,与客户对阶段性工作进行沟通和确认。项目结束 15 个工作日内应有专人进行回访,了解客户对服务的意见和建议;应向客户明示服务质量投诉的途径,并在 5 个工作日内对客户投诉给予回复;应通过客户满意度调查了解客户对服务质量的评价;根据回访、投诉及客户满意度调查结果,持续改进服务质量。

课题研究单位:重庆医药高等专科学校
课题组负责人:卿　赟
课题主研人员:易利华　蒲　英　雷道海　李　平　唐世湧　胡江霞
赵柄鉴

人力资源服务业全口径统计体系建设研究

摘　要:我国经济发展进入新常态后,人力对发展的拉动作用更加明显,党的十九大明确,要加快建立人力资源协同发展的产业体系,在人力资本服务等领域培育新增长点、形成新动能。而相对于一些发达省市和地区,重庆人力资源服务业的发展基础和规划建设相对滞后,且作为底层支撑的人口资源有较严峻的老龄化趋势。综上,开展全市全口径人力资源服务业统计研究,从统计的视角客观地分析全市人力资源服务业发展现状、存在问题更显紧迫性。

本课题着重研究了3个方面:一是在国民经济行业分类框架下,结合重庆经济发展特点,明确全口径人力资源服务业研究范围和分类;二是打破壁垒,立足科学客观、高效可行,探索建立多部门合作的全口径人力资源服务业统计调查方案和工作机制;三是服务实证,归集基础调研信息、统计数据、部门资料等,以第四次经济普查全面调查为基础,对2018—2021年全口径人力资源服务业现状进行初步分析,并整理剖析主要存在问题。

关键词:人力资源服务业　全口径　统计体系　分类

一、导论

(一)研究背景和意义

1. 文化经济背景

人力是现代经济社会发展的第一资源。生产要素作为现代经济学的一个基本范畴，随着时代进步其内涵也在不断变迁，从初始的包括劳动、资本、土地和企业家，到劳动力、土地、资本、技术、信息，但人力作为生产（劳动）必备要素，是一切资源[①]中最宝贵的资源，是第一资源，是一个国家、一个民族、一个地区长期兴旺发达的重要保证。

人力相关经济理论研究不断拓展。对人力开展的研究多头并进、不断深化，从宏观到中观，再到微观，相互既有区别又紧密联系。如现代人力资本说（Human Capital Theory）[②]，从资本投入角度，将人力资本化，把其概括为蕴含于人身上的各种生产知识、劳动与管理技能以及健康素质的存量总和。又如劳动经济学[③]，其研究领域包括劳动力供给、劳动力需求、就业、工资、人力资本投资、失业、收入分配等。再如人力资源（Human Resource）[④]，其核心要义包括：人力资源是指能够推动国民经济和社会发展的、具有智力劳动和体力劳动能力的人们的总和，与其他资源一样也具有特质性、可用性、有限性。

随着经济发展进步人力资源服务业应运而生。随着资本社会经济发展，人力资源服务业内涵逐步形成，1954 年彼得·德鲁克在《管理的实践》中提出了人力资源的定义，它是指人的知识、技能、体力等各种能力的总和。而伴随出现人力资源服务，是指人才和用人单位提供相关服务，从而促进人力资源的有效开发与优化配置的服务行业。尤其当社会迈入服务经济发展阶段后，人力资源的流动性更高、流动范围更广阔，人力资源的内涵、表现形式乃至结构均发生着变化，市场对人力资源服务的需求更加多元化、专业化。

人力资源服务业在人才集聚中发挥了更大的能效。改革开放以来，我国经济

---

① 经济学把为了创造物质财富而投入生产活动中的一切要素通称为资源，包括人力资源、物力资源、财力资源、信息资源、时间资源等。

② 人力资本说主要代表人物有克拉维斯、凯南、基辛等人。主要观点包括：一个国家或某一个体为其未来的长远发展所进行的投资，并不仅仅表现为企业、厂房、机器、设备、技术发明等物质形态，同时在很大程度上也表现为在教育、训练、医疗、保健、卫生、社区服务等各种人力资源开发上的投入。前者为物质形态的实物资本，后者可以概括为人力资本。

③ 劳动经济学是研究劳动力市场中劳动力供给和劳动力需求各自影响因素以及相互作用关系的经济学分支。

④ 戴维·尤里奇被誉为人力资源管理的开创者，他最早提出了“人力资源”的概念。在此之前，人力资源被叫作“人事管理”。尤里奇认为，现在唯一剩下的有竞争力的武器就是组织，因为那些传统的竞争要素，如成本、技术、分销、制造以及产品特性，或早或晚都能被复制，它们无法保证你就是赢家。在新经济中，胜利将来源于组织能力，包括速度、响应性、敏捷性、学习能力和员工素质。而人力资源部的新使命就牵涉卓越的组织能力的培养。这里的“组织”可以大到一个国家或地区，也可以小到一个企业或作坊。

高速发展，我国现在又进入了经济发展的新常态，在这个过程中我国人力资源的生态环境也发生着改变。尤其加入 WTO 之后，中国的人力资源开发与管理逐步与国际环境和全球舞台接轨；国际综合实力竞争的背后是人才的竞争，是人才生态环境的竞争。中国未来能否争取到更大的发展空间，与是否能成为全球人才中心息息相关。能否改善与优化人才生态环境、提供更高品质的人力资源服务成为关键。

人力资源服务业的外延不断扩大。信息技术和网络技术的发展为现代社会带来了快捷和便利，也给人才竞争带来了流动性增强、集聚效应增强等新特点、新形势。各地对人力资源的竞争日益激烈，人力资源服务的内容、形式和范围也在不断拓展和丰富，在促进人力资源的有效开发与优化配置中所起的效用也越来越大。相应地，各地人力资源服务行业的竞争也愈加激烈，跨区域竞争的压力日益加重，这对重庆人力资源服务业的发展提出了新的要求。

2. 中央政策背景

近年来，党中央、国务院高度重视人力资源服务业，做出了一系列重大决策部署。习近平总书记强调“人才是第一资源”。就业是民生之本，“六稳”工作中“稳就业”被放在了首位。党的十九大明确，要加快建立人力资源协同发展的产业体系，在人力资本服务等领域培育新增长点，形成新动能。中共中央、国务院《关于构建更加完善的要素市场化配置体制机制的意见》提出，要健全统一规范的人力资源市场体系。国务院《人力资源市场暂行条例》提出，要提高人力资源服务业发展水平。国家发展改革委《服务业创新发展大纲》和《产业结构调整指导目录》分别将人力资源服务业列为转型升级的重要产业和鼓励发展类产业。

2017 年召开的中央经济工作会议又进一步强调了，必须加快形成推动高质量发展的指标体系、政策体系、标准体系、统计体系、绩效评价、政绩考核。在高质量发展的 6 个体系中，指标体系是基础，指标体系全部或部分构成了其他 5 个体系的输入。然而在现阶段现有的指标体系中，反映经济发展方面的指标比较多，而反映人文社科发展的指标相对较少；同时反映新经济新动能成长和质量效益方面的指标也不够充分。人力资源服务业既是反映新动能发展的重要行业之一，又是直接服务于人们就业的重要行业，对其开展全口径统计研究具有较大创新意义。

3. 重庆背景

（1）发展背景

从经济发展结构看，自 2016 年起，服务业就成为推动经济增长的主要拉动力，占据了重庆市经济的半壁江山，全市经济发展已经逐步迈入服务经济时代，对人力资源供给的需求必将更加多元化。截至 2021 年末，全市实现服务业增加值 14787.05 亿元，占全市 GDP 的比重从 2015 年的 48.4% 提高至 53.0%。而在就业人口结构上，服务业用工需求的增加则更加凸显，服务业的就业人口占比不断提高，截至 2020 年末，已经达到 877.01 万人，较 2019 年增加 24.39 万人，占全部就业人口的 52.3%，比上年提高 1.2 个百分点；而同期第一产业、第二产业的就业人口占比分别为 22.6% 和 25.1%，分别比上年下降 0.3 和 0.9 个百分点，如图 1 所示。

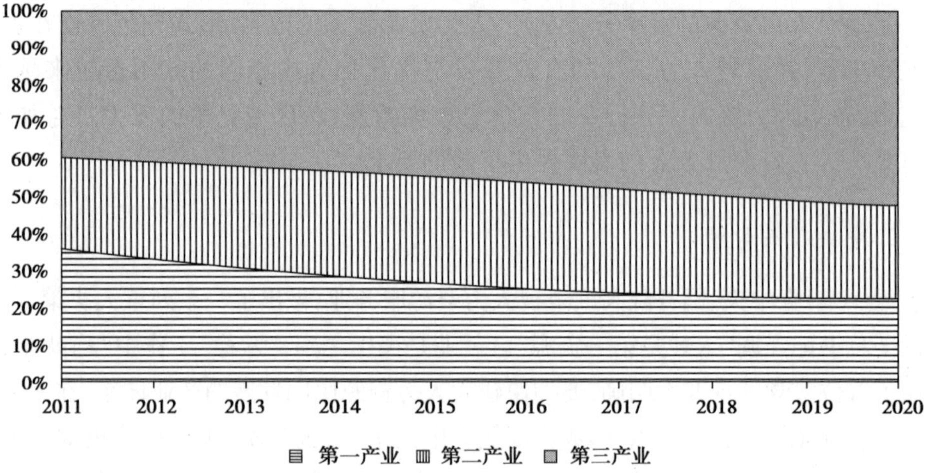

图 1　2011—2020 年全市就业人口结构占比图

在统筹推进疫情防控和经济社会发展的大背景下，2021 年服务业经济迅速恢复，2021 年服务业实现增加值占 GDP 的比重比 2020 年提高 0.2 个百分点。从经济发展的一般规律以及重庆未来发展定位看，未来较长时间内重庆服务业还将继续保持相对较快增长，服务经济的比重将进一步提升。

从人口流动看，截至 2020 年，重庆户籍人口 3412.71 万人，常住人口 3208.93 万人，整体来看仍为劳动力输出地；但净输出劳动力人口数量从 2007 年起逐年减少，见表 1。净劳动力输出减少的影响因素主要包括两方面：一是宏观经济结构的进步和改变，全国和全市的用工需求发生变化，部分原有跨省市输出的劳动力需求减少较快，如 2020 年全市外出农民工 522.6 万人，下降 3.6%；二是重庆的自身发展吸收了更多本地劳动力，也吸引了更多的外地务工人员来渝展，如 2018—2019 年，1% 人口抽样调查显示，全市外来人口 182.05 万人，同比增长 2.6%。随着重庆经济高质量发展的逐步深化和扩大，未来人力资源流入的趋势将更加明显，并且结合重庆人口老龄化趋势位居全国前列、近年来人口自然增长率下降较严重等严峻形势，重庆应当加大力度吸引经济、社会发展所需的新生人力资源，并对子女、配偶、其他家属安置等出台科学规划。在此过程中,需要全口径人力资源服务发展的速度和质量必须提前跟进,包括核心的人力资源服务业(行业中类726)、技能培训教育辅助及其他教育(行业中类839),也包括相关社会管理、政府综合管理在内的其他人力资源服务行业。

表1 1996—2019年户籍人口、常住人口数据情况

年 份	户籍人口数(万人)	常住人口数(万人)	户籍人口数-常住人口数(万人)
1996	3022.77	2875.30	147.47
2000	3091.09	2848.82	242.27
2005	3169.16	2798	371.16
2006	3198.87	2808	390.87
2007	3235.32	2816	419.32
2008	3257.05	2839	418.05
2009	3275.61	2859	416.61
2010	3303.45	2884.62	418.83
2011	3329.81	2919	410.81
2012	3343.44	2945	398.44
2013	3358.42	2970	388.42
2014	3375.2	2991.4	383.8
2015	3371.84	3016.55	355.29
2016	3392.11	3048.43	343.68
2017	3389.82	3075.16	314.66
2018	3403.64	3101.79	301.85
2019	3416.29	3124.32	291.97
2020	3412.71	3208.93	203.78

(2)政策背景

围绕落实党中央、国务院重大决策,重庆市委、市政府在《重庆市现代服务业发展计划(2019—2022年)》和《重庆市人民政府关于新形势下推动服务业高质量发展的意见》(渝府发〔2020〕10号)中对人力资源服务业均提出了要求。包括:人力资源服务等新兴产业规模快速壮大,建设人力资源等公共服务平台;大力发展人力资源、会计、法律、审计、公证、咨询、信用、知识产权、智库服务等与产业发展转型升级紧密相关的专业中介服务业，加快发展线上人力资源服务等内容。

当前，重庆正在积极融入“国内国际双循环”和新发展格局有效路径，走高质量发展道路和完成“两高”“两地”建设目标，正是大量需要人才之际，需要人力资源服务业予以配套升级。但现阶段全市缺乏对人力资源统计工作的总抓手，各部门资料缺乏交流和汇集，对人力资源服务内涵的界定和统计口径不清晰、不统一、不全面，不能系统、及时地得到全市人力资源服务业发展客观情况和存在问题，无法充分发挥资政作用，因此以“全口径”为切入点和抓手，开展一系列研究具有极强急迫性。

（3）统计研究背景

从统计改革创新看，“全口径”的统计分类探索、指标体系构建具有较强的创新意义，建立实践可操作的工作机制和调查方案，及时发挥统计资政作用，从而展现统计改革创新的实效作用。

（二）研究目的

本研究的出发点包括3个方面：一是敢于创新，探索建立全市全口径人力资源服务业统计分类方法和统计体系；二是打破壁垒，建立多部门合作的全口径人力资源服务业多部门统计工作机制；三是拓展实证，建立调查方案并开展实施，完成调查统计、数据汇总和现状初步分析。

本研究的目的和任务十分明确，包括4个方面：一是研究明确全市全口径人力资源服务业统计范围和行业分类；二是筛选统计指标，建立数据来源调查体系，同时明确各部门工作协调机制；三是开展统计调查，收集和处理相关数据；四是开展实证研究。

（三）研究重点

根据工作出发点和目的，本项目研究重点主要分为两方面：

一是明确统计范畴。随着经济和科技的发展，人力资源服务业与其他生产性服务业一样，涌现出许多新业态、新模式，按照《国民经济行业分类》（GB/T 4754—2017）的口径，全口径的人力资源服务业涉及多个行业，但与这些行业的融合深度差异较大。如何甄别人力资源服务与各行业的融合深度，建立规范、可行的方案，明确全口径人力资源服务业统计范畴是本研究的一大重点，也是一大难点，更是开展后续研究的基础。

二是形成调查制度、建立工作机制。全口径人力资源服务业统计范畴覆盖面广,涉及企业、事业、机关团体等各个类型的单位,常规统计调查难以全面覆盖。单独新建抽样调查工程浩大,不论从成本角度,还是从不增加企业负担角度均缺乏科学性和可行性。面对此项创新性的工作,在确立统计范畴的框架下,需要多部门通力合作,整合各部门现有人力资源服务业相关数据资源,通过设计科学、客观、可行、高效的报表方案、测算方案及合作方案,形成调查制度、建立工作机制。

二、统计分类

(一)概念研究和梳理

1.人力资源与人力资源服务业的概念

人力资源服务业的发展与人力资源服务需求和市场形成密不可分。当代社会,伴随着世界经济的进一步发展,信息化程度的加深,新经济形式和业态的不断涌现,行业间融合发展趋势的不断加强。一方面,人才的流动性逐步增强,对人力资源需求的更新换代也越来越快,促使人力资源服务业逐步发展成熟,部分培训机构和服务公司开始走向规模化、专业化;另一方面,人力资源服务的专业知识和管理技术更普遍地被应用,在某些领域甚至成为生产经营不可或缺的重要手段,即人力资源服务业与其他行业的融合程度不断加深。

人力资源通常有两层含义:广义的是指一个国家或地区中,处于劳动年龄、未到劳动年龄和超过劳动年龄但具有劳动能力的人口之和;狭义的是指企业(单位)或组织在一定时期内,所拥有的能够被企业所用,且对价值创造起到贡献作用的教育、能力、技能、经验、体力等的总称。对应的人力资源服务业也有两层含义。本研究针对"广义"开展研究,其细分服务领域包括人力资源外包、人力资源派遣、人力资源培训、人力资源招聘、人力资源测评、猎头服务、人力资源管理咨询、人力资源战略咨询等。按照国民经济行业分类,广义的人力资源服务业行业归类主要集中在:人力资源服务业(行业中类726)、技能培训、教育辅助以及其他教育(行业中类839)两大核心行业。

2. 人力资源服务业特征

（1）基础性

社会进入21世纪，企业管理越来越向人力资源管理倾斜，人力资源管理随即被提升到战略层次，规模化生产以及企业竞争力的提升，都离不开人才的管理和培养。企业管理层为了更好地集中精力进行战略层次的思考，要求将一些基础性人力资源管理工作外包给专业机构，从而为人力资源服务业的独立和壮大提供了基础，这是人力资源外包活动存在的前提。

（2）重复性

人力资源外包活动具有重复性，这一点尤其体现在服务外包这项活动中。重复性包括外包活动内容的重复性和企业对人力资源外包服务需求的重复性。即企业将一些高密度重复性、普遍性的业务外包给人力资源服务公司，且这类需求是持续的重复的而非一次性的，例如清洁、安保等。人力资源外包活动的重复性，是人力资源外包发展的动力。

（3）通用性

人力资源服务的通用性，即人力资源服务活动不是针对某一个企业，而是满足于这一类服务需求，这是人力资源服务业的社会属性。正是通用性的存在，才让人力资源服务市场有了流动的空间。

3. 全口径人力资源服务业内涵

在统计领域，"全口径"通常用于与"同口径"相对比，应用于对统计范围描述，其中"同口径"指本期数据的统计方法与统计范围与上一次完全相同，而"全口径"则指在研究和计算时与以往同口径相比，纳入了新类型、新情况、新影响等因素，一般统计范围会有所扩大。

在本研究中，全口径人力资源服务业不仅局限于传统的人力资源服务业（行业中类726），技能培训、教育辅助及其他教育（行业中类839），还包括在日常对外提供市场化服务时，人力资源服务是其必不可少的组成部分，或人力资源服务与本行业生产经营基本活动融合较深，而且形成了具有一定市场规模的新业态。

（二）统计分类研究

根据前述"全口径人力资源服务业"内涵，本研究统计分类的研究重心是：在传统人力资源服务业(行业中类 726 和 839)外,梳理日常经营活动中包含了常态化的人力资源服务活动,但在传统意义上并非人力资源服务的行业。

1. 基本标准

在制定全口径人力资源服务业统计分类筛选标准时,本研究将使用相对宽泛的界定标准,首先包括传统人力资源服务业,其次涵盖与人力资源服务业已经高度融合的行业,再次涵盖与人力资源服务业融合发展潜力巨大,或者高度专业化且相对独立地为人力资源服务业提供支撑的行业。具体标准有以下 3 点说明:

一是全口径人力资源服务业是特定提法。目前国家统计局没有对人力资源服务业另做统计分类,也没有全口径人力资源服务业的相关界定或指导意见。因此,原则上在统计领域叙述人力资源服务业时,所对应的是《国民经济行业分类》(GB/T 4754—2017)中"人力资源服务业"(726)行业中类;而在结合部门管理工作时,一般将"技能培训、教育辅助以及其他教育"(839)也纳入研究监测范围。由于现阶段学术界和统计系统均没有形成统一完备的界定标准,界定范围过窄将使可比范围受到限制,所以采用宽泛的界定标准更有利于比较分析,这也有利于与其他专家学者开展的相关研究进行对比。

二是全口径建立在能形成市场或有可能形成市场的基础上。在对人力资源进行界定时可以发现,广义的人力资源存在于各个行业企业或组织的内部管理,但这基本是企业的内部生产环节,而非企业对外提供的服务或者产品,并且这类服务通常不能达到独立运营或者市场化的规模,即服务的对象和供给都是单一化的,不具备形成市场的条件。

三是全口径要考虑留有适当拓展空间。面对信息经济、智能经济发展新机遇,社会发展在信息化技术和知识经济的推动下改革衍生、升级融合非常快。很多行业随着社会分工不断细化和专业化发展,其范围是动态演变的,往往难以做出很明确精准的界定。因此,在梳理范围时,要充分考虑新动能和新业态演变较快的领域,保留适当的拓展空间。

2. 基本原则

一是以国务院有关文件为指导。本研究主要依据国务院关于加快发展人力资源服务业的有关文件要求,确定全口径人力资源的分类范围。如 2014 年 12 月人社部、国家发展改革委、财政部联合下发的《关于加快发展人力资源服务业的意见》(人社部发〔2014〕104 号)提出,人力资源服务业是为劳动者就业和职业发展,为用人单位管理和开发人力资源提供相关服务的专门行业，主要包括人力资源招聘、职业指导、人力资源和社会保障事务代理、人力资源培训、人才测评、劳务派遣、高级人才寻访、人力资源外包、人力资源管理咨询、人力资源信息软件服务等多种业务形态。

二是本研究以《国民经济行业分类》(GB/T 4754—2017)为基础，是对国民经济行业分类中符合全口径人力资源服务业特点和范畴的相关活动的再分类。

三是借鉴已有研究成果和分类研究。按照人力资源服务业发展的轨迹，在进入工业化社会后，为规模化招工用工提供了空间，而进入服务经济社会后，人才和人力资源的流动性得到了进一步加强。学者专家所开展的人力资源服务业相关研究离不开各自时代背景、经济发展阶段、地域产业结构等要素，出发点和侧重点各异，本研究既要汲取经验和优点，也要根据自身研究目的辩证采用。

四是重点突出管理和统计的需要和可操作性。既要立足全市有关部门对人力资源服务业管理的需要，又要兼顾数据获取、调查制度执行的可行性。近年来，全市人力资源服务业快速发展，劳务外包和派遣市场日益规范，培训再教育、人力资源管理咨询、测评、猎头等服务也开始崭露头角，在梳理分类标准的过程中要突出重点兼顾亮点，也要立足部门统计、政府统计的切实可操作性，切记不要不切实际。

3. 统计分类

重庆是我国最年轻的直辖市，大城市、大农村的基本市情为重庆发展提供了特殊的人力资源供给环境。成立直辖市以来，全市经济得到了快速的发展，其中服务业 GDP 占国民经济生产总值的比重从 1997 年的 36.7% 上升到了 2021 年的 53.0%，虽然距离发达城市还有差距，但已初步踏入服务经济发展的新阶段，这对人力资源服务业的发展提出了新需求。“十四五”期间，重庆要壮大现代产业体系，着力推动经济体系优化升级；要加快建设具有全国影响力的科技创新中心，加快建设内陆开放高地；要努力创造高品质生活，提高社会建设水平，都需要对人力资源服务业给予更高效的供给和支撑。

人力资源服务业从生产经营活动来看，中观和微观的价值是为就业和职业发展、雇主管理和开发人力资源提供相关服务，而从地域或者国家的宏观视角看，还包括打造良好的人力、人才供给生态和市场化环境。从细分领域看，包括劳务外包、劳务派遣、灵活就业、在线招聘、中高端人才搜索、综合人力资源管理咨询、人力资源软件系统、岗位转移服务等。人力资源服务业作为现代服务业的重要组成部分，提高劳动生产率，有助于解决失业摩擦等问题，促进人力资源的有效开发和优化配置，从而促进生产力发展和社会平稳。

从统计的分类来看,按照现有国民经济分类体系构架行业小类是行业细分的下限。而现代经济发展过程中多产业融合是一种趋势,尤其服务业经营形式相对灵活,企业往往具备多种从业资质和资格,主营业务跟随市场形势变化和调整较快,很多领域的生产经营活动较难根据行业小类对应进行准确界定。而人力资源服务本质上是一种中介服务,虽然需要政府主管部门给予相应的许可和批准,但由于这种中介服务活动的门槛较低,很多行业在生产经营过程中获取上、下游资源链(劳务用工需求、人员务工需求)或者相关信息后,极易产生能促使劳务用工关系达成的机会,并且不产生额外的生产成本,而这种机会很可能是生产经营中常态化存在的。类似企业一般遵从逐利原则,常态化开展劳动力中介服务,从而使原本的生产经营活动与人力资源服务业产生了融合。以物业管理企业为例,某些规模较大的物业管理企业在施行小区常规物业管理时,利用所接触到的业主信息、家庭服务需求信息,以及常规经营中所掌握的家政保洁人员信息,形成资源链、信息链,介绍或促成家务清洁、老幼照顾等劳动力交易的形成,并从中收取中介费或管理费,其本质上是以家庭服务为对象的劳务派遣或劳务外包。类似的融合情况在网络信息技术越来越深度应用的今天,在多个领域存在。正因为如此,传统的国民经济行业小类的分类已无法一一精确地对应或判定一个行业是否包含或属于人力资源服务业的一部分。但《国民经济行业分类》仍是现阶段最可行、可用和相对最客观和科学的分类方法,且有政府统计、部门统计体系的大类数据资源作为支撑。面对此种情况,立足基本标准和基本原则,将融合程度较高的行业纳入人力资源服务业统计和分类范畴,但以“ * ”进行标注,表示此行业中存在较多与人力资源服务业融合的生产经营活动,但并非全行业都属于人力资源服务。此种方法虽然不能一步到位清晰划定统计范围,但能最大限度地保障统计范畴的完整性。同时需要特别指出的是,在此种分类体系下,当进入数据收集和推算时,需要进行二次甄别,数据处理的环节和难度会相应增加,当统计研究对象是全社会的总体情况时,由于样本量较大,人力资源服务业的内部分类不适宜构架复杂的多重分类层次,避免交叉分类过多造成数据处理的不可实现或准确度过低。尤其在开展研究的初期更应化繁为简,集中精力研究主要问题。

综上所述,课题组以《国民经济行业分类》(GB/T 4754—2017)为基础,将人力资源服务业划分为 5 个大类,不再下设二级分类目录,这 5 个类别分别是:人力资源服务核心行业、人力资源服务拓展行业、人力资源服务融合行业、人力资源服务信息支撑行业、人力资源服务其他行业,涉及 14 个行业大类、21 个行业中类、42 个行业小类,见表 2。

表 2　重庆市全口径人力资源服务业统计分类目录

分类		行业代码				备注
		行业中类		行业大类		
代码	名称	行业代码	行业名称	行业代码	行业名称	
1	人力资源服务核心行业	726	人力资源服务	7261	公共就业服务业	
				7262	职业中介服务	
				7263	劳务派遣服务	
				7264	创业指导服务	
				7269	其他人力资源服务	
		839 *	技能培训、教育辅助及其他教育	8391	职业技能培训	与职业技能或就业技能密切相关的培训或教育;强化实践动手能力、合作能力、创新能力培养的拓展培训;以及由社会各界举办的其他教育培训服务等
				8392 *	体校及体育培训	
				8393 *	文化艺术培训	
				8394 *	教育辅助服务	
				8399 *	其他未列明教育	
2	人力资源服务拓展行业	724 *	咨询与调查	7243 *	社会经济咨询	指人力资源服务机构根据客户要求,依据其组织目标,进行内部、外部环境调研和分析,明确人力资源管理规划和人力资源管理目标,制订人力资源管理解决方案的服务过程
				7249 *	其他专业咨询与调查	指企事业单位经客户单位委托开展的与人力资源管理、规划相关的其他专业咨询服务
		727 *	安全保护服务	7271 *	安全服务	指根据客户委托开展的其他人力资源外包服务

续表

分类		行业代码				备注
		行业中类		行业大类		
代码	名称	行业代码	行业名称	行业代码	行业名称	
2	人力资源服务拓展行业	745 *	质检技术服务	7453 *	计量服务	指与提升人力资源专业技能水平相关的咨询、评价、评定、认证等服务
				7455 *	认证认可服务	
		753 *	科技中介服务	7530 *	科技中介服务	指其为提升人力资源专业技能水平开展的科技中介相关的咨询服务
		754 *	创业空间服务	7540 *	创业空间服务	指人力资源服务机构开发或服务于人力资源开发的创业服务平台
3	人力资源服务融合行业	582 *	运输代理业	5821 *	货物运输代理业	行业领域的生产经营活动与人力资源服务活动融合度较高,包括灵活就业人员在线招聘、岗位介绍或调配等,有助于解决摩擦失业等问题,促进人力资源的有效开发和优化配置
				5822 *	旅客票务代理	
				5829 *	其他运输代理业	
		602 *	快递服务	6020 *	快递服务	
		609 *	其他寄送服务	6090 *	其他寄送服务	
		702 *	物业管理	7020 *	物业管理	
		801 *	家庭服务	8010 *	家庭服务	
		821 *	清洁服务	8211 *	建筑物清洁服务	
				8219 *	其他清洁服务	

续表

<table>
<tr><th colspan="2" rowspan="2">分　类</th><th colspan="4">行业代码</th><th rowspan="3">备　注</th></tr>
<tr><th colspan="2">行业中类</th><th colspan="2">行业大类</th></tr>
<tr><th>代码</th><th>名称</th><th>行业代码</th><th>行业名称</th><th>行业代码</th><th>行业名称</th></tr>
<tr><td rowspan="5">4</td><td rowspan="5">人力资源服务信息支撑行业</td><td rowspan="2">643 *</td><td rowspan="2">互联网平台</td><td>6434 *</td><td>互联网公共服务平台</td><td rowspan="5">指专业开发、运营或维护人力资源相关服务的信息化资源平台、管理软件，或提供相关信息技术咨询服务的信息技术或软件开发企业的相关活动</td></tr>
<tr><td>6435 *</td><td>互联网科技创新平台</td></tr>
<tr><td>651 *</td><td>软件开发</td><td>6519 *</td><td>其他软件开发</td></tr>
<tr><td>656 *</td><td>信息技术咨询服务</td><td>6560 *</td><td>信息技术咨询服务</td></tr>
<tr style="display:none"></tr>
<tr><td rowspan="12">5</td><td rowspan="12">人力资源服务其他行业</td><td rowspan="2">722 *</td><td rowspan="2">综合管理服务</td><td>7221 *</td><td>园区管理服务</td><td rowspan="12">指制定专门的人力资源或人力资源服务业发展规划、政策，落实就业扶持政策和就业服务措施等；创造、创新就业机会，进行就业登记、失业登记或提供就业援助，帮助通过市场渠道难以就业的困难人群加强技能培训、就业指导、扶持再就业等</td></tr>
<tr><td>7222 *</td><td>商业综合体管理服务</td></tr>
<tr><td rowspan="4">922 *</td><td rowspan="4">国家机构</td><td>9221 *</td><td>综合事务管理机构</td></tr>
<tr><td>9224 *</td><td>社会事务管理机构</td></tr>
<tr><td>9225 *</td><td>经济事务管理机构</td></tr>
<tr><td>9226 *</td><td>行政监督检查机构</td></tr>
<tr><td rowspan="2">951 *</td><td rowspan="2">群众团体</td><td>9511 *</td><td>工会</td></tr>
<tr><td>9512 *</td><td>妇联</td></tr>
<tr><td rowspan="3">952 *</td><td rowspan="3">社会团体</td><td>9521 *</td><td>专业性团体</td></tr>
<tr><td>9522 *</td><td>行业性团体</td></tr>
<tr><td>9529 *</td><td>其他社会团体</td></tr>
<tr><td>961 *</td><td>社区居民自治组织</td><td>9610 *</td><td>社区居民自治组织</td></tr>
</table>

注：“ * ”表示该行业仅有一部分生产经营活动属于全口径人力资源服务范畴。

三、调查制度研究

（一）总体思路

根据《中华人民共和国统计法》和《中华人民共和国统计法实施条例》的相关规定，结合现有相关政府统计、部门统计情况，得出以下总体思路。

一是在原有体系上构建调查和统计工作体系，而非重新申请新制度。目前，统计体系虽未出台全口径人力资源服务业专项统计调查制度或体系，但存在覆盖相关行业的政府常规统计和部门统计。包括：政府统计的《规模以上服务业统计报表制度》《规模以下服务业抽样调查统计报表制度》，这两项调查对规模以上人力资源服务业等相关行业进行全面调查，规模以下则开展抽样调查；而人社部出台的《人力资源和社会保障统计调查制度》，其中也有针对人力资源服务机构开展相关调查。根据前述《中华人民共和国统计法实施条例》第六条、第七条规定，在政府统计和部门统计已有相关调查制度的情况下，本调查不宜全面建立新的调查制度，但可以在原有调查制度基础上，结合重点行业、企业走访调研，组合和建立新的调查体系或制度。一是避免重复调查耗费国家财力、增加企业负担，二是避免申请新制度审核带来的时效性滞后等问题。

二是从第四次经济普查开始，即从 2018 年开始构建统计体系。以第四次经济普查数据为基础，以常规年度《规模以上服务业统计报表制度》《规模以下服务业抽样调查统计报表制度》《人力资源和社会保障统计调查制度》为主体，综合运用全面调查、抽样调查、重点企业调研调查等方法，并充分利用行政记录等资料构建制度。

（二）基本原则

一是应当立足当前，兼顾长远。根据全市全口径人力资源服务业行业发展情况、相关统计制度、统计现状等设计统计内容、统计范畴、调查方式等统计制度方法，以满足政府管理和决策的迫切需求；统计制度方法的设计要有弹性，在不改变或进行较小改动的情况下，就能及时将现代服务业未来发展的新领域纳入统计，不需要单独或重新设计调查制度和方法。

二是应当立足可行，先易后难。统计制度方法创新既要考虑需求，更要充分考虑其可行性，并根据实际情况制定科学、可行的统计制度方法。相关统计调查制度要量力而行，循序渐进，切实减轻基层统计负担。突出指标设计的系统意图，抓大放小，初始探索阶段方案适宜相对较粗，可以在此基础上根据需求进行扩充，但属于核心框架的内容必须完整包含。

三是应当分级实施、集中测算。分级实施根据职责范围，分别由相关部门开展调查的组织实施、数据质量控制等工作；集中核算，最终数据的测算、提供只能有一个对外窗口，调查过程中产生的基础信息、过程数据均应承担保密义务，且仅用于数据测算，避免数据泄密或“数出多门”。

（三）制度设计

调查体系的设计，是指对统计指标、标准、报表制度、工作流程等系统工作的设计，具体包括设计指标体系、建立元数据标准、设计统计报表制度、编制审核规则、设计统计生产系统、确定工作流程等6个主要方面。

由于本制度是在政府常规统计制度、部门常规统计制度基础之上的再创建和整合，将最大化地利用已有统计制度满足调查需求，不设立额外表式增加企业重复报送负担，因此调查体系的设计可以简化为3个方面，即选取统计指标、整合报表制度、确定调查流程。

1. 调查目的

人力资源服务业的发展程度是衡量经济发达程度、服务发展水平、高质量发展水平的重要指标。其重要意义主要体现在以下5个方面：人力资源是推动经济社会发展的第一资源，全口径人力资源服务业发展与优化人力资源供给环境息息相关；全口径人力资源服务业发展对促进就业、创业和优化人才配置具有重要作用；全口径人力资源服务业服务水平提升对缓解就业压力有重要作用；全市人力资源服务业新模式、新业态不断涌现，服务能力不断提升，但与全市经济社会发展对人力资源服务业的要求相比还有很大提升空间；人力资源服务业的高质量发展是促进经济、社会、人和谐进步、全面发展不可或缺的条件。

2. 调查指标

（1）指标设计及分类

统计指标体系是一个系统工程，需要根据实际需求进行全面设计。在全口径人力资源服务业统计体系内，建议从3类指标反映产业发展的总体情况。第一类是属性指标，主要反映现代服务业单位的地域、行业及其他重要属性，是统计数据分组的主要来源；第二类是规模指标，以资产、营业收入等为核心指标，人员数、单位数等指标为辅助指标，反映全口径人力资源服务业经营规模情况，显示市场的总体规模；第三类是效益指标，以营业利润、增加值两个指标为核心，反映现代服务业单位当年创造价值的能力。

根据全口径人力资源调查目的和有关原则，从调查目的及关注重点来看，本调查指标体系分为核心指标、一般指标、衍生指标3类。

核心指标主要包括行业代码、单位所在地行政区划代码、单位数、资产、营业收入、营业利润、增加值、从业人员人数等。

一般指标的选取范围则主要包括以下几类：一是以国家统计局企业调查有关规定设计的单位基本属性指标。调查内容主要包括组织机构代码、单位详细名称、法定代表人（单位负责人）、单位所在地及区划、单位注册地址及区划、联系方式、行业类别、登记注册（或批准）情况、登记注册类型、企业控股情况、隶属关系、开业（成立）时间、企业营业状态、执行会计制度类别、机构类型、产业活动单位数、期末从业人员数、企业主要经济指标等。二是以单位财务报表为依据的会计指标，包括资产负债指标、收入指标、支出和费用指标、利润分配类指标、费用明细指标等。三是以单位业务活动特点或人力资源服务业统计需求为基础的业务指标，主要包括营业收入具体相关结构、用工结构情况、自建人力资源服务网站等类别指标。

衍生指标主要是指在调查数据收集上报后，根据核心指标和一般指标加工计算得到，用于分析应用的指标主要有：资产负债率、利润率、人均营业收入、总产出、劳动者报酬、生产税净额、固定资产折旧、营业盈余、增加值率等。

经过总结和筛选，本调查制度选取的核心指标有8个，包括一级核心指标3个，分别为：行业代码、单位所在地行政区划代码、营业收入；二级核心指标5个，分别为：单位数、资产总计、期末用工人数、营业利润、应付职工薪酬，见表3。

表3　重庆市全口径人力资源服务业统计分类目录

项　目	一级指标	二级指标
指标名称	行业代码、单位所在地行政区划代码、营业收入	单位数、资产总计、期末用工人数、营业利润、应付职工薪酬

在调查制度建立的初期，主要精力将集中在摸清一级指标的数据情况，主要原

因有二:一是根据本课题全口径人力资源服务业统计分类,涉及的行业众多,多数行业仅有“一部分企业”或者“一部分企业的部分业务”涉及人力资源服务业(即统计分类目录中带“ * ”行业),类似企业在计算单位数、资产总计、期末用工人数、营业利润时很难开展细分;二是营业收入是反映全市全口径人力资源服务生产情况、规模情况、发展情况最综合的指标,是本研究首先需要摸清的指标,行业分类、单位所在地行政区划代码这两项指标是研究营业收入的行业结构、地区结构的基础指标,与其他二级核心指标一样,营业收入在涉及带“ * ”行业时,具体有多少属于人力资源服务业需要开展专门的调研和测评,将耗费较多人力物力,考虑到可行性,在研究初期应当集中精力将研究重心放在营业收入相关的一级核心指标上,分清主次,打好基础,为后续调查打好基础。

(2)核心指标解释

行业代码是指根据其从事的社会经济活动性质对各类单位进行的分类代码。由所在地统计机构根据各单位填写的主要业务活动(或主要产品名称),对照《国民经济行业分类》(GB/T 4754—2017)填写行业小类代码。筹建单位按建成投产(营业)后的活动性质填写行业小类代码。填报单位免填。

单位所在地行政区划代码是指单位所在地区的区划代码。由所在地统计机构根据统计设计管理部门最新的统计用区划代码,以及企业所填报的单位所在地址统一填写。填报单位免填。

营业收入是指企业从事销售商品、提供劳务和让渡资产使用权等生产经营活动形成的经济利益流入。营业收入包括“主营业务收入”和“其他业务收入”。根据会计“利润表”中“营业收入”项目的本年累计数填报。

资产总计是指企业过去的交易或者事项形成的、由企业拥有或者控制的、预期会给企业带来经济利益的资源。其包括企业拥有的土地、办公楼、厂房、机器、运输工具、存货等实物资产和现金、存款、应收账款和预付账款等金融资产。资产一般按流动性(资产的变现或耗用时间长短)分为流动资产和非流动资产。其中流动资产可分为货币资金、交易性金融资产、应收票据、应收账款、预付款项、其他应收款、存货等;非流动资产可分为长期股权投资、固定资产、无形资产及其他非流动资产等。根据会计“资产负债表”中“资产总计”项目的期末余额数填报。

营业利润是指企业从事生产经营活动所取得的利润。执行《企业会计准则》或《小企业会计准则》的企业,营业利润为营业收入减去营业成本、税金及附加、销售费用、管理费用、财务费用、研发费用、资产减值损失、信用减值损失,再加上公允价值变动收益、资产处置收益、投资收益、净敞口套期收益和其他收益。执行其他企业会计制度的企业，营业利润为营业收入减去营业成本、税金及附加，加上其他业务利润后，再减去销售费用、管理费用、财务费用、研发费用后的金额，应符合以下逻辑关系：营业利润等于营业收入减去营业成本、税金及附加、销售费用、管理费用、财务费用、研发费用。根据会计“利润表”中“营业利润”项目的本年累计数填报。

期末用工人数是指报告期末最后一日24时企业实际拥有的、参与本企业生产经营活动的人员数，无论是否从本企业领取劳动报酬均视为用工人员。该指标为时点指标，不包括最后一日当天及以前已经不再参与本企业生产经营活动的人员。

应付职工薪酬是指企业为获得职工提供的服务或解除劳动关系而给予的各种形式的报酬或补偿。其包括职工工资、奖金、津贴和补贴，职工福利费，医疗保险费、养老保险费、失业保险费、工伤保险费和生育保险费等社会保险费，住房公积金，工会经费和职工教育经费，带薪缺勤，利润分享计划，非货币性福利，辞退福利和其他为获得职工提供的服务而给予的报酬或补偿。如果企业财务报告附注中包含“应付职工薪酬”项目，则根据其“应付职工薪酬列示”部分的合计项的本期增加额填报。或者，执行《企业会计准则》或《小企业会计准则》的企业，根据会计“应付职工薪酬”科目的本年贷方累计发生额填报；执行其他企业会计制度的企业，应将本年上述职工薪酬包含的项目归并填报。

“应付职工薪酬”应包含“劳务派遣人员薪酬”，但不得重复计入。如果企业财务报告或会计账簿中的“应付职工薪酬”不含“劳务派遣人员薪酬”，则应加“劳务派遣人员薪酬”后填报。如果“劳务派遣人员薪酬”已按类别拆分并分别计入“应付职工薪酬”会计科目下的工资、奖金、津贴和补贴、福利费等明细科目，则表明“应付职工薪酬”会计科目已包含“劳务派遣人员薪酬”，此时不应加“劳务派遣人员薪酬”。

3. 报表制度

(1)设计思路

统计调查的主要思路有两种：“自上而下”或“自下而上”。本研究采用混合的调查方式。

“自上而下”的调查方法主要应用于带“ * ”行业，通常利用专项调研数据测算比例系数等重要经济参数，搜集一手资料汇总整理，再对已有的宏观调查数据进行

“拆分”分析,从而得到全口径人力资源服务业带“＊”行业的有关调查结果。其优点在于:一是数据衔接,与现有宏观调查数据的基础是一致的,数据之间可比;二是调查相对简便,对调查样本的需求量较小。其缺点在于:如果宏观数据出现系统性的偏差,全口径人力资源服务业的调查结果就会出现同样的偏差。

“自下而上”的调查方法,则是在规模以上服务业、部门已有人力资源调查制度,包括《规模以上服务业统计报表制度》《规模以下服务业抽样调查统计报表制度》《人力资源和社会保障统计调查制度》等涉及的相关报表,从企业终端开展全面调查或者系统抽样调查。其优点在于:一是数据直接来源于调查对象,避免中间环节可能的统计误差,数据质量可靠;二是获取的资料相对更多,更全面。其缺点在于:调查相对复杂,需要对样本的统计误差进行控制,见表4。

表4　全市全口径人力资源服务业调查报表目录

<table>
<tr><th>表　号</th><th>表　名</th><th>来源制度</th><th>统计范围</th><th>报送单位</th></tr>
<tr><td colspan="5">(一)第四次经济普查年度报表</td></tr>
<tr><td>601 表</td><td>调查单位基本情况</td><td rowspan="8">《全国第四次经济普查调查报表制度》</td><td rowspan="3">辖区内一套表规模以上全口径人力资源服务业相关法人单位</td><td rowspan="8">法人单位</td></tr>
<tr><td>602 表</td><td>从业人员及工资总额</td></tr>
<tr><td>F603 表</td><td>规模以上服务业财务状况</td></tr>
<tr><td>611 表</td><td>非一套表单位基本情况</td><td rowspan="5">辖区内除一套表调查单位以外的全口径人力资源服务业相关法人单位</td></tr>
<tr><td>611-2 表</td><td>非一套表单位从业人员情况</td></tr>
<tr><td>611-3 表</td><td>非一套表企业法人主要经济指标</td></tr>
<tr><td>611-5 表</td><td>行政事业单位主要经济指标</td></tr>
<tr><td>611-6 表</td><td>民间非营利组织主要经济指标</td></tr>
<tr><td colspan="5">(二)一般年度年报表</td></tr>
<tr><td>101-1 表</td><td>法人单位基本情况</td><td rowspan="3">《规模以上服务业统计报表制度》</td><td rowspan="3">辖区内规模以上全口径人力资源服务业相关法人单位</td><td rowspan="3">法人单位</td></tr>
<tr><td>F103 表</td><td>财务状况</td></tr>
<tr><td>102-1 表</td><td>从业人员及工资总额</td></tr>
</table>

续表

<table>
<tr><th>表　号</th><th>表　名</th><th>来源制度</th><th>统计范围</th><th>报送单位</th></tr>
<tr><td>LM1 表</td><td>人力资源服务机构基本情况</td><td rowspan="3">《人力资源和社会保障统计调查制度》</td><td rowspan="2">县级以上政府部门设立的综合性公共就业和人才服务机构、公共就业服务机构、人才公共服务机构、行业所属服务机构(事业单位),国有性质、民营性质、外资及港、澳、台资性质的服务企业,以及民办非企业等其他性质的人力资源服务机构(公共机构不包括乡镇和街道服务平台)</td><td rowspan="3">各省(区、市)和新疆兵团人社部门(接收单位为人力资源市场司)</td></tr>
<tr><td>LM2 表</td><td>人力资源服务业务情况</td></tr>
<tr><td>LM3 表</td><td>人力资源服务机构汇总表</td><td>县级以上人力资源市场统计部门</td></tr>
<tr><td colspan="5">(三)季报表</td></tr>
<tr><td>201-1 表</td><td>法人单位基本情况</td><td rowspan="2">《规模以上服务业统计报表制度》2 月、5 月、8 月、11 月月报</td><td rowspan="2">规模以上全口径人力资源服务业相关法人单位</td><td rowspan="5">法人单位</td></tr>
<tr><td>F203 表</td><td>财务状况</td></tr>
<tr><td>220 表</td><td>“四下”企业调查问卷</td><td rowspan="3">《“四下”单位抽样调查统计报表制度》季报(代年报)</td><td rowspan="3">辖区内抽中的规模以下全口径人力资源服务业相关法人单位</td></tr>
<tr><td>211 表</td><td>“四下”企业基本情况</td></tr>
<tr><td>214 表</td><td>“四下”企业经营情况</td></tr>
</table>

注:具体表式及指标解释与来源制度一致,在此不再赘述。

(2)报表制度

根据调查体系设计的两大总体思路:在政府统计和部门统计已有相关调查制度的情况下,重复开展企业调查,将耗费国家财力、增加企业负担,本研究将不再建立全新调查制度,而是在原有调查制度基础上,充分利用已有表式和调查体系整合建立制度体系。同时,本研究将基期延展到 2018 年第四次经济普查,充分利用经济普查全方位调查数据的特点,避免常规年度调查面窄、代表性较弱的缺点,再结合重点行业、企业走访调研,进一步提高调查体系数据的全面性和准确性。

(四)调查流程

1. 调查方式

目前,常规的调查方式主要有以下 3 种。

一是全面调查,是指国家统计系统和各个业务部门为了定期取得系统的、全面的基本统计资料,按一定的要求和表式自上而下统一布置,自下而上提供资料的一种统计调查方法。这是现行政府统计体系的主体和基础。如经济普查就是较为典型的全面调查。

二是重点调查,是指在全体调查对象中选择一部分重点单位进行调查,以取得统计数据的一种非全面调查方法。由于重点单位在全体调查对象中只占一小部分,调查的标志量在总体中却占较大的比重,因而对这部分重点单位进行调查所取得的统计数据能够反映社会经济现象发展变化的基本趋势。如《规模以上服务业统计报表制度》从行业全面调查的角度,就属于重点调查,即针对规模以上的重点企业开展的全面调查。又如,根据统计分类选定部分典型重点企业开展实地调研、电话调查等,也属于重点调查。

三是抽样调查,是根据随机的原则从总体中抽取部分实际数据进行调查,并运用概率估计方法,根据样本数据推算总体相应的数量指标的一种统计分析方法。抽样调查在现行政府统计体系中占据重要的地位,是对全面调查数据的有效补充。如《规模以上服务业统计报表制度》。

整体而言,本研究将使用《全国第四次经济普查调查报表制度》《规模以上服务业统计报表制度》《"四下"单位抽样调查统计报表制度》《人力资源和社会保障统计调查制度》的调查制度和流程,同时结合对部分典型企业开展的重点调查,以满足全口径人力资源服务业调查需求。

2. 组织和实施

按照《国务院办公厅转发统计局关于加强和完善服务业统计工作意见的通知》(国办发〔2011〕42 号)精神,服务业统计工作由统计局和各行业主管部门共同负责,采用条块结合的方式组织实施。因此,原则上全市全口径人力资源服务业统计工作应当由市人力社保局负责,市统计局协助组织实施,具体分工见表5。

表5　全市全口径人力资源服务业调查表

制　度	调查组织部门	预计数据收集完成时间	预计数据审核汇总完成时间
《全国第四次经济普查调查报表制度》	—	—	—
《规模以上服务业统计报表制度》	市统计局按照相关制度要求开展	年报次年3月30日前;季报3月、6月、9月、12月22日前	年报次年6月15日前;季报季后10日前
《人力资源和社会保障统计调查制度》	市人力社保局按照相关制度要求开展	根据制度相关要求	根据制度相关要求
《“四下”单位抽样调查统计报表制度》	市统计局按照相关制度要求开展	年报次年3月30日前;季报季后10日前	年报次年6月15日前;季报季后20日前
重点企业调研	市人力社保局、市统计局协同开展	次年6月前	

除全国第四次经济普查已经结束外,根据相关制度的要求由市人力社保局、市统计局按照相关调查制度要求和报表平台,组织实施调查、搜集数据、审核数据和汇总数据。部门间汇总数据充分交流,所有数据归集汇总后,部门联合开展综合数据审核。由市人力社保局组织,市统计局协作开展。其目的在于确保调查所得到的数据完整、一致和有效,应用各种规则来辨别数据是否存在错误或大规模误差。数据审核的方法主要有平衡校验法和逻辑校验法。

平衡校验法是利用统计指标之间内在的平衡关系,来检查数据是否有误的校验方法。例如在现行会计制度中,营业利润是由营业收入、营业费用等指标计算后得到的,在报送统计数据时也就要保持这种关系。在统计报表设计时,都会对报表的平衡关系进行列示,也会在相关统计软件中进行设计,实现电脑的“自动审核”。在本研究中,主要指部门间数据是否基本平衡,如从不同“自下而上”收集到的统一指标汇总数据是否存在过大差异。

逻辑校验法是利用统计指标之间内在的逻辑关系,来检查数据是否有误的校验方法。主要会有两类情况:第一类是因果关系的逻辑校验;第二类是相关关系的逻辑校验。

完成综合数据审核后,根据综合数据审核的结果及市财政局等部门的汇总数据,进一步对全市全口径人力资源数据开展研究,此过程由市人力社保局牵头,市统计局主要施行。

3. 工作流程

工作流程包括实际工作过程中的工作环节、步骤和程序。工作流程中的组织系统中各项工作之间的逻辑关系,是一种动态关系。在建立调查制度的初期,一般从建立年度调查工作流程开始,由简至繁逐步建立常态化工作体系。从调查的全面性出发,本研究将先建立年度调查工作流程。年度调查一般持续时间较长,获得的调查结果相对也较多,但频次较少。年度调查工作将会从每年 10 月开始,一般持续到第二年的 8 月结束,工作流程大致分为 6 个阶段。

第一阶段是调查准备阶段,从每年 10—11 月。主要涉及组织机构、人员、办公条件等落实,确定调查单位名录库,制定、修改调查制度并印刷,完成统计生产系统的设置和制度加载,完成调查工作的筹备。

第二阶段是调查培训阶段,集中在 12 月。主要涉及向基层部门、基层调查单位布置现代服务业调查工作,培训调查表式和指标解释,确保调查工作质量。

第三阶段是调查表填报上报阶段,从次年 1—3 月。主要涉及企业填报统计调查表,有关部门按照数据质量控制要求,催收、审核调查数据,让企业对有疑问的数据进行说明或修改。

第四阶段是数据处理与审核阶段,在次年 4 月完成。主要涉及调查数据的进一步审核、汇总和各种分组数据处理;开展总量数据评估工作,相关数据基本确定。

第五阶段是数据汇总和评估阶段,在次年 5—6 月完成。主要涉及对调查数据进行分析,撰写初步数据报告、分析基本情况等调查成果,印刷、制作相关资料并对外公布。

第六阶段是总结和报告阶段,在次年 7—8 月完成。主要是对调查工作的组织、报表收集、数据处理、数据质量、资料应用等各个环节进行全面总结,进一步完善调查制度与方法。

四、全市全口径人力资源服务业现状

(一)数据分析脉络

一是以经济普查全面调查数据为基础。为摸清全市人力资源服务业发展现状,研究完善人力资源服务业行业统计体系,提高人力资源市场统计数据的科学性、全面性、精准性,本研究的数据依据和测算方法大致如下:以 2018 年第四次经济普查全面调查的数据为依据,先推算 2018 年全市全口径人力资源服务业数据,进而再推算 2019 年和 2021 年数据。

二是明确行业重点。以本项目"重庆市全口径人力资源服务业统计分类目录"为基础,在对所涉及 14 个行业大类、21 个行业中类、42 个行业小类的经济普查数据开展分析的基础上,结合典型企业实地调研,根据全市全口径人力资源发展情况,对规模极其微小的行业予以剔除,确定将研究重点集中在如下 12 个行业中类 24 行业小类中:运输代理业(582*)、互联网平台(643*)、软件开发(651*)、信息技术咨询服务(656*)、人力资源服务(726)、清洁服务(821*)、技能培训、教育辅助以及其他教育(839*)、快递服务(6020*)、其他寄递服务(6090*)、物业管理(7020*)、创业空间服务(7540*)、家庭服务(8010*)。

三是筛选经济普查库企业。对在 2018 年第四次全国经济普查近 56 万家服务业企业库开展筛选,通过相关行业代码查询,确定初步企业名录库;在确定初步企业名录库的基础上,对相关行业尤其是核心层企业详细名称、主营业务活动、营业收入等相关指标进行逐一筛查,剔除主营业务活动与行业代码不符、营业收入未填报等异常企业,最终确定 28988 家目标企业,并汇总相关数据。需要指出的是,这些数据并非全部与全口径人力资源服务业经营活动相关,需要开展进一步甄别和研究。

四是明确目标企业营业收入中与人力资源服务业相关的比重。因目标企业营业收入等相关数据,并非全部由从事与全口径人力资源相关的生产经营活动取得,不能全部计入人力资源服务业,因此通过走访调研相关企业、电话访问、问卷调查以及与企业座谈等形式,确定相关行业营业收入与人力资源服务业的相关程度、所占比例。在确定系数范围后,利用调查中值作为初始比重,结合各个行业龙头企业、重点企业的调查情况，确定各个行业占比值，并进一步测算相关数据。

五是结合部门数据开展整体分析。包括：比对市人力社保局提供的2018年1326家全市人力资源服务机构与第四次全国经济普查企业库、工商名录库，查询差异来源，补充漏统数据；补充完善市财政局培训计划支出等指标，开展相关测算。

六是开展常规年度数据推算。在2018年度全市全口径人力资源服务业测算数据的基础上，结合常规年度政府统计、部门统计数据以及市财政局行政事业单位培训支出相关数据，开展2019年、2020年、2021年全市全口径人力资源服务业43家人力资源服务数据推算。

（二）整体情况

根据数据测算，2018年全市全口径人力资源服务业所涉及的目标企业约2.9万家，从事人力资源服务相关的生产经营收入规模518.45亿元；其中人力资源服务核心行业企业实现营业收入405.78亿元，占比为78.3%，如图2所示。

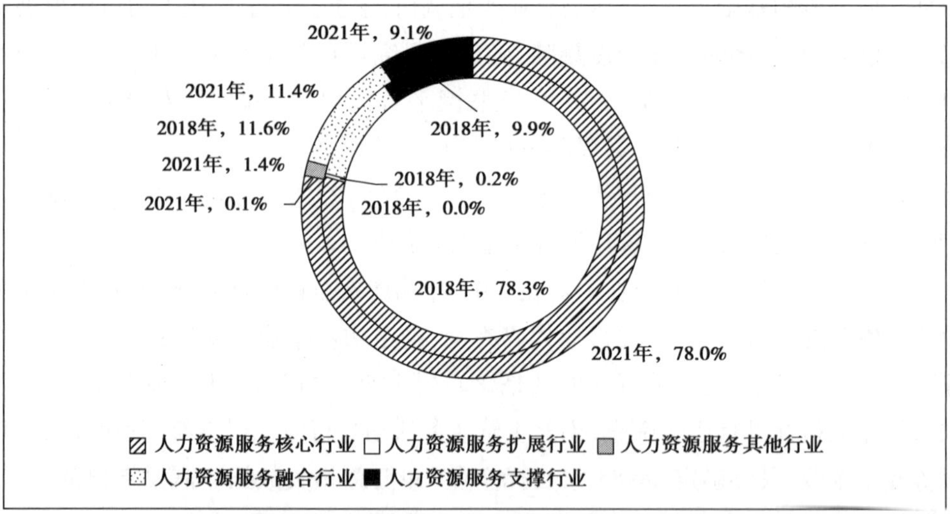

图2　2018年、2021年全市全口径人力资源服务业经营收入占比情况

2018—2020年，全市全口径人力资源服务业实现的生产经营收入规模分别为720.55亿元、808.05亿元、869.59亿元，增速分别为12.1%，7.1%；其中人力资源服务核心行业企业所实现的营业收入分别为405.78亿元、440.82亿元、405.96亿元，增速分别为8.6%，5.7%，如图3所示。

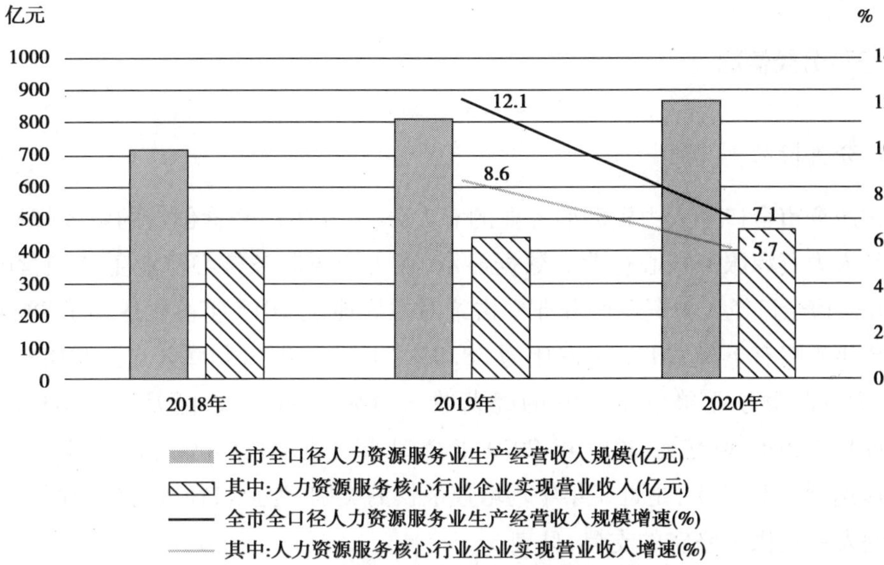

图 3　2018—2020 年全市全口径人力资源服务业经营收入情况

2021 年,随着新冠肺炎疫情常态化防控工作的持续深入,全市经济受疫情影响在持续减少,各产业的发展速度呈现不同程度的复苏态势,全市全年 GDP 增速为 8.3%,较 2020 年增速提高 4.4 个百分点。由于服务业中很多行业属于密切接触型,2020 年受疫情影响较大,2021 年第三产业增加值增速回升最大,从 2020 年的 2.9% 提高到 2021 年的 9.0%。其中如住宿餐饮业、交通运输仓储和邮政业增加值增速分别较 2020 年提高 12.1 个百分点和 9.6 个百分点。值得注意的是,住宿餐饮、交通运输这类密切接触型服务行业对用人的需求较大,带动全市全口径人力资源服务业生产经营收入增速大幅提高,从 2020 年的 7.1% 提高到 2021 年的 30.6%,提高了 23.5 个百分点。

从增长速度看,全市全口径人力资源服务业生产经营收入规模保持了较快发展速度,2019 年、2020 年、2021 年 3 年几何平均增速为 16.6%,远高于新常态发展以来全市地区生产总值的发展速度。从宏观上看,全市全口径人力资源服务业生产经营收入规模增长较快主要得益于两个方面:一是随着产业经济的不断升级发展,三次产业结构中服务业的比重逐步扩大,人才流动性增强、服务模式升级等刺激了人力资源服务市场的需求和供给;二是近年来重庆地方政府对人力资源服务业发展愈来愈重视,采取了一系列政策措施,加大了扶持产业发展的推动力度,取得了较好成效。

(三)分类情况

1. 分类情况

按照全市全口径人力资源服务业的五大分类,从生产经营创造的收入规模看,首先是人力资源服务核心行业。数据显示,人力资源服务核心行业生产经营收入规模在全市全口径人力资源服务业中占绝对主导地位,2018 年占比达到了 78.3%,但近 3 年来略有下降,2021 年占比为 78.0%,下降了 0.3 个百分点。2018—2021 年,人力资源服务业单位所实现的经营收入分别为 405.78 亿元、440.83 亿元、465.96 亿元、636.80 亿元,2019 年、2020 年、2021 年分别增长 8.6%,5.7%,36.7%,平均增速达到了 16.2%,是近 3 年年均增速最快的类别,为全口径人力资源服务业保持较快发展提供了坚实的支持,见表 6。

表 6　全口径人力资源服务业生产经营收入分类情况

分　类		生产经营收入规模(亿元)				生产经营收入规模增速(%)		
编码	类别名	2018 年	2019 年	2020 年	2021 年	2019 年	2020 年	2021 年
1	人力资源服务核心行业	405.78	440.83	465.96	636.80	8.6	5.7	36.7
2	人力资源服务拓展行业	1.05	1.33	1.40	1.14	26.7	5.3	-18.8
3	人力资源服务融合行业	60.27	66.09	76.90	93.35	9.7	16.4	21.4
4	人力资源服务信息支撑行业	51.35	65.56	71.25	73.41	27.7	8.7	3.0
5	人力资源服务其他行业	—	—	9.86	11.73	—	—	19.0

收入规模次之的是人力资源服务融合行业,在 2018—2021 年所实现的经营收入分别为 60.27 亿元、66.09 亿元、76.90 亿元、93.35 亿元,2019 年、2020 年、2021 年分别增长 9.7%,16.4%,21.4%,3 年平均增速达到了 15.7%;为全市全口径人力资源快速发展提供了较大拉动力,其中,在 2020 年对全市全口径人力资源服务业生产经营收入增长的贡献率达 21.0%,在疫情期间逆势的较快发展,起到了较好的托底作用,为人力资源服务业稳定发展做出了积极贡献。

再次是人力资源服务信息支撑行业，在2018—2021年实现的经营收入分别为51.35亿元、65.56亿元、71.25亿元、73.41亿元，2019年、2020年、2021年分别增长27.7%，8.7%，3.0%，3年平均增速达到了12.6%（几何平均）。该行业近两年发展速度有所减缓，其实现的营业收入占全口径人力资源服务业生产经营收入的比重也有所降低，从2018年的9.9%下降到2021年的9.0%。

最后，人力资源服务其他行业和人力资源服务拓展行业生产经营收入的规模相对较小，2021年分别为11.73亿元和1.14亿元，占全市全口径人力资源服务业生产经营收入的1.4%和0.1%，其发展速度也较易产生波动。

2. 分行业情况

从国民经济行业分类看，收入规模最大的行业是全市人力资源服务业（726），该行业隶属于国民经济分类中商务服务业（行业大类代码72），2021年企业收入合计达到了491.84亿元，3年来年均增速15.7%，其中2019年增长9.2%，2020年受新冠肺炎疫情影响增速回落到6.1%，2021年在疫情后实现复苏，增速达33.7%。2018—2021年全市人力资源服务业企业实现营业收入规模占全市全口径人力资源服务业生产经营收入总量的比重分别为61.2%，60.4%，58.8%，60.2%。作为全市人力资源服务业市场化经营最核心的行业，既是人力资源服务业市场化经营发达程度的体现，也从侧面反映全市经济发展的现代化程度。

从行业大类看，与人力资源服务业生产经营相关的软件与信息技术行业（行业大类代码65）粗具规模，见表7，具体包括软件开发（651*）和信息技术咨询服务业（656*）两个行业中类。2020年，其营业收入合计达到了72.31亿元。2021年其收入占全口径人力资源服务业生产经营收入总量的比重已达8.9%，反映出以互联网、大数据等为代表的新兴技术在发展过程中对各个行业的不断渗透，同时也带来了新的发展生机。

表7　全口径人力资源服务业生产经营收入分行业情况

行业代码	行业名称	生产经营收入规模（亿元）			
		2018年	2019年	2020年	2021年
总　计		518.45	573.80	625.37	816.43
582*	运输代理业	33.38	34.73	43.13	51.40
6020*	快递服务	3.74	5.07	5.91	6.94

续表

行业代码	行业名称	生产经营收入规模(亿元)			
		2018 年	2019 年	2020 年	2021 年
6090*	其他寄递服务	0.43	0.55	0.58	0.58
643*	互联网平台	1.24	1.46	1.31	1.10
651*	软件开发	33.53	43.48	46.82	46.57
656*	信息技术咨询服务	16.58	20.62	23.12	25.74
7020*	物业管理	4.90	5.49	5.89	6.67
726	人力资源服务	317.41	346.66	367.87	491.84
7540*	创业空间服务	1.05	1.33	1.40	1.14
8010*	家庭服务	2.26	2.09	2.18	4.58
821*	清洁服务	15.56	18.16	19.21	23.18
839*	技能培训、教育辅助及其他教育	88.37	94.17	98.09	144.96
922*	国家机构			9.86	11.73

其他人力资源服务相关生产经营收入规模较大的行业包括技能培训教育辅助及其他教育(839*)、运输代理业(582*)和清洁服务业(821*),2021 年三者的经营收入规模分别达到了 144.96 亿元、51.40 亿元和 23.18 亿元,3 年来年均增速分别为 17.9%,15.5% 和 14.2%,占全市全口径人力资源费服务业生产经营收入总量的比重分别为 17.8%,6.3% 和 2.8%。

整体来看,近年来传统人力资源服务行业增长较为稳健,但与新技术、新动能结合较紧密的人力资源服务业发展较快,尤其受新冠肺炎疫情影响,密切接触型服务发展受到限制,通过网络平台、服务软件等形成的互补型人力市场服务得到了提升,如跑腿、快递、运输代理等。

需要特别指出的是,与人力资源服务业相关的国家机构(922*)对应实现的经营收入数据主要来源于市财政局提供的行政事业单位培训支出。经调研,这类支出基本为财政计划支出或补贴,基本不会在人力资源服务业市场相关企业的营业收入中体现。

3. 核心行业分区域情况

(1)市内区域分布情况

人力资源服务核心行业单位主要分布在主城都市区,包括人力资源服务(726)和技能培训、教育辅助及其他教育(839*)。数据显示,2018 年主城都市区、渝东北三峡库区城镇群、渝东南武陵山区城镇群人力资源服务核心行业创造的生产经营收入分别为 347.79 亿元、39.98 亿元和 16.51 亿元,占全市的比重分别为 86.0%,9.9%和 4.1%;实现的营业利润分别为 26.25 亿元、4.30 亿元和 2.42 亿元,占全市的比重分别为 79.6%,13.0%和 7.3%;从业人员规模分别达到 15.55 万人、3.07 万人和 1.07 万人,占全市的比重分别为 79.0%,15.6%和 5.4%,见表 8。

表 8　2018 年人力资源服务核心行业分区域数据情况

区　域	绝对值(亿元)			占比(%)		
	生产经营收入	营业利润	从业人员	生产经营收入	营业利润	从业人员
总　计	404.27	32.97	19.68	—	—	—
主城都市区	347.79	26.25	15.55	86	79.6	79
渝东北三峡库区城镇群	39.98	4.30	3.07	9.9	13	15.6
渝东南武陵山区城镇群	16.51	2.42	1.07	4.1	7.3	5.4

其中,2018 年主城都市区人力资源服务业(726)单位达到的生产经营收入、营业利润和产业人员规模分别为 275.75 亿元、17.38 亿元和 11.71 万人,占全市人力资源服务业对应的比重分别为 87.3%,81.8%和 78.2%。而渝东北三峡库区城镇群、渝东南武陵山区城镇群对应实现的生产经营收入规模分别为 27.48 亿元和 12.67 亿元,占全市的比重分别为 8.7%和 4.0%。从年人均营业收入看,主城都市区、渝东北三峡库区城镇群、渝东南武陵山区城镇群分别为 23.55 万元、11.40 万元和 14.91 万元,主城都市区的年人均营业收入远高于其他两个区域。

2018 年,主城都市区教育辅助及其他教育(839*)单位达到的生产经营收入、营业利润和产业人员规模分别为 72.04 亿元、8.87 亿元和 3.84 万人,占全市教育辅助及其他教育业(839*)对应的比重分别为 81.5%,75.8%和 81.5%。而渝东北三峡库区城镇群、渝东南武陵山区城镇群对应实现的生产经营收入规模分别为 12.50 亿元和 3.83 亿元,占全市的比重分别为 14.1%和 4.3%。3 个区域的年人均营业收入在17万~19万元,差异较小。

整体而言,人力资源服务核心行业向主城都市区集聚,这一点在规模以上企业和规模以下企业中体现得同样明显,见表9。

表9 2018年人力资源服务核心行业分区域分规模占比情况

区域	规模以上企业占比(亿元)			规模以下企业占比(%)		
	生产经营收入	营业利润	从业人员	生产经营收入	营业利润	从业人员
主城都市区	85.8	86.5	74.3	86.2	78.9	84.2
渝东北三峡库区城镇群	11.8	12.9	19.9	8.7	13	10.9
渝东南武陵山区城镇群	2.4	0.6	5.8	5.1	8.1	5

(2)规模以上企业省市对比情况

在现有统计框架下,常规年度开展的规模以上服务业调查在数据上最具备开展省市间比较的可能性。一是在常规年度开展定报(月度)和年度的调查,在未来最具备为开展全口径人力资源服务业调查季度监测的条件;二是截至2019年,国家统计局定时反馈省市间数据,可比性较强。2020年起,由于新冠肺炎疫情对数据造成的波动,省市间对比数据不予以提供。因此,从对2018年、2019年全市1—12月规模以上人力资源服务核心行业累计数据分析的情况看,重庆有以下3个特点。

一是绝对规模扩展较快。数据显示,2018年1—12月全市规模以上人力资源服务,技能培训、教育辅助及其他教育两大行业企业累计实现营业收入分别为106.92亿元和23.75亿元,而在2019年规模扩大到137.00亿元和28.72亿元,分别约是2018年的1.3倍和1.2倍。从可比增速看,2019年规模以上人力资源服务,技能培训、教育辅助及其他教育两个行业营业收入增速分别为16.3%和15.8%。以上数据显示出,全市规模以上人力资源服务核心行业企业业务扩展较快,保持了较快增长。

二是市场份额占比未有提升。值得注意的是,虽然重庆规模以上人力资源服务核心行业拓展较快,但就全国来看营业收入等指标所占的市场份额并未提升。2019年,全市规模以上人力资源服务企业实现营业收入占全国的比重为1.5%,比2018年下降了0.1个百分点;而全市规模以上技能培训、教育辅助及其他教育企业实现营业收入、营业利润占全国的比重为2.1%,同样较2018年下降0.1个百分点。对比2019年全国规模以上人力资源服务，技能培训、教育辅助及其他教育企业营业年收入可比增速，重庆分别较全国高0.5和2.5个百分点。可比增速高于全国平均水平，但市场份额占比却下降，说明全市规模以下企业的发展和成长性不足，规模以下企业升级为规模以上企业的能力较弱。

三是与发达省市差距明显。从2019年1—12月全国规模以上人力资源服务业(726)企业营业收入占比看，排名前5的上海、广东、北京、浙江和江苏五大省市规模以上人力资源服务业实现营业收入占全国的比重达到了67.6%，尤其是上海市的占比达到了26.9%，重庆与之相比仅为其规模的1/18，见表10。这5个省市在营业利润、从业人员数两方面，合计占全国的比重为66.6%和51.7%。规模效应如此突出的原因主要有两方面：一是人力资源服务业的发展与经济发达程度，尤其是服务经济发达程度高度相关；二是人力资源服务业具有极强的集聚趋势，尤其在现代信息网络技术的背景下，这种趋势愈加明显。与之类似，2019年全国规模以上技能培训、教育辅助及其他教育(839)企业数据显示，营业收入市场份额位列前五的省市分别为北京(34.9%)、广东(12.3%)、上海(8.5%)、江苏(7.6%)和河南(5.0%)，合计占全国的比重为68.3%。

表10　2019年部分省市规模以上人力资源服务业市场份额情况

省份	占全国比重(%)			省市排位		
	营业收入	营业利润	从业人员数	营业收入	营业利润	从业人员数
上海	26.9	32.7	4.3	1	1	5
广东	12.3	8.9	14.3	2	4	2
北京	10.9	11.7	3.5	3	2	10
浙江	10.3	1.7	17.3	4	13	1
江苏	7.2	11.6	12.3	5	3	3
四川	2.1	2.4	3.8	11	9	7
重庆	1.5	2.2	2.4	16	10	14

(四)存在问题

1. 就业人员文化结构偏低

全市就业人员文化结构分析数据显示，2019年全市就业人口仍然以初中文化程度人员为主，小学及以下文化程度就业人员占比为 20.5%，初中文化程度就业人员占比为 31.7%，高中文化程度就业人员占比为 22.5%，大专及以上文化程度就业人员占比为 25.3%。全市就业人员平均受教育年限为 10.8 年，较 2018 年提高 0.3 年，但整体受教育水平仍待进一步提高。

就业人员受教育程度偏低与我市大城市、大农村、大库区的发展背景有直接关系。随着时代的进步，我市和全国其他各地就业人员平均受教育程度都将会逐步提高，但需要注意的是，平均受教育程度与地区产业经济结构有着相互关联、相互促进的作用。因此，不能被动地等待进步，而是要主动出击优化我市的人才供给结构。

2. 服务业态相对单一

调查研究显示，目前全市人力资源服务业服务的业态较为单一，服务水平有待提高。首先，作为核心行业的人力资源服务业（726）企业，其经营业务主要集中在劳务派遣、人力资源外包等传统业态；测评服务、猎头服务、人力资源管理咨询等相对高端业态发展不足，服务水平有待提高。

其次，高含金量的职业培训项目较少，在调研互联网与软件行业时，就有较多企业反映：重庆缺乏其急需技术型人才的培训体系，为了培养所需的技术人才，企业花费了巨大的财务成本和时间成本，让员工赴杭州、深圳等地接受云计算、大数据、深度学习等专业培训；用人不便、无人可用、缺乏对应的培训体系，在很大程度上限制了部分新动能行业优质企业落地重庆。

最后，与人力资源服务业相关的互联网软件、大数据相关行业发展相对缓慢，随着信息技术革命和各产业融合不断深入，市场对人力资源服务产品的需求越来越多样化、智能化和网络化，这意味着本土企业近水楼台先得月的优势在减小，部分先进同行或已逐步转向为客户提供“互联网+人力资源+智能”的全产业链解决方案，部分互联网信息软件企业也跨界加入竞争市场，高端业态呈现出快速拓展态势，而在这些高端领域重庆暂未能形成在全国市场有竞争力的品牌或企业。

3. 与发达地区差距明显

从规模以上人力资源核心服务行业对比数据看，我市的规模与发达省市差距明显。这种差距不仅是规模上的，从年人均营业收入、年人均营业利润等劳动效率指标看，重庆也低于发达城市。

以规模以上人力资源服务业为例,2019 年全国年人均营业收入为 37.83 万元,年人均营业利润为 0.37 万元,而重庆分别为 23.58 万元和 0.33 万元,均低于全国平均水平。值得注意的是,总部经济、服务经济发达的北京市、上海市则远高于全国平均水平。上海市、北京市规模以上人力资源服务业年人均营业收入分别达到了 234.35 万元和 118.89 万元,分别是重庆的 9.9 倍和 5.0 倍;年人均营业利润分别为 2.77 万元和 1.24 万元,分别是重庆的 8.4 和 3.8 倍,见表 11。

表 11　2019 年部分省市规模以上人力资源核心服务业营收数据对比

行业中类	地区	占全国的比重(%)		省市排位		年人均营业收入(万元)	年人均营业利润(万元)
		营业收入	营业利润	营业收入	营业利润		
人力资源服务业	全国	100	100	—	—	37.83	0.37
	上海	26.85	32.71	1	1	234.35	2.77
	广东	12.28	8.85	2	4	32.44	0.23
	北京	10.91	11.74	3	2	118.89	1.24
	浙江	10.28	1.7	4	13	22.53	0.04
	江苏	7.16	11.56	5	3	21.99	0.34
	四川	2.13	2.38	11	9	21	0.23
	重庆	1.5	2.2	16	10	23.58	0.33
技能培训教育辅助及其他教育	全国	100	100	—	—	30.79	1.39
	北京	34.86	23.21	1	1	37.86	1.14
	广东	12.29	-2.87	2	31	29.29	-0.31
	上海	8.53	2.59	3	13	40.44	0.55
	江苏	7.63	10.46	4	3	29.9	1.85
	河南	5.03	22.11	5	2	40.79	8.1
	四川	2.55	4.32	10	7	17.99	1.38
	重庆	2.11	3.12	11	12	24.28	1.62

从变化情况看,2019 年规模以上人力资源服务业营业收入占比数据显示,多个省市发展较快,呈现两大特点:一是顶层省市地位稳固。2018 年、2019 年占全国

比重最大的5个省市整体无变化,仅位次发生了变动①。二是顶层规模集聚效应有减弱的趋势。2018年,这5个顶层省市规模以上人力资源服务业企业营业收入合计全国的比重为73.6%,2019年下降为67.6%,较上年下降6个百分点,其余26个省市中有19个省市2019年规模以上人力资源服务业企业实现营业收入占比较2018年提高,其中湖北、河南、四川的占比分别提高了1.9,1.3和0.9个百分点,而重庆则下降0.1个百分点,即至少在规模以上人力资源服务业企业领域,重庆未能较好把握规模集聚效应减弱契机,缩小与发达省市的差距。

4.行业发展政策环境有待优化

需要特别指出的是,这里的行业发展政策环境并非单指针对"人力资源服务业"的政策环境,而是从顶层设计出发,包括如何激励产业发展所需人才来渝,如何建立更加高效、通畅的人力资源服务市场,如何系统化构建支撑产业发展的职业培训体系等综合环境。

2014年以来,国家及有关部委先后出台了《关于加快发展人力资源服务业的意见》《人力资源市场暂行条例》等,为促进人力资源服务业、人力资源市场健康发展提供了政策保障。相对于其他先进城市和地区,重庆相关政策出台较晚,2018年,市人力社保局、市发展改革委、市财政局出台了《关于加快人力资源服务业发展的实施意见》(渝人社发〔2018〕171号),2020年,市人力社保局发布了《重庆市人力资源市场条例》(2020年7月30日重庆市第五届人民代表大会常务委员会第二十次会议通过)。

近年来重庆市政府先后出台了多个与全口径人力资源服务业发展相关的政策文件,如《重庆市人民政府关于印发重庆市引进高层次人才若干优惠政策规定的通知》(渝府发〔2009〕58号)、《重庆市人民政府办公厅关于加强职业培训促进就业的实施意见》(渝办发〔2011〕48号)、《重庆市人民政府办公厅关于进一步加强职业培训工作的意见》(渝办发〔2012〕247号)、《重庆市人民政府关于加快发展现代职业教育的实施意见》(渝府发〔2015〕17号)、《重庆市人民政府办公厅关于推动

① 具体情况为:上海2018年占比32.1%,2019年占比26.9%,保持第一位;北京2018年占比14.1%,2019年占比10.9%,从第二位降至第三位;广东2018年占比11.5%,2019年占比12.3%,从第三位上升至第二位;浙江2018年占比9.9%,2019年占比10.3%,保持第四位;江苏2018年占比5.9%,2019年占比7.2%,保持第五位。

非户籍人口在城市落户的通知》(渝府办发〔2016〕273 号)、《重庆市人民政府办公厅关于支持返乡下乡人员创业创新促进农村一二三产业融合发展的实施意见》(渝府办发〔2017〕70 号)、《重庆市人民政府办公厅关于印发重庆市"十三五"促进就业重点任务分工的通知》(渝府办发〔2017〕127 号)等,但缺乏纲领性文件,缺乏相关各部门通力配合、高效协作的工作机制,也缺乏强化操作的实施细则,涉及的多个部门不能从上至下、事半功倍地形成合力。

同时,重庆虽然创建了包括重庆人力资源服务产业园科学城园区在内的多个人力资源服务产业园,并出台了一些优惠政策,举办了"西部(重庆)科学城人才发展峰会"等人才高峰论坛,但产业园的规模、峰会的影响力仍然与先进省市有着较大差距。

(五)下阶段探索方向

全市全口径人力资源服务业统计及核算体系的完整建立是一项持久的工作。"十四五"期间,全市在推动重庆高质量发展、科学制定各个产业发展规划时,必然对服务人民高质量就业有新的要求和设计。虽然本研究在全口径人力资源服务业统计分类和数据测算方法上取得了一些创新和探索成果,但必须清醒地认识到:仍然存在不少需要攻克的难点和需要完善的不足之处。从积极面对挑战的角度来看,未来进一步拓展全口径人力资源服务业研究及加强建立常态化统计工作合作机制的空间巨大。综上,后续探索的方向主要包括以下 5 方面。

一是及时跟进全市人力资源服务业及相关产业发展,进一步拓展和完善人力资源服务业统计范围和分类。尤其在现有统计构架下,针对人力资源服务与其他行业融合发展的情况,如何进一步准确甄别与筛选目标企业和确定业务构成,需要进一步探索新的方法。

二是持续夯实全市全口径人力资源服务业统计工作机制,拓展有关部门的参与范围,完善统计调查的流程,进一步探索除生产经营收入外其他指标的研究可行性,进一步探索分地区全口径人力资源服务业数据测算方案。

三是加强全市全口径人力资源服务业增加值核算方法的探索研究,尤其是积极研究各服务行业与人力资源服务业融合发展部分创造增加值的推算方案,为全口径人力资源服务业对社会的贡献形成更加全面的分析评价机制。

四是加强对存在问题的对策建议研究。对比其他各省市发展情况,学习先进地区的发展经验,结合重庆发展规划和现有产业结构和基础,加强基层调研、部门调研，综合分析并有的放矢地提出客观、科学、有效、可行的对策和建议。

五是现有的统计框架是事后统计，存在较大滞后性，时效性差，难以满足行政上及时跟进监测管理的需求，较难开展分地区准确测算，且由于统计口径的差异，较难在省市间开展对比。因此，要密切跟进国家相关研究动向，及时推进重庆研究成果，为全国研究建立统一的全口径人力资源服务业统计机制做出重庆贡献。

课题研究单位：重庆市统计学会
课题组负责人：赵明飞
课题主研人员：宋晓英　张儒雅　刘　涛　涂静雯

产业篇

成渝地区人力资源市场协同发展问题研究

摘　要:人力资源是推进成渝地区双城经济圈建设的关键要素,而人力资源市场是保持人力资源流动性的重要支撑平台。通过调研成渝两地人力资源市场发展现状及协同发展推进情况,发现成渝两地存在区域分割和政策制度壁垒等问题,阻碍成渝两地人力资源市场跨区域协作及一体化发展,急需创新市场协同体制机制,统筹协调两地政府、产业园、市场主体发挥各自作用,为成渝地区双城经济圈建设发展提供人才保障。本研究以定性、定量分析相结合,比较借鉴、实证分析相结合的研究方法开展研究,提出建议:一是理顺两地政府与市场分工协作的关系;二是构建成渝地区统一的人力资源服务体系;三是激发人力资源市场主体发展活力;四是正确处理两地人才市场协同与竞争的关系;五是加强成渝两地人力资源市场监管力度;六是强化成渝两地人力资源服务政策支持。

关键词:成渝地区人力资源市场　协同发展　对策建议

随着成渝地区双城经济圈建设的大力推进,按照国家"成渝地区牢固树立一盘棋思想和一体化发展理念,建立健全合作机制,打造区域协作的高水平样板"的要求,人力资源作为最重要的资源要素,成为落实国家战略的关键,而人力资源市场是保持人力资源流动性的重要支撑平台。目前,成渝地区人力资源市场存在区域分割和政策制度壁垒等因素,阻碍人力资源市场的协同发展。因此,本研究旨在寻找破除协同发展的障碍和壁垒的路径,创新市场协同体制机制,创造协同发展条件,构建统一、开放、跨区域的人力资源市场,促进人力资源要素的有序流动,进而发挥成渝地区双城经济圈建设"两中心两地"的引领作用,助推区域经济高质量发展。

一、人力资源市场协同发展的重要性

(一)实现区域人力资源要素共享

1. 优化体制机制

两地人力资源市场协同发展,推动建立统一的、规范的、灵活的人力资源市场,加强沟通协作和统筹协调联动,贯通两地人力资源市场内所存在的业务,完善顶层设计、合作、协调、联络、信息通报等机制,优化体制机制,解决行政区域隔阂等问题,使人力资源配置更合理、运转更高效、服务更到位,促进共建共享人力市场资源。

2. 提供人才支撑

推动两地人力资源市场协同发展,打破因行政管辖区域不同造成的人力资源区域间流动设置的壁垒,更好地衔接不同区域间的人力资源相关政策、规章制度、管理方式等,可以促进人力资源在不同的行政管辖区域间自由、高效地流动,提高人力资源与两地经济发展布局、结构调整以及社会需求的匹配度和适宜度,为两地区域高质量发展提供人才支撑。

(二)促进区域人力资源合理流动

1. 优化配置人力资源

两地创造人力资源市场协同发展条件,势必促使两地协同构建公共服务平台、人才市场共享信息、人才认定及评价互认等方面的公共服务政策制度,破除制约人力资源跨区域流动的制度障碍、政策壁垒等问题因素,人力资源可以得到最充分、最大范围、最优化、最合理的配置,有助于提高人力资源配置的效率。

2. 提升人力资源效能

人力资源市场协同发展,逐步取消行政区域界限、户籍户口界限、行业产业界限,解决人为的市场干扰和分割,使市场主体进行更为公平的竞争,人力资源在更大的区域内随着劳动力市场价格的引导而自由、有序地流动，就业竞争就会更加公平，从而促进劳动者素质普遍提高，激发人力资源效能发挥。

（三）提升区域整体人才竞争水平

1.提高区域人才竞争力

成渝地处西部，对于高端人才的引进吸引力弱于东部发达及沿海地区，需要通过区域协同发展来增强地区发展动能。当前很多地区的人力资源竞争格局发生变化，已从竞争逐步走向区域协同竞合，成渝两地正在加强人力资源市场协同发展，推进区域人才政策合力和提升整体人才竞争力，联合突破，赢得竞争主动。

2.促进区域经济高质量发展

人力资源是引领发展的战略性资源，是推动成渝地区双城经济圈建设的重要因素，切实发挥人力资源市场作用，提高人力资源配置效果和效率，满足两地经济建设人力资源要素需求，是促进两地产业优势互补及产业集群发展的关键，推动形成“以产引才，以才促产，产才融合”的良性循环，对区域经济社会高质量发展起到至关重要的作用。

二、成渝地区人力资源市场协同发展现状及问题

2020 年 1 月，自中央财经委员会第六次会议正式提出建设成渝地区双城经济圈以来，川渝各部门、各市（州）区（县）、各领域开展了一系列交流、互动、签约活动，川渝两地发布《成渝地区双城经济圈便捷生活行动方案》①，并列出由两省市人力资源保障部门共同推进人才跨区域流动、养老保险关系无障碍转移等四项清单任务；同年 4 月，两地人力社保厅（局）共同签署了以《共同推动成渝地区双城经济圈建设川渝人力资源和社会保障合作协议》为基础的“1+N”合作协议，促进两地在人力资源和社会保障方面的协同发展。2021 年 8 月，人社部与川渝共同签署了《推动成渝地区双城经济圈建设深化人力资源社会保障战略合作协议》，支持川渝

① 《四川省人民政府办公厅 重庆市人民政府办公厅关于印发〈成渝地区双城经济圈便捷生活行动方案〉的通知》（川办发〔2021〕2 号）。

两地开展人力资源社会保障区域协作,促进产业人口高效聚集,强化公共服务共建共享等,以保障“双城经济圈”健康快速发展。

(一)川(成)渝两地人力资源市场发展现状

1. 川(成)渝两地人力资源市场情况

(1)两地人力资源服务机构管理政策大致相同

近年来,人力资源市场已经成为人力资源流动配置的重要手段。2018 年,国务院颁布了我国人力资源要素市场领域第一部行政法规《人力资源市场暂行条例》,从立法层面对培育和规范人力资源市场做出了明确规定。中央、地方各级领导也高度重视人力资源市场体系建设、多层次多元化人力资源市场格局形成、人力资源服务水平提升等,以促进就业,扩大和优化人力资源配置,推动全国及地方的经济社会发展。

重庆市出台实施了《重庆市人力资源市场条例》,进一步规范了重庆市的职业介绍、劳务派遣等基础人力资源服务工作,促进了人力资源外包、高级人才寻访、人才测评、人力资源管理咨询等高端业态发展,鼓励高等院校、科研院所等企事业单位通过人力资源市场引进高端人才等。四川省积极施行《人力资源市场暂行条例》,全面实施了职业中介许可和其他人力资源服务备案制度,主要包括劳动者推荐、信息服务、招聘会组织、网络招聘、高端商业咨询、高级人才寻访、人力资源服务外包、人才测评等业务。

(2)两地人力资源市场发展基本情况

川渝两地以贯彻落实《人力资源市场暂行条例》为契机,深化“放管服”改革,提高办事效率,激发市场主体活力,人力资源市场发展环境得以改善。

一是人力资源服务从业机构数量持续增加,经营性机构成为人力资源服务业主力军。川渝两地人力资源服务机构数量在逐年递增,重庆市 2020 年从业机构 2155 家,同比增长 15.6%,较 2015 年(727 家)增幅达到 196.4%①,经营性机构 2111 家,占从业机构的 97.96%,同比增长约 15%;四川省从业机构 2278 家,同比增长 60.4%,经营性机构 1929 家,占从业机构的 84.68%,同比增长 68.6%。四川

① 《重庆英才》2021 年 8 月第 4 期(总第 44 期)《重庆市人力资源服务业概况》。

省人力资源市场发展迅猛,两地人力资源服务经营性机构显然已成为人力资源服务市场的绝对主体,见表1。

表1　2019年和2020年重庆市、四川省人力资源服务机构数量及增长情况

机构分类项	2019年（家）	2020年（家）	同比增幅（%）	经营机构数/从业机构数（2020年占比）(%)
重庆从业机构数	1863	2155	15.7	97.96
重庆经营性机构数	1810	2111	16.6	
四川从业机构数	1420	2278	60.4	84.68
四川经营性机构数	1144	1929	68.6	

（数据来源:《重庆市人力资源服务业发展报告(2019)》、2020年度四川省人力资源市场统计数据）

二是人力资源服务从业人员素质有所提升,专业人员占比正在逐步提高。2020年因受新冠肺炎疫情影响,重庆市从业人员2.56万人,比2019年2.57万人略有下降,比2016年2.04万人年均增长5%。其中,本科及以上学历占比28%,与2019年基本持平;取得职业资格人数7661人,占比29.93%,同比增长3.68%。四川省从业人员达3.57万人,研究生学位人员和取得执业资格人数分别达803人、9070人,同比增长41.37%,10.72%①,素质逐步提升,见表2。

表2　2019年和2020年重庆市、四川省人力资源服务机构从业人员情况

地区	从业人员(万人)		其中:职业资格(人)		本科、研究生(人)	
	2019年	2020年	2019年	2020年	2019年	2020年
重庆	2.57	2.56	7389	7661	7170（本科及以上）	7168（本科及以上）
四川	3.55	3.57	8192	9070	568（研究生）	803（研究生）

（数据来源:《重庆市人力资源服务业发展报告(2019)》、2020年重庆市人力资源行业发展情况分析报告、2020年度四川省人力资源市场统计数据）

三是人力资源服务业营收呈高速增长,高端服务业态逐步拓展。随着人力资

① 2020年度四川省人力资源市场统计数据。

源服务从业机构数量逐年递增，人力资源服务营业收入也持续增长。2020 年，重庆市人力资源服务行业注册资本 63.82 亿元，同比增长 31.87%，全年营业收入达 489.53 亿元，同比增长 37.20%，比 2015 年末共增长 191.1%。四川省人力资源服务行业注册资本 93.69 亿元，同比增长 67.50%，全年营业收入达 525.35 亿元，同比增长 35.23%，见表 3。

表 3　2019 年和 2020 年重庆、四川人力资源服务行业经营情况

省(市)人力资源服务行业情况	经营指标	2019 年(亿元)	2020 年(亿元)	同比增幅(%)
重庆	注册资本	48.40	63.82	31.87
	营业收入	356.85	489.53	37.20
四川	注册资本	55.93	93.69	67.50
	营业收入	388.49	525.35	35.23

（数据来源：《重庆市人力资源服务业发展报告(2019)》、2020 年重庆市人力资源行业发展情况分析报告、2020 年度四川省人力资源市场统计数据）

2020 年，重庆在劳务派遣、服务外包、人事代理和人力资源培训等常规业务共实现营业收入 486.75 亿元，占比达到 99.42%，高级人才寻访等高端业态服务逐步拓展，实现营业收入 1.05 亿元，占比 0.21%，同比增长 128.3%；四川省在人才测评、猎头服务等方面也逐步增长。

四是充分发挥人力资源市场机构优势，促进就业和服务人才成效显著。2020 年，重庆市通过网络发布招聘岗位信息 301.94 万条，发布求职信息 565.46 万条，帮助实现就业和流动人数 316.5 万人次，同比减少 18.28%①；劳务派遣服务用人单位 2.73 万家、派遣人员总量 74.25 万人次；猎头成功推荐 4174 人次，高级人才寻访、网络招聘、人力资源外包等业态增长较快，同比分别增长 127.4%，81.1%，59.65%。四川省通过人力资源市场机构帮助实现就业和流动人数 791.64 万人次，服务用人单位数 175.31 万家次，提供招聘岗位 467.53 万个，同比增长分别为 52.04%，23.29%，15%；人力资源管理咨询、服务外包、人力资源培训、测评、猎头等业务量稳步增长，其中人力资源管理咨询服务用人单位 17.63 万个，开展测评服务 42.71 万人次，均较 2019 年翻两番。

① 2020 年，受新冠肺炎疫情影响，重庆上半年现场招聘会等人力资源服务主流形势近乎停滞，自 2020 年 6 月起才基本重启。

2. 两地人力资源服务产业园建设稳步推进

重庆与四川均建有国家级人力资源服务产业园。中国·重庆人力资源服务产业园和中国·成都人力资源服务产业园分别于 2011 年和 2016 年获批,是全国第二个和第八个国家级产业园。

(1)重庆人力资源服务产业园建设情况

一是"1+10+N"三级产业园矩阵体系逐步建成。重庆产业园由渝北空港国际新城主园和西部(重庆)科学城分园组成,分别于 2017 年 2 月和 2020 年 12 月开园。重庆产业园主要涵盖人力资源要素"大市场"、人力社保公共服务"大平台"、人力资源信息"大数据"、综合服务产业"大基地"、一园多基地"大园区"等"五大"特色功能,实现了市场服务、公共事务和行政管理三大职能有机衔接。此外,还积极扩展国家级园区的辐射带动作用,在大足、荣昌、垫江、北碚、万州 5 个区县布局了市级综合园区和专业园区,还在 6 个区县(自治县)建立了区县级园区,"国家级+市级+区县级"的"1+10+N"的三级产业园矩阵体系初步形成。服务业态涵盖招聘、派遣、外包、猎头、薪酬设计、管理咨询、人力资源大数据等,形成了全业态人力资源服务产业链。

二是平台集聚发展效应不断凸显。近年来,重庆产业园打造了"两会一赛六平台"①服务体系,充分发挥产业园集聚产业、拓展服务、孵化企业、培育市场功能作用,使入园企业不出园就能办理就业、人才、社保等人力社保公共服务及公积金服务等,使园区在对外宣传、活动组织以及全球招商等方面力度更强。2020 年,园区 112 家企业营业收入达到 100.95 亿元,纳税额 2.15 亿元,服务人员总数 120 万人次,服务用人单位 6 万家次,帮扶就业和流动人数 41.76 万人次,同比增长分别为 25.84%,18.58%,44.29%,15.35%,52.56% 和 76.91%。共引进各类高层次人才 7500 余名,其中,入驻猎头基地的企业共引进高层次人才 350 余人。在园企业中,有世界 500 强企业 1 家、中国 500 强企业 1 家、A 股主板上市企业 1 家、港交所上市企业 1 家、世界人力资源行业 100 强企业 3 家、大中华区人力资源机构 100 强企业

---

① "两会"即西部人力资源服务博览会、中国猎头行业发展峰会;"一赛"即西部 HR 能力大赛;"六平台"指人力资源服务供需双方交流合作平台,包括园区企业交流平台,员工素质提升平台,与区县政府和实体企业对接平台,对外宣传平台,与全国人力社保系统、行业协会、产业园联系沟通平台以及线上服务平台等。

13 家。

(2)成都人力资源服务产业园建设情况

一是建成了“1+3”两级产业园体系。成都产业园围绕成都“东进、南拓、西控、北改、中优”整体发展布局,探索建立了“一园三区”发展模式,即由成都高新园区、成都人才园区和成都经开(龙泉驿区)园区3个分园区组成。同时积极扩展国家级园区的辐射带动作用,在川渝接合部的泸州、绵阳、乐山等建立了3个省级人力资源服务产业园①,形成了“国家级+省级”的“1+3”的两级产业园体系。三大主园之成都高新园区重点打造高端人力资源服务产业园区和高科技人力资源服务产业园区,重点发展高端商业咨询、高级人才寻访、人力资源服务外包、人才测评等业务。成都人才园区定位于人才公共服务,努力建成西部地区重要的人事人才公共服务中心和人力资源市场化配置服务集成平台、人才信息互通共享智能平台。成都经开(龙泉驿区)园区围绕高端装备制造,着力打造高端汽车人才服务产业链,以高端产业汇集高端人才。

二是产业园市场服务功能效应日益凸显。截至2020年末,成都产业园累计签约和引进人力资源服务机构211家,实现营业收入135.79亿元,同比增长91.8%,纳税额达3.91亿元;累计服务用人单位4.46万家次,同比增长84.3%;服务人才48.98万人次,同比增长24.1%,见表4。

表4　2020年中国(重庆)、中国(成都)人力资源服务产业园基本情况表

机构及服务情况	重庆产业园		成都产业园	
	2020年	同比增幅	2020年	同比增幅
从业机构	112家	25.84%	211家	—
营业收入	100.95亿元	18.58 %	135.79亿元	91.8%
服务用人单位	6万家次	52.56%	4.46万家次	84.3%
服务人才	120万人次	15.36%	48.98万人次	24.1%

(数据来源:2020年重庆市人力资源行业发展情况分析报告、2020年度四川省人力资源市场统计数据)

① 《四川日报》(2020年1月8日):《四川省人力资源服务产业规模2022年将超500亿元》。

（二）成渝地区人力资源市场协同发展情况

1. 两地人力资源服务合作机制逐步完善

随着《川渝“1+N”合作协议》的签订实施，川渝人力社保部门以任务清单的方式，积极推动两地在产业互通、人才跨区域流动、养老保险关系无障碍转移、社会保险协同认证、社保卡共享应用等方面的协同发展。《“人川渝”三方协议》也将进一步支持两地在健全更充分更高质量就业的促进机制、建立普惠共享的社会保障体系、推动人力资源高效配置、打造技能巴蜀高地、构建和谐劳动关系，以及提升便捷公共服务能力等 6 个方面进行深度合作。

（1）建立两地人力资源市场管理协同机制

构建了川渝产业园协同体系，成立“成渝地区双城经济圈人力资源服务产业园联盟”①，签订《成渝地区双城经济圈建设川渝两地统一人力资源市场准入管理协议》，建立经营性人力资源服务机构行政许可互认、分支机构设立、从业人员资格互认、人力资源市场协同监管机制，为成渝地区双城经济圈提升人力资源机构营商便利度、宽松人力资源服务业发展环境、规范人力资源市场监管、引领带动西部地区人力资源要素市场健康有序发展奠定了坚实基础。成渝两地还在人力资源服务博览会、交易会、人力资源服务创新创业大赛、成渝地区双城经济圈人才招聘会、川渝人力资源服务供需发布对接会等方面逐步建立起了良好的合作机制。

（2）建立两地人才公共服务保障合作机制

两地签订《川渝人社公共人才服务合作协议》《共同推动成渝地区双城经济圈建设川渝公共就业创业服务合作协议》《“十四五”重点就业项目合作协议》，建立招才引智、就业政策、就业服务、创业项目、职业培训等方面协同联动机制；签署了《优化川渝养老保险关系转移工作流程合作协议》《推进川渝失业保险协同发展合作协议》，建立川渝养老保险、失业保险政策协同和服务共享机制，建立健全工伤认定、劳动能力鉴定协查和结果互认机制；还积极发展多层次多支柱养老保险体系，优化完善川渝两地社会保险关系转移接续工作机制，强化信息共享和业务协同，实现养老保险关系转移接续网上快捷办。

---

① 产业园联盟由成渝地区双城经济圈内挂牌成立的国家级和省级人力资源服务产业园运营管理单位组成，是行业性、非营利性的联合合作组织。

(3)加强两地专家人才及人事管理合作力度

成渝两地签署了《成渝地区双城经济圈人才协同发展战略合作框架协议》《川渝专家资源共享协议》《川渝事业单位人事管理工作战略合作协议》等,两地加强在人才政策、人才资源、人才平台、人才市场以及人才活动等方面的协同发展,实现川渝专家智力资源共享、共同争取国家支持,推动事业单位专技人才、公开招聘、人事管理服务协同协作等机制建设,培育优秀人才资源共享,人才流动更高效合理。

(4)开展为高层次人才服务的深入合作

签订《川渝博士后人才发展战略合作协议》,以实现学科专业优势互补;此外,川渝省(市)委组织部共同签署《"天府英才卡"A卡和"重庆英才服务卡"A卡服务共享协议》《外籍高端人才工作许可互认和资源共享协议》(以下简称:"A卡服务共享协议"和"互认共享协议"),着力抓好高层次人才协同发展各项重点工作。两地还共同签署《大力推进川渝人社公共服务"十件实事"合作协议》,约定在人事人才、就业服务、社会保险、劳动维权等四大板块10项内容开展深入合作。

川渝两地签订了《推动成渝地区双城经济圈建设深化人力资源社会保障战略合作协议》《共同推动成渝地区双城经济圈建设川渝人力资源和社会保障合作协议》《成渝双城经济圈人才协同发展战略合作框架协议》《成渝地区双城经济圈建设川渝两地统一人力资源市场准入管理协议》《成渝地区双城经济圈便捷生活行动方案》等协议,协同打造人力资源社会保障区域协作高水平样板,涉及就业创业、社会保险、人力资源市场发展、技能人才培养、专业技术人才工作、重大公共政策及保障措施等,明确人才政策、资源、平台、市场和活动等5个方面的人才协同发展战略目标,开展川渝养老保险、失业保险政策协同和服务共享机制,人力社保公共人才服务合作等方面的工作。

2.两地人力资源服务事项协同效果初显

一年多来,两地人力社保部门聚焦推动高质量发展、创造高品质生活,积极推进"1+N"合作模式,随着"十件实事"和"战略合作协议"的签署,两地协同服务合作成效显现:

一是促进人力资源市场服务更方便快捷。川渝两地支持异地设立人力资源市场分支机构、支持异地开展临时性业务、实施从业人员职业资格互认等。双方开设"四川人社""重庆人社"两个App的"川渝人社合作服务专区",打通了川渝两地人力社保网络信息平台,推动了系统互联互通、数据共享共用、业务通办协办和服务双向延伸，实现人力社保信息“两地通”。2020 年，双方开通社保卡信息查询、激活、挂失、解挂等事项就近通办业务，联合设立社保卡线下网点 1071 个，实现两地电子社保卡互签、养老保险关系“马上办、网上办、就近办、一次办”，实现企业职工养老保险待遇、城乡居民养老保险待遇和工伤保险待遇在川渝地区范围内互认互办，全年川渝互认养老保险待遇领取资格 1 万余人。2020 年，全年线上办理人才档案业务 14 余万次，实现了两地办事要素逐步统一、办事流程不断优化，大幅提升了民众的办事效率，协同效果初显；搭建了求职共享平台，两地共同开展春风行动暨就业援助月线上招聘，联合发布岗位 188 万个，达成就业意向 40 万人次。

二是人才服务合作协同效果明显。实现了川渝职称、职业资格互查互认；实现人才跨区域流动就业信息、政策咨询，事业单位专业技术二级岗位专家互认互通、公开招聘考试命题共建共享、人事管理“一件事”服务协同协作等。两地开辟川渝博士后服务通道，联合举办博士后学术交流活动，还共同举办“川渝英才爱国奋斗研修班”和“成渝地区双城经济圈创新发展博士后学术交流计划”，且后者获国家人社部支持，协同效果明显。成渝地区双城经济圈成立了首个“乡村振兴国家级专家服务基地”，为支撑乡村振兴战略提供了“西部方案”。

3. 市州（区县）一体化合作正在推进

川渝两地在绵阳市、德阳市、资阳市、内江市、遂宁市、北碚区、渝北区、潼南区、荣昌区 9 个市（区县）结对开展人社行政许可试点合作，按照“求同存异”的工作总思路，建立沟通协作机制，实现办事指南和办理流程标准基本统一。两地试点市（区县）围绕“人力资源服务许可审批”“劳务派遣行政许可”“民办职业培训学校审批”等事项，统一规范申请材料、审查要点、办理流程、跨城办理方式，通过两地数据互联互通，实现办理结果互认，两地企业群众办事更加方便快捷。

川渝两地市（区县）开展一体化合作，绵阳市人社部门与北碚区人社部门，泸州人社部门与江津区、永川区、荣昌区人社部门，眉山市人社部门与涪陵区人社部门，崇州市委组织部与永川区委组织部，成华区与九龙坡区，宜宾市与重庆医科大学，武侯区与沙坪坝区，广安市与渝北区等市（区县）已签订 20 余项合作协议，在人力资源、就业创业、人才队伍建设发展、农民工服务保障、社会保险、职业技能、专业技术人才、劳动关系、人才发展平台、共享人才资源、产业联动、科技创新、校企合作、医疗、税收等方面开展一体化合作。

（三）成渝地区人力资源市场协同发展存在的问题

1. 协同发展机制还不够完善

区域人力资源战略和人力资源规划尚未形成统一，成渝两地、各辖区的人才政策、机制各自为政，重点领域急需紧缺人才还存在无序竞争的情况，人才合理流动的行政壁垒尚未完全打破。人力资源市场协同发展是要建立符合市场规律的风险、利益的共担共享机制。目前的成渝两地在物价水平、工资收入水平、消费能力及地区文化背景等方面存在诸多差异，导致两地人力资源市场价格机制的差距，且在风险共担和利益分配方面没有实质性合作，不利于两地的协同发展。尽管成渝地区人力资源协同发展框架战略协议已签署，就建立经营性人力资源服务机构行政许可互认、分支机构设立、从业人员资格互认、人力资源市场协同监管等工作达成了共识，但两地人力资源市场还处于浅层次的协同发展局面，在人力资源市场互惠共赢的利益分配机制、市场价格机制、供求机制、人才竞争机制、就业机制、市场监管机制等方面还不够完善。

2. 地方保护主义现象依然存在

由于成渝地区人力资源服务行业还处于发展初期阶段，优质人才要素供给还不充分，人力资源要素市场相对固化，缺乏区域间的相互流动，再加上成渝两地经济发展水平、人力资源市场影响力和人力资源吸引力等方面存在一定差异，区域协同发展理念也未深入人心，导致地方保护主义、市场分割等壁垒依然存在。具体表现在：两地在向全国乃至全球引进人才要素过程中，都希望将优质资源留在各自辖区，各自为政、相互竞争的情况比较明显；相互之间在高校、企业、研究院所等单位进行招生、引才时，相互排斥的现象不同程度地存在，各自都不太愿意将本地区的优秀人才和拥有的人力资源流入对方市场；产业园区之间缺乏有效的协同配合，相互认可度不强，准入门槛、业务服务标准、市场规则等不统一，不利于成渝双城经济圈“大市场”的形成和良性互动。在开展成渝两地协同发展的工作中存在“肥水不流外人田”的思想，人力资源市场“一盘棋”发展、相互协同合作和资源互补的意识还不强，协同发展的主动性、积极性不够，“1+1>2”的正协同效应还未充分显现，影响了成渝两地人力资源市场协同发展质量。

3. 市场服务水平还较低

两地人力资源市场服务的从业机构人员数量及素质、中高端服务产品供给等水平都不足，导致市场服务水平较低。

一是人力资源服务从业机构户均从业人数较少。2020 年，四川和重庆人力资源服务机构户均拥有从业人数分别不足 16 人和 12 人，不到北京、上海、广东等地的 1/2。

二是人力资源市场服务人员总体素质还不够高。在人员进入时，缺乏统一、规范的准入门槛，人员来源比较复杂，专业化程度较低。2020 年，重庆大学本科以上学历人数占比仅 28.2%，取得职业资格的仅有 7661 人，在 2.56 万从业人员中不足三分之一；四川省取得职业资格的有 9070 人，在 3.57 万从业人员中仅占四分之一。管理型、复合型高层次人才缺乏，从业人员的专业素质、理论水平以及业务能力还不能完全适应新时代人力资源市场发展需要。

三是中高端服务产品供给能力不足。诸如高级人才寻访、人才测评、管理咨询等中高端服务产品供给能力不足，还不能满足成渝地区日益增长的人力资源服务需求和人才资源要素配置需求。高端猎头机构少，产品市场份额不高、营业收入占比偏低。以高级人才寻访为例，重庆 2020 年实现营业收入 1.05 亿元，仅占全行业年营业收入份额的 0.21%。针对有利于协同发展的新产品的研发推进力度不够，缺乏创新性的服务产品。

4. 人力资源供求矛盾较突出

成渝地区人力资源要素配置功能较弱，人力资源市场发展相对滞后，与经济发达地区相比集聚人才的市场能力还较弱。重庆 2017—2020 年人才净流入占比分别为-0.1%，0.5%，0.3%，-0.2%。2018 年因信息技术产业发展，人才吸引力带头由负转正，具有较强的人才吸引力，至 2020 年信息技术产业人才吸引能力有所下降，带动人才净流入转负。成都 2016—2020 年人才净流入占比分别为-0.8%，-0.3%，-0.3%，-0.6%，0.3%，2020 年是近 5 年的首次由负转正。其中，重庆流出人才中有 18.9% 流向成都，成都流出人才中有 6.5% 流向重庆，在全国流动人才总量中分别占比为 0.3%，0.2%①，重庆与成都互为人才外流第一目标城市，重庆人才净流向成都。

区域吸引力没有优势、尖端人才相对匮乏、人才综合竞争力不强、高端人才发

① 智联招聘和泽平宏观联合发布的《中国城市人才吸引力排名报告》。

展平台的不足已经成为成渝地区特别是重庆集聚人才的最大短板。重庆企业创新力吸引力不足，高技术企业相比沿海及东部地区较少，研发机构缺乏，对人才的吸引力还不够，在收入和发展前景因素上会影响引进和留住人才；引才环境存在制度、政策局限，一定程度影响人才聚集；高层次人才、产业技能型人才供给不足，存在供不应求的局面。“两院”院士等高层次人才专家 810 名[①]，仅为京津冀的 16.9%（4790 名）、长三角的 18%（4673 名）。成渝地区“双一流”建设高校不及京津冀、长三角地区的一半，国家重点实验室、中国 500 强企业、独角兽企业均远低于京津冀、长三角地区，高水平技术平台较少，缺乏对高层次人才的吸引力，成渝地区人才供求矛盾突出。

5. 信息化及信息共享程度不高

两地缺乏基于人力资源供需双方的公共信息共享平台。公共服务机构在人力资源市场、公共就业和人才服务信息网络建设、人力资源数据库等方面的信息化程度不高，信息网络服务平台比较单一，运用大数据分析等信息技术先进手段还不太强。各人力资源服务中介机构业务发展速度不同，为了适应人力资源市场的快速发展，各中介机构各自为政，部分知名人力资源机构已搭建自己的专属平台和人才数据库，聚集了大量的供求信息，使相关信息资源处于分散、条块的状态，相关数据信息未能实现共享共用互联，公众获取信息有所局限，降低了推广共享信息的传播效率。对于宣传力度较大的机构，更易被供需双方了解、接受，但可能出现该机构并没有用人单位所需的业务的情况，由此造成用人单位和求职者之间存在信息壁垒，影响信息时效性、实用性，用户体验感较差，甚至导致用人单位通过中介的方式招聘、挖掘人才的意愿不强。这些因素在不同程度上制约着成渝两地的人力资源在整个区域内、不同的行业领域内、不同的产业之间和相近的行业之间的流动配置效率。

三、国内外人力资源市场协同发展经验

总结国内外经济社会发展先进城市群的人力资源发展特点，为推进成渝地区双城经济圈人力资源市场协同发展提供宝贵的经验。

---

① 重庆市综合经济研究院课题“成渝地区双城经济圈人才一体化建设研究”。

(一)国外人力资源市场协同发展经验

1. 美国波士华(波士顿-纽约-华盛顿)城市群

“波士华”(波士顿-纽约-华盛顿)城市群是世界上首个被认可的,也是目前实力最强的城市群,3 个主要城市分别担当着人才培养、金融服务、港口贸易和世界政治核心的角色,各自为城市群人力资源流通和市场协同发展发挥了重要作用。其主要特点是:一是营造积极的引才政策环境。各地政府对人才高度重视,在教育培训、个人税收、移民安置、人才交流等方面制定了有力的优待政策,为吸引高素质人才营造了良好的政策环境,也有效促进了城市群内形成有利于吸引、使用和激励人才的区域文化。二是政府为人才工作提供全面保障。各地政府共同着力完善城市群内基础配套设施和提供良好的人才服务,制订了比较完善的人才住房保障计划、健康保险计划等保障措施制度,修建了设备先进的科研实验室和社区健康活动中心等硬件设施,为困难人员提供纾困基金等资金支持,解决人才在当地工作的后顾之忧,提高了吸引人才的层次和质量。三是重视人员教育培训。美国政府十分重视教育强国的发展战略,为每个家庭的孩子提供平等受教育的机会,全面实施以州政府为主导的全民义务教育,巩固全民基础教育水平。同时注重职业教育与高等教育同步发展,要求民众上岗之前必须经过职业技术教育培训;城市群内有上百所著名综合性大学,为世界各地输送大批人才。四是构建政企合作的人力资源市场。城市群内各地政府积极与科技企业合作,以政府项目或基金的方式为高科技企业创造岗位,提供良好的人才就业机会,吸引众多高层次人才入驻,打造畅通的科技人才发展通道。

2. 英国伦敦城市群

“伦敦都市圈”以伦敦-利物浦为轴线,包括伦敦、伯明翰、谢菲尔德、曼彻斯特、利物浦等数个大城市和众多中小城镇,分为中心城、近郊区、外郊区和伦敦大都市区四部分,以资源共享、产业互联促进城市群人力资源协同发展。其主要特点:一是注重顶层设计。从国家级层面制定《人才管理战略》《人才行动计划》等多个人才战略和行动计划,针对不同行业的专业人才建立人才库,努力实现专业人才在全国的流动和发展。二是重视高等教育。注重教育质量评估,不断优化教学质量,从国家到市级层面形成多元化、多层面高等教育质量保障体系,建立相关工作机构，聚力培养具有全球视野的高端人才。三是重视技能教育。建立政府与企业合作的技能培训模式，政府、企业和社区共同构建技能培训空间，由企业根据自身产业发展需求主导技能人才培养方向，十分重视青年人员的技能教育和素质培训。四是积极引进国际顶尖人才。为吸引全世界科技、工程、信息化技术、医学等领域的人才到英国工作，实施多元化人才评价办法，一经英国权威机构推荐，即可快速取得相关技能证书，获得移民资格。五是提供优质的生活环境。加大城市基础设施智能建设力度，构建发达的交通网络，建立多个"城镇中心"，形成"多中心、多极点"的城镇布局，提供住房、教育、医疗等配套服务，保障不同阶层的居民都能享受优质城市生活。六是建立人力资源网络服务体系。及时更新和公布人力资源数据，发布就业指导、岗位招聘、教育培训等方面信息，实现城市群内的人力资源信息共建共享。

3. 日本东京都市圈

日本是世界上最早提出"都市圈"概念的城市，东京都市圈又称为"首都圈"，由东京都、神奈川县、千叶县、埼玉县组成，是日本太平洋沿岸城市群的核心组成部分之一，在都市圈内形成强大的人力资源市场。其主要特点体现在以下 5 方面。

一是人才管理体系精细化。构建官民合作的多元化人力资源开发体系，细化政府、企业等主体在人才管理运行中的职能职责，针对不同类型的人才，严格实施相应的人才管理办法，多渠道提升人才能力素质，使之为都市圈贡献力量。

二是重视人才资源的流动和共享。清除所有影响人才流动的户籍、社会保障等制度性障碍，整个都市圈以人才资源数据等信息技术系统为支撑，每年公开各项人力资源数据，实现人才资源在都市圈内自由流动与共享。

三是打造具有吸引力的国际人才市场。制定规范统一、公平公正、跨区域特征鲜明的海外人才评价与准入标准，在本地人才优惠政策的基础上提供更有吸引力的资助基金与政策，实施最快 1 年即申请永久居住的积分移民制度，以吸引国际高端人才。

四是发挥人才中介机构服务作用。根据不同需求培育大批人才中介机构，聚集了多家全球知名人力资源中介服务机构，除了猎头公司，还有协会、工会及网上人才市场等机构参与人才服务工作，以满足不同主体的需求，形成完备的人才服务体系。

五是提供良好的"软环境"。建立多元化、多价值观的人文环境，以法律形式保证市民在教育、就业、自由流动和福利保障等方面享受平等权利，不允许有种族、性别歧视，保障各种人才相互尊重、合作共赢。

4. 欧洲联盟区域

欧洲联盟，由最初创始的 6 个成员国（德国、法国、意大利、荷兰、比利时和卢森堡）发展到现在拥有 27 个会员国的地区，是全球区域经济一体化的典型代表地区，其人力资源市场高度一体化、高度市场化。其主要特点体现在以下 6 方面。

一是形成极具包容的文化环境。欧盟委员会以“大欧洲”为指导思想，在设计政策时充分考虑成员国之间的文化差异，打造以“欧洲文化之都”评选活动为代表的创意文化产业，促进不同文化成员国之间的融合与认同。

二是人力资源结构与产业结构配比合理。整个欧盟人力资源结构中高级技术、中级技术和初级技术工作人员的占比合理，高级技术人员占比较大，与欧盟产业需求相适应，形成了较好的经济效应。

三是建立区域人力资源社会保障体制。在劳动报酬、劳动时间、工作环境、人员健康和安全等方面制定了详细的法律法规，社会保障服务项目涵盖范围非常广，并设立了相应的司法机构，促进欧盟成员国之间在社会保障制度方面实现区域一体化。

四是保障区域内人力资源合理流动。通过法律规定人员自由流动的权力，并实施各种计划促进成员国之间人口的流动，鼓励公民跨越国界学习和工作，增进相互了解。

五是重视人力资本投资。设立促进欧盟教育一体化的组织机构，建立欧洲大学体系，制定人力资本投资合作制度，引导资本市场向教育培训方面投资，以提升人力资本水平，并且已在区域职业培训领域取得成效。

六是提供丰富的人力资源服务。注重发挥劳动力市场在人力资源配置中的重要作用，既在培训、就业、失业等方面提供“一站式”综合性服务，也提供针对高端人才的“个性化服务”，为劳动力充分流动提供服务保障。

（二）国内人力资源市场协同发展经验

1. 长江三角洲地区

长江三角洲地区（简称“长三角”），以上海市、江苏省、浙江省、安徽省为主，共

41 个城市，城市群面积仅占全国总面积的 3.7%，拥有 2.25 亿人口，贡献了全国 1/4 左右的 GDP，是国际公认的第六大世界级城市群。其人力资源市场协同发展做法主要体现在以下 3 方面。

一是达成共同培养人才合作协议。共同举办长三角人才协同发展研讨会，签订区域产业人才协同发展和合作培养协议，为产业发展需求培养人才，并出台专业技术人才资格互认办法，在职业资格、职称和继续教育学时等方面实现互认，打破人才流动壁垒，不断完善人才流动和工作协作机制。

二是打造协同创新网络空间。以上海人力资源服务产业园创新园作为协同创新共享空间，组建长三角人力资源服务产业园协同创新网络，集人才服务经验交流、资源要素共享、运营信息发布、产业融合对接、企业创新推广、建设发展研究等六大功能于一体，为长三角园区及企业提供共享办公、专题研讨、远程对接、推介发布等交流活动场所，促进了区域内信息交流和共享。

三是不断完善人才保障机制。为符合条件的海外人才颁发外国人永久居留身份证，平等享受金融服务、子女教育、医疗保障、通关便利、购房政策等多方面权益。同时，区域内的 15 座城市签订了劳动人事争议调解仲裁工作合作共建协议，为公平、公正、高效开展人才保障工作开启新格局。

2. 京津冀地区

京津冀地区是中国的"首都经济圈"，包括北京市、天津市和河北省的石家庄、邯郸等 11 个地级市以及 2 个省直管市，位于东北亚中国地区环渤海心脏地带，是中国北方经济规模最大、最具活力的地区。其人力资源市场协同发展做法主要体现在以下 4 方面。

一是政府主导人才服务协同发展。京津冀三地人力资源社会保障部门共同签署《京津冀公共人才服务协同发展合作协议》，以重大任务和重点工程为抓手，形成协同发展规划，并制定人力资源服务标准，开展人力资源服务机构等级评定，共同构建公共人才服务体系，推进京津冀人力资源服务协同发展。

二是合力打造引智品牌揽储人才。每年以京津冀协同发展为主题，举办"通武廊""津洽会"等人才智力引进活动，搭建三地人才智力对接交流大平台，并建立联席会议机制和服务联盟协作机制，开展引智引才区域合作，积极招聘教育、科技、卫生、金融等行业领域人才。

三是积极开展人力资源交流和共享。京津冀三地每年组织高校、科技园区、企业和研究院等单位进行相互参观见学、交流先进经验，互派干部、人才双向挂职交流，建立京津冀高层次人才信息库，深入开展专题对接活动，共享人才资源，积极探索建立区域人才培养市场化调节机制，促进区域人力资源协同发展。

四是强化精准服务人才工作。建立人才服务协同发展机制，明确区域人才公共服务清单，融合三地人才服务标准和信息化建设标准，实现人才资质互认、异地就医直接结算、社会保险关系转移接续、劳动保障监察案件协查办理等服务工作，引才引智信息系统互联互通，有效降低用人单位招聘成本，提升引才效率。

3. 粤港澳大湾区

粤港澳大湾区由香港、澳门两个特别行政区和广东省广州、深圳、珠海等 9 个珠三角城市组成，以香港、澳门、广州、深圳四大中心城市作为区域发展的核心引擎。其人力资源市场协同发展做法主要体现在以下 3 方面。

一是将人力资源发展纳入规划纲要。在《粤港澳大湾区发展规划纲要》中明确提出打造教育和人才高地，建设粤港澳人才合作示范区，建立国家级人力资源服务产业园，不断完善外籍高层次人才认定标准、国际化人才培养模式和人才激励机制等制度政策，拓宽国际人才招揽渠道，充分激发区域内人力资源市场活力。

二是建立区域人力资源合作机制。粤港澳三地签署人才协同发展合作协议，成立大湾区人才发展联盟和高层次人才联盟，深化人才交流合作，鼓励区域内高校、科研机构和企业联合开展技术攻关及产业化合作，形成长期巩固的合作机制，推动粤港澳大湾区人力资源要素自由流动。

三是积极开展交流研讨。每年定期组织召开大湾区人才合作论坛，邀请粤港澳三地专家、各界人才代表、人力资源服务机构及企业代表等人士开展交流研讨，为大湾区在人才管理改革、金融开放创新、投资贸易便利化等方面推出制度创新举措提出可行性意见及建议，给企业和人才高质量发展提供了良好的制度环境。

四、促进成渝地区人力资源市场协同发展的思路及路径

（一）协同发展总体思路

以中央提出推动成渝地区双城经济圈建设战略部署及习近平总书记相关重要讲话精神为指导，深入贯彻落实习近平总书记关于新时代人才工作的新理念、新战

略、新举措，以全方位培养、引进、用好人才为成渝地区双城经济圈建设提供人才支撑为目标，以人力资源市场协同机制创新、资源共享、平台共建、管理规范为抓手，实现人力资源要素在成渝地区自由流动和优化配置，围绕成渝地区双城经济圈建设发展规划目标，加快构建成渝地区人力资源服务业协同发展体系，培育人力资本服务相关领域新增长点和新动能，统筹协调两地政府、产业园、市场主体充分发挥各自作用，为双城经济圈优势产业高水平发展提供高端专业人才，推动成渝地区双城经济圈经济社会高质量发展。

（二）协同发展原则

1. 创新驱动

解放思想，消除两地制度、行政壁垒，破解影响市场协同发展的各种矛盾问题，创新两地人力资源市场协同发展的体制机制，营造良好的市场氛围。

2. 统筹协调

发挥两地政府统筹协调、政策制度保障作用，以政府顶层设计为引领，激发市场优化配置资源作用，促进人力资源要素在成渝地区有序流动、合理配置。

3. 优势互补

在共同推进两地人力资源要素合理流动基础上，根据成渝地区双城经济圈建设战略定位及发展目标，发挥地区比较优势，优化区域产业布局，调整产业非均衡发展，实现人力资源需求错位发展。

4. 共建共享

促进两地人力资源要素市场信息服务平台、资源信息数据库的共同建设、共同维护、资源成果共享，促进两地人力资源要素合理流动和产业高效集聚，提升双城经济圈经济实力。

（三）协同发展路径

按照各自的主体职责任务分为成渝两地政府及相关部门、两地人力资源服务产业园区及人力资源市场主体 3 个层次推进成渝地区人力资源市场协同发展。在两地政府及相关部门协同机制的顶层设计和市场机制引导下，遵循经济社会发展对人力资源要素开发、流动、配置和使用的客观规律，破除成渝两地人力资源政策制度壁垒，完善人力资源市场协同机制，创造良好政策环境，提供顺畅的保障服务；以成渝地区国家级、省级人力资源服务产业园为载体，建设区域人力资源信息共享大数据；通过市场主体完善人力资源供求信息数据库信息，运用线上线下服务相结合的方式，搭建人力资源要素大市场；通过产业园区整合人力社保公共服务体系，搭建公共信息服务平台；通过互联互通的载体联动，形成区域人力资源市场支撑，建设协同开放高效的区域性人力资源市场，强化资源要素的优化配置，促进人才合理流动，既各取所需，又合作共赢，共同推进成渝地区双城经济圈实现经济社会高质量发展，如图1所示。

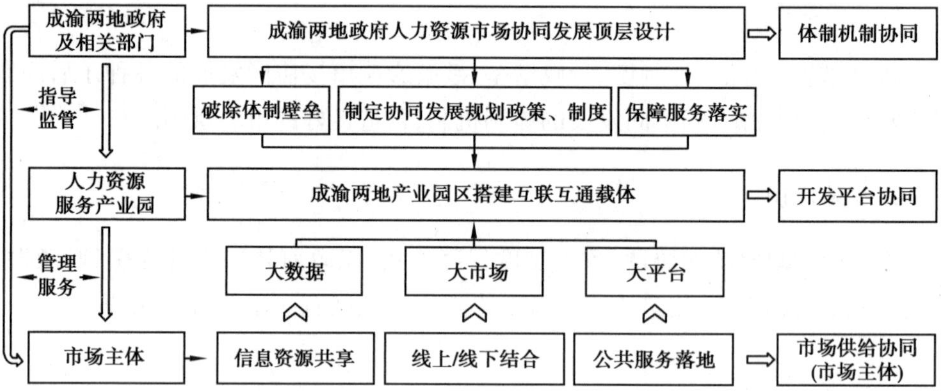

图1 成渝地区人力资源市场协同发展路径

1. 以两地政府为引导，做好协同发展顶层设计

以成渝地区双城经济圈建设为契机，两地政府及相关职能部门在两个不同行政区划区域要协同完善两地的体制机制建设，实现跨区域人力资源市场协同发展的底层支撑。以区域一体化理念为引领，破除行政壁垒。基于底层性关键性体制机制的高水平协同，政策的联动才更有效率，规划的衔接才更有精度。两地应按照成渝地区双城经济圈建设规划要求，加快从封闭型的行政区经济向开放型的行政区经济转型，破除行政区壁垒，形成互惠共赢、各有侧重、错位互补、密切相连的人力资源发展格局，推动双方逐步建立起利益最大化、活力多元化、竞争良性化的人力资源发展共同体。以权威性常态化协调机构为保障，协调解决问题。在管理体制上为协同发展提供支撑，由两地组织部门和人力资源部门牵头，发改、教育、财政

等多部门参与，健全完善权威性、常态化、多层次跨区域组织协调机构，打通合作协调、组织联络、信息通报、工作督查等机制卡点，定期协调解决区域性的重大问题和事项。以协同发展政策引导和规划衔接为支撑，强化顶层设计。在明确成渝地区人力资源市场发展总体目标、大势方向、重点领域基础之上，应加强顶层设计，强化规划引领，联合制定成渝人力资源市场一体化发展规划纲要，切实对接区域性现代化产业体系构建，共同研制各领域紧缺急需专业人才引进和培养政策，提高政策的针对性和共振性。以统筹推进各类社会保障服务为基础，降低流动成本。建立健全基本养老金领取资格互认机制，失业保险关系无障碍转移接续，推进企业职工基本养老保险实现无障碍转移接续，两地养老保险缴费年限相互认可，通过全面降低人力资源转移流动的制度性成本，提高成渝区域性人力市场一体化融合程度。

2. 以人力资源服务产业园为载体，点面结合协同发展

国家级与省级人力资源服务产业园是人力资源服务产品输出高地，也是推动成渝两地人力资源市场协同发展的前沿阵地，阵地协同攻坚战打得好，示范带动效应就强，面上联动推进就会更顺利。

一是重点发挥好国家级产业园协同示范作用，在成渝两地政府的顶层设计指导下，依托两地国家级人力资源服务产业园，结合园区建设的功能定位，更深层次、更大力度、更宽广度推进中国・重庆人力资源服务产业园与中国・成都人力资源服务产业园协同发展，在统一大市场构建、线上线下大平台搭建、多维大数据汇集、产业大基地建设、多点大园区拓展等方面共同探索，在高附加值人力资源服务外包、海内外高级人才寻访、高端产业人才汇聚服务等方面分工协作。

二是纵深推进毗邻地区省（直辖市）级产业园深化协作层次，把人力资源市场协同发展作为万达开川渝统筹发展示范区、川南渝西重点毗邻地区的重头戏，把人力资源市场协同发展作为促进区人口有序流动和人才资源高效配置的助推器，按照省市有统筹、毗邻地区有特色的思路纵深推进协作层次深化、协作领域拓展。

三是通过成渝地区人力资源服务产业园联盟带动面上协同联动，依托成渝两市国家级、省级人力资源产业园平台，通过成渝地区双城经济圈人力资源服务产业园联盟，以园区点上项目合作促进区域面上信息互通、资源共享、优势互补，加速形成人力资源集群网络，引领、带动区域人力资源市场健康有序的协同发展，点面结合形成协同发展新格局。

3. 以人力资源市场为主体，将协同发展落实到位

政府的顶层设计、人力资源服务产业园的平台搭建，明确了人力资源市场协同

发展的主体任务。结合公共服务市场与社会服务市场两个体系的内在性与差异性协同共同推动成渝地区人力资源协同发展，公益性服务市场承担着提供特定公共服务的职责，更应起到先导作用，在两地人力资源市场协同发展中发挥好弥补市场失灵、托底支撑的作用。

一是信息资源共享。公共服务市场要在信息共享方面率先突破，把掌握的公共就业信息无条件优先共享，既要推动两地政府部门间共享，又要拓宽向两地市场主体公开共享，主动把线下共享渠道转移到更加便捷透明的线上平台，提高信息共享的及时性、有效性、多元性。公共服务市场要在资源共享方面走在前列，公共服务市场集聚了人力资源培训、人力资源测评、人事档案查询、专家库、信息库等平台性资源，要大力推进公共性资源共享，提高公共资源的利用水平，让更多的主体参与公共人力资源的开发挖掘利用，推动公共资源向公共资产转变，防止资源无效沉淀。公共服务市场要与社会服务市场在专业服务上错位发展，公共服务市场协同发展应更多提供普惠性、民生性、公益性的托底服务，适当拓展群众涉及面广、收费低的增值费，社会服务市场协同发展要提高专业性、个性化、差异化服务水平，全面提高产品服务附加值。

二是线上线下服务相结合。在大数据、互联网、平台经济共同构成的新技术背景、新服务业态、新消费模式下，人力资源线上服务平台是推动成渝地区人力资源市场协同发展的新生动力，成渝两地线上服务协同性越好，对线下协同服务的倒逼效应就越强，区域人力资源市场整体协同发展水平就越高。运用好线上公共信息服务网络平台，建立健全人力资源相关信息发布和交换机制，逐步实现整个区域内人力资源信息联网，通过连贯的、畅通的、快捷的人力资源信息平台，全方位提供人力资源招聘、咨询、规划、培训、测评等市场服务，形成一体化市场交流平台。全面推广线上人力资源服务协同便民服务，线上能协同便捷办理的就适当减少线下办理的事务，线上数据跑路能解决的问题就不要让群众线下跑腿解决，新增事务能在线上办理的就要优先在线上协同办理，成渝一地能在线上办理的就要促成两地共同在线上办理。线上平台要与线下平台提高协同发展水平，定期举办的人才项目合作洽谈会，召开的大型人力资源活动，动态举办的招聘会、见面会、座谈会、博览会等，两地要线上线下协同举办，针对高层次、高学历、高触网群体举办的人才发展论坛、干部交流培训、博士后沙龙、创新创业大赛等，要以线上为主、线下为辅，着力打造一批招揽海内外人力资源的线上品牌活动。

4. 以产业创新人才为示范,引领带动各领域协同发展

产业创新领域人力资源服务是成渝地区人力资源市场协同发展最具活力、最有潜力、最为迫切的领域,也将是两地深化人力资源服务协作最有作为空间的领域,要以市场需求为根本导向,做好产业创新领域人力资源协同服务,进而带动教育、医疗、文体等公共服务领域人力资源协同发展。

一是围绕打造产业链协同建立产业人才供求数据库。为装备制造、交通物流、金融、网络安全、生物医药、现代服务业等重点产业链上下游企业招聘引才提供方便,满足用人单位和求职者双方的需求,有效降低区域性产业与人才匹配的成本。根据两地重点产业发展的各自侧重,围绕产业链卡脖子技术引进高精尖"塔尖"人才和能工巧匠"塔基"人才,避免同业同质竞争,形成优势互补,进一步解决好产业链人才缺口,实现产业链与人才链动态高效匹配。

二是围绕做强创新链协同提升引进科研人才的竞争力。根据成渝地区重点产业发展方向,聚焦互联网、大数据、云计算、人工智能等前沿创新领域,利用好共建重庆、成都西部科学城的协同创新红利和多种政策红利,强化协同协作,共同提高对高精尖科研人才的服务水平,发挥好"1+1>2"的协同效应,提高成渝地区双城经济圈创新人才集聚度和吸引力。

三是围绕创造高品质生活协同提高公共服务专技人才配置水平。成渝地区作为全国重要的教育、医疗、文化服务高地,各领域专业人才资源相对比较集聚,通过构建新流动渠道、开辟新服务平台,加快促进区域内专技人才和特色服务有序、合理流动。

5. 以规范协同管理为根本,提升市场协同发展水平

共同推动人力资源服务中介机构规范发展是成渝地区人力资源市场协同发展的重要内容,中介机构集聚越多元、活力越强劲、发展越规范,对推动区域人力资源市场协同发展的作用就越显著,越有利于打造专业化、职业化的服务人才队伍。在市场准入环节,两地应逐步制定统一规范的人力资源市场管理标准和法规体系,严格审批经营性人力资源机构准入资格,共同提升人力资源市场的管理效率和服务意识,同步加强人力资源经营性服务机构管理能力。在市场监管环节,成渝两地对中介机构监管评价导向要趋于一致,指标体系要有效对接,加强中介机构行业自律,诚实守信,共同推动市场服务中介机构持续提高各自领域的专业服务水平和规范治理水平,让人力资源市场始终充满活力和竞争力。在市场创新培育环节,共同

探索新型人力资源市场建设路径，推进区域性人力资源市场信息化、可持续、创新性、跨越式发展，有效激发经营性人力资源机构主观能动性。在人才培养环节，两地通过协同建设人力资源服务人才集聚高地，共同致力于打造专业化、职业化、高水平的人力资源服务人才队伍，逐步提升中介机构工作人员任职职业资质水平，稳步提高从业人员进入人力资源市场服务门槛，进一步提升从业人员素质和服务能力。

五、成渝地区人力资源市场协同发展的对策建议

成渝地区深入贯彻习近平总书记关于成渝地区双城经济圈建设重要讲话精神，围绕“两中心”“两地”目标，在川（成）渝政府人才协同发展战略合作政府顶层设计的指引下，破除两地行政制度壁垒，创新人力资源市场协同发展体制机制，坚持统一谋划、一体部署、相互协作，构建优势互补、共建共享的一体化发展格局，实施更加积极、更加开放、更加有效的人力资源政策，推动成渝地区人力资源市场协同发展，促进各类人才在成渝地区合理流动和高效集聚，聚天下英才而用之，为成渝地区双城经济圈建设提供人才智力支撑，形成成渝地区整体人才竞争力，实现成渝地区人力资源要素的优化配置，推动区域经济社会高质量发展。

（一）构建成渝地区统一的人力资源服务体系

一是分工协作搞好顶层设计。深化供给侧结构性改革，扶持人力资源服务业加快发展，制定两地人力资源服务业发展规划，在人力资源市场服务领域培育人才服务新业态和新的增长点，形成人才发展新动能。明确成渝两地人力资源市场主管部门分工协作职责，厘清职能履职界限，加强项目、相关政策对接，共同列出并协同推进重点任务、重大项目清单。

二是形成成渝地区人力资源服务产业园联盟双方互派干部机制。加强干部人才交流合作，起到沟通纽带作用，保证成渝两地人力资源市场规范运行。

三是制定人力资源服务产业管理规则。通过改革创新，打破现有不适宜的制度制约，从搭建平台、培育市场到保障服务，构建起一个多元化协同发展的市场服务体系，形成一站式服务的专业化服务团队，解决供求双方人才供需矛盾。

四是充分发挥人力资源市场的市场特性。加强成渝两地区域内人力资源市场之间的合作与交流，互通有无，与时俱进，增强市场的灵活性，顺应经济社会的发展方向，促进人力资源的合理有序流动，统一、创新服务的手段、模式、理念，打造功

能齐全、灵活多样的新市场,不断拓展人力资源市场的服务内容和手段,建立与服务对象的良性互动机制。

五是规范人力资源服务行业标准和政策统一。应进一步规范成渝两地人力资源服务资质许可门槛、服务内容、服务产品价格等,统一服务标准、服务价格与服务内容对应匹配,形成两地人力资源市场统一的基准价、浮动价以及质保价,使两地人力资源市场规范有序开展服务。

六是激发创新性服务产品研发。新冠肺炎疫情的影响、政策环境变化、科学技术的进步以及新生代就业理念的变化等,激励行业内对人力资源服务业的发展趋势、理论创新等方面的研究,为行业高质量发展提供理论支持和思想来源,促进人力资源服务业创新发展。

(二)推进成渝地区人力资源市场一体化发展

一是建立成渝地区供求信息数据库。以两地人力资源服务产业园区为平台,根据两地产业发展人才需求,搭建人才供求信息数据库,供用人单位、就业人员发布供求信息,将用人单位人才需求、大学及技能人才毕业生就业需求,以及社会人才供给等动态信息汇集,建立两地人才供求信息数据库,充分发挥人力资源市场服务中介机构优势,为企业和个人牵线搭桥。

二是建立全过程、专业化、一站式人才公共服务体系。完善人才服务保障政策,强化对国内外高层次人才及其家人的落户、医疗和子女上学、配偶工作、住房保障、出入境签证办理等方面的保障。搭建人才服务平台,实现人才服务、项目申报、科技中介、知识产权、信息咨询等网上“一站式”办理。

三是引进管理人才,充实力量,提升服务质量。引进国内外有影响力的专业人力资源公司参与人力资源服务产业园区管理运营,提供人力资源管理高水平服务;通过优质人力资源服务机构,开展高层次人才寻访、人才水平评估、管理咨询等人力资源服务,为成渝地区创新发展提供智力支撑和人才保障。

四是开展多方式多渠道引才。鼓励社团组织发挥人才集聚作用,组织引才交流活动和院校毕业生招聘活动、创新创业大赛、研讨会、论坛等人才交流活动,丰富人力资源市场资源,吸引国内外人才集聚。

五是打破制度制约,服务柔性引进人才。针对柔性引进的高层次人才专门制定成渝地区灵活的柔性人才流动制度,不受地域、户籍、身份、人事关系等制约,以科研交流、技术投入等方式柔性引进人才,提供生活、工作方便。

（三）激发人力资源市场主体活力，促进行业发展

一是简化办事程序，优化审批流程。整合行政审批服务职能，简化人力资源服务中介机构行政审批工作和服务事项流程，减少证明材料，注重服务等，压缩、优化流程，缩短办理时限，取消证明材料，放宽准入门槛，确保服务、审批过程公正透明，构建规范的、平等的、公开的人力资源服务机构准入条件，使人力资源服务机构得到发展。

二是强化人力资源市场服务工作，探索创新优惠政策。形成覆盖面广、功能齐全、布局合理、方便可行的人才工作服务网络，让人力资源服务机构少跑路，让数据跑起来、用起来，营造良好的工作环境；探索激发人力资源市场主体的各项优惠政策，除吸引人力资源服务机构入驻产业园，实施租金优惠减免、贷款贴息优惠、政府优先组织购买服务等一些优惠政策外，在产业园尝试进行综合试点改革，采取政府购买服务、引才奖励、猎聘补助、品牌奖励、展位补助、培训资助、高管年薪资助、知名机构引荐奖励、小微企业扶助等政策举措，支持人力资源企业做大做强。

三是制定统一的人力资源服务标准，引导服务机构高水平发展。根据人力资源服务需求制定统一服务标准，引导人力资源服务业走向品牌化，重点培育打造一批具有实力和竞争力的本土品牌，加大政策倾斜扶持，给予品牌化的人力资源中介服务机构政策优惠和重点支持，支持人才项目储备，鼓励开展对外交流与合作，推动人力资源服务整个行业水平提升。

四是建立与国际接轨的营商规则，吸引国际化人才。加快接轨国际规则、国际惯例，引入国际通用的行业规范和管理标准，推动成渝地区形成竞争、高效、规范的市场秩序，营造国际化人才发展环境。

五是构建公平正义的法治环境。建立完善诚信、知识产权保护、行政执法改革和行政许可等制度，畅通市场准入，促进公平竞争，提高公共服务水平，激发市场活力，营造公平的人才创业氛围。

（四）正确处理两地人才市场协同与竞争的关系

一是加强川渝（成渝）人力资源政府及部门的深入沟通交流。在成渝地区统一的人力资源服务体系架构下，充分利用“成渝地区双城经济圈人力资源服务产业园联盟”这一平台，促进两地人力资源服务的合作交流、信息共享、互通有无，联合举办各类人力资源中高端服务的相关活动，共同吸引人才。

二是破除地方保护主义思想。成渝两地政府及相关部门要解放思想，理顺政府与市场的关系，引导人力资源服务产业园主体，统一协同发展思想，消除地方保护主义，只有两地共同把人力资源服务市场“蛋糕”做大了，才能分享更多的利益，才能为成渝地区产业发展提供新动能。

三是引导两地人力资源市场服务形成良性竞争。在两地协同发展的基础上，也不可避免会存在竞争，有良性竞争事业才能“你追我赶”，才能促进区域人力资源服务业的长足发展和行业进步。

四是通过两地高校联合培养人才。建立成渝地区区域人才培养培训体系，建立教育合作培养机制，发挥四川大学、电子科技大学、重庆大学、西南大学专业学科优势，互相增投招生指标，联合培养人才特别是产业发展急需的紧缺人才，加强优势学科与优势产业的深度融合。

（五）加强成渝两地人力资源市场监管力度

一是建立市场协同监管机制。成渝双方政府主管人力资源市场的职能部门明确监管职能，在组织、人力社保部门的牵头下，探索建立专门的监督执法队伍，建立一体化人力资源市场监管体系，修订、完善统一的人力资源市场相关法规、管理条例，建立统一的行业监管标准，严格规范收费方式和收费标准等。

二是建立人力资源市场准入规则和事中事后过程监管。成渝两地设立统一规范的人力资源市场中介机构资格准入标准，规范市场准入，平等公正地参与市场竞争，对资格准入进行监管是前置性的，对市场参与者进行监管、筛选；建立健全中介机构经营过程中服务事项的事中事后监管制度措施，设置监管服务热线、人才服务评分制，监督中介服务机构提供优质服务，有效维护人力资源市场秩序，提高人力资源配置效率。

三是加强对人力资源市场机构及人员队伍的监管。在中介从业人员进入时要严格进行监管，遵守持证上岗原则，对职业资格进行培训、认证，更新从业人员的专业知识和提升其能力；按照需求组织学习考察和定期培训等，加强职业道德教育，提升自身素质，培养具备一定规模、素质的从业人员与管理人才队伍，对人力资源市场管理人员、中介机构及工作人员采取针对服务质量、信息保密、数据安全、信用评价、政府扶持资金合规使用等的监管措施，提高风险防范能力，规范工作行为和提高服务质量。

（六）加强成渝两地人力资源服务资金保障

一是加大人力资源服务业资金投入力度。相关政府部门每年安排专项资金支持人力资源市场服务业发展，建立人力资源服务业产业投资基金助推成渝地区高端人才服务发展，争取国家人才服务项目、就业补助资金支持；设立高层次人才引进项目，申报国家级产业科研实验室、产业基地等平台，由人力资源市场运用市场主体优势引进和挖掘人才，给予机构和人才资金补助，助推成渝地区双城经济圈改革创新，构建多元化的市场服务体系；鼓励天使基金、风险投资基金等社会资本投资人力资源服务业发展。

二是出台政策鼓励支持人才服务项目建设，为搭建线上平台、数据库等平台建设提供资金保障。优化财政和税收支持政策，积极增加财政支持，设立两地人力资源市场平台建设的专项发展资金，对人力资源服务机构设定评分指标，达到优秀水平的机构给予税收减免优惠支持，消除重复缴税问题，制定与税收挂钩的奖励制度，享受企业相关优惠政策；给予投融资政策支持，通过贷款担保、贴息等方式，加强金融服务对平台建设的支持，通过资本运作满足人力资源服务机构的资金、技术、管理等需求；以项目投资的方式给予支持，定期推出线上平台、数据库等服务项目，鼓励相关机构申报或联合开发，按时按期审批，给予财政资助，推动重点平台建设。

三是根据责任主体职责提供资金保障。为线下研讨会、论坛、招聘会、见面会、人才项目竞赛等活动提供经费保障，两地政府共同落实促进人力资源市场发展的各自主体责任，结合区域经济社会发展实际情况以及中长期规划，按主体责任加大资金支持力度，企业也要按各自的主体职责分类出资，确保人才招聘会、人才峰会、论坛、研讨会等相关线下活动的开展。

课题研究单位：重庆市综合经济研究院
课题组负责人：熊　艳
课题主研人员：易小光　吴云和　幸雅妮　王力为　赵　伦　刘　培
李秋姝

推动重庆市人力资源服务业跨越式发展研究

摘　要:重庆市委、市政府一直以来高度重视人力资源服务业发展,提出了在“十四五”期末全市人力资源服务业实现“千亿扩容”的目标。本文分析了人力资源服务业对经济社会发展的作用,描述了重庆人力资源服务业发展现状,从创新发展机制、强化队伍建设、拓展业务范围、创新商业模式、助力企业成长、集群发展、优化发展环境、提升产出效能等方面提出了重庆实现人力资源服务业“千亿扩容”的路径,从加强组织领导、强化战略与政策的引导、强化资金支持、创新监管、夯实发展基础等方面提出了支撑保障措施。

关键词:人力资源服务业　跨越发展　路径

人力资源服务业是现代服务业和生产性服务业的重要门类和新兴产业,是实施创新驱动发展战略和人才强国战略的重要抓手。重庆市委、市政府一直以来高度重视人力资源服务业发展,提出了在“十四五”期末全市人力资源服务业实现“千亿扩容”的目标。本研究对重庆市实现人力资源服务业“千亿扩容”的路径进行研究,以期助力“十四五”时期目标的完成。

一、人力资源服务业的产出效能

人力资源是第一资源,人力资源服务业是以第一资源为服务对象的服务业,发展人力资源服务业将会带动其他现代服务业的全面发展与升级,人力资源服务业在就业创业促进、人力资源配置优化、人才队伍建设、用工成本降低、产业结构优化等方面发挥着重要作用。

（一）促进就业创业

1. 促进就业创业的形式

一是提供求职招聘服务。这是人力资源服务业最重要的价值和功能，主要服务内容方式包括建设线上线下交流平台、开展线上线下职位对接、发布有效职位、送达求职信息、优化招聘流程、中高层次人才寻访、候选人推荐、再就业服务等。通过这些方式，增加劳动者接触岗位、职位的机会，提高求职效率，降低求职成本，减少求职者失业、待业时间。

二是优化人力资源配置。优化人力资源配置是用人单位人力资源管理部门重要的任务。伴随消费者需求变化、市场演化、企业战略调整、产品与服务升级、产量产能波动、突发事件影响等，企业人力资源配置都需要随之调整，用人需求也会发生变化。人力资源服务业可以从招聘、派遣、培训、测评、外包等方面帮助企业及时做好人力资源优化，降低用工成本和防范用人风险。

三是服务人力资源流动。在人力资源流动就业中，需要大量的服务，如劳务输出、大中专毕业生就业、人事代理、社保服务、企业跨地区劳务派遣、人才安置等，人力资源服务业在服务人力资源流动方面具有较大优势。

四是助力劳动者职业发展。劳动者职业能力提升包括学校教育、职前辅导、职业技能培训、在岗提升、转岗培训等环节，而人力资源服务机构在各个环节都能提供服务，促进和帮助劳动者提高职业能力和水平，提升就业竞争力。

五是提供创业指导。人力资源服务机构具有较强的人才管理和创业管理能力，可以开展多种形式的创业服务，如担任有关组织创业导师、顾问，讲授一些创业辅导课程，助力创业者创业能力提升，提高创业管理能力，增大创业成功率。

六是开展咨询测评评估。咨询、测评和评估是人力资源服务中具有较高的知识含量和附加值的业务类型，在人岗配置、人才评价、职业发展、职业生涯规划、心理咨询等方面发挥重要作用。

2. 人力资源服务业就业贡献率的测算

人力资源服务业帮助实现就业和流动人数增长，主要是城镇就业和流动，在流动人数中有一部分是为就业而流动，包括流动后已就业和未就业者，另一部分是其他原因流动。第七次全国人口普查数据显示，2020 年我国流动人口为 3.76 亿，流向城镇人口为3.31亿,从乡村流向城镇2.49亿人,乡村流向城镇人口占全国流动人口的比例为66.22%。假设人力资源服务业帮助实现就业和流动人数中,实现就业人口占50%,流动人数占50%。假设乡村流向城镇人口就业率为50%,其余流动人口就业率为20%。中国社会科学院发布的《人力资源蓝皮书:中国人力资源发展报告(2013)》指出,中国员工平均流动率为15.9%,按照15.9%的流动率计算,将人次转化为人数,即帮助就业人数=帮助就业人次/(1+15.9%)。

将人力资源服务业帮助实现就业和流动人数进行拆分,各占50%。依据中国员工平均流动率为15.9%,将人力资源服务业帮助实现就业的人次转化为人数。按照乡村流向城镇人口占全国流动人口的比例为66.22%,对人力资源服务业帮助实现流动人次首先转化为人数,再进行拆分,其余流动方向为33.78%。由于乡村流向城镇人口就业可能性大,假设为50%,其余流动方向就业可能性小,假设为20%。人力资源服务业帮助实现就业的总人数为三者加总。再用人力资源服务业帮助实现就业的总人数与当年我国就业人数比较,得到当年人力资源服务业对就业的贡献率。

经过计算,发现人力资源服务业对就业的贡献率在2015—2020年处于增长趋势,从0.094增加到0.233,反映了人力资源服务业对就业的贡献很大,同时还有进一步增大的趋势。

由于测算就业贡献率时在多个环节做了假设,致使测算结果可靠性降低,但不影响趋势性分析,仅仅提供了定量分析人力资源服务业促进就业作用的一种思路,见表1和表2。

表1　我国就业人口与人力资源服务业帮助实现就业和流动人数

年份	我国城镇就业人数（亿人）	我国就业人数（亿人）	人力资源服务业帮助实现就业和流动人数（亿人次）
2014	3.9310	7.7253	1.20
2015	4.0410	7.7451	1.50
2016	4.1428	7.7603	1.77
2017	4.2462	7.7640	2.03
2018	4.3419	7.7586	2.28
2019	4.4247	7.7471	2.55
2020	4.6271	7.5064	2.90

表2　人力资源服务业就业贡献率

年份	帮助实现就业和流动人次	帮助实现就业人次	帮助实现就业人数	帮助实现流动人次	乡村流向城镇就业人数	其余流动方向就业人数	帮助实现就业总人数	就业贡献率
2014	1.20	0.60	0.52	0.60	0.17	0.03	0.73	0.09
2015	1.50	0.75	0.65	0.75	0.22	0.04	0.91	0.12
2016	1.77	0.89	0.76	0.89	0.26	0.05	1.07	0.14
2017	2.03	1.02	0.88	1.02	0.29	0.06	1.23	0.16
2018	2.28	1.14	0.98	1.14	0.33	0.07	1.38	0.18
2019	2.55	1.28	1.10	1.28	0.37	0.07	1.54	0.20
2020	2.90	1.45	1.25	1.45	0.42	0.08	1.75	0.23

（二）助推人才队伍建设

由于经济社会高质量发展的要求，不断加码对“高精尖缺”人才的需求，但在实际招聘工作中，人才需求与人才供给往往存在信息不对称，匹配性较差，引才效果常常不如预期。发挥人力资源服务企业的优势和作用，开展对“高精尖缺”人才的引进和培养就显得格外重要。人力资源服务业作为人才引进、培育的重要机构，在人才就业创业、人才成长、人才发展、人才引进等领域发挥了重要作用。人力资源服务机构可以协助政府部门、用人单位举办各类人才对接洽谈会和人才聘用活动，促进用人单位和人才的高效匹配。充分利用人力资源服务机构现有高端人才库，精准锁定目标人才并集中邀约、现场面试，高效促成人才与用人单位签约。高端人才队伍建设还可以充分利用人力资源服务业中的猎头公司的数据库，发挥专业性、职业性的优势，提高人才队伍建设的有效性。

人力资源服务业在提升企业员工能力和素质方面发挥了不可替代的作用。在人力资源服务行业所提供的各项服务中，人才培训是其中最为重要的一项服务。人力资源服务行业开展的人才培训具有针对性和实用性的特征，可以有效提高员工专业水平和自身素质，帮助员工重塑工作理念，建立良好的团队精神，而且也可以提升员工沟通技巧，发掘员工潜力，改善产品质量和服务质量，并最终实现员工和客户的双重满意，从而进一步增加企业的运营效率并为企业创造更多的效益。

（三）减少企业用工成本，降低用工风险

人力资源服务业通过向企业提供服务，减少企业用工成本，降低用工风险。

一是解决企业季节性用工需求。企业通过劳务派遣，可以解决季节性用工需求。如制造业、服务业在节假日因为业务需求增加，通过劳务派遣，可以解决节假日用工量增加的问题。

二是降低企业招聘费用。企业自己去招聘的话，会产生一些招聘费用，比如网络招聘平台的招聘费用、现场招聘平台的招聘费用、招聘活动所产生的资料费用、招聘岗位所产生的工资费用等。如果企业与第三方人力资源服务机构合作，既可以节省网络招聘平台或现场招聘平台的招聘费用，也可以节省招聘活动所产生的资料费用，对于企业来说就降低了招聘成本。

三是不用储备人员。为了应对可能存在的用工荒和岗位空缺的情况，企业都会进行人员储备。但如果企业与劳务派遣公司合作，则不需要进行人员储备，第三方人力资源服务机构就能满足企业的用工需求。

四是减少管理成本。企业雇用员工自然会产生时间管理成本，如招聘、考核、培训、签劳动合同、异动管理等。如果企业与第三方人力资源服务机构合作，则减少了企业大部分时间管理成本，让企业能够专注于自身的内部管理和外部市场开发。

五是减少人员筛选环节。用人单位在招聘过程中一般都需要进行人员筛选，试用、录用、解雇、重新招聘是正常的程序，但这需要占用用人单位部分资源。而用人单位与人力资源服务机构合作，则将人员筛选工作转移给了第三方人力资源服务机构，减少了筛选环节，节约了时间成本。

六是降低劳资风险。在劳务派遣过程中，多数是劳动者与人力资源服务机构签订劳务合同，发生劳动关系，而不直接与派遣单位发生劳动关系，因此可以转移部分劳资风险，将劳资风险转移给更有风险管理经验的人力资源服务机构。

（四）优化产业结构

用人单位人力资源服务项目的外部化、市场化与产业化是社会资源要素配置从用人单位内部逐渐过渡到外部市场以及专业化分工发展的必然产物。人力资源服务机构通过向用人单位提供人才中介、人才测评、人才培训、人才派遣、信息调查及人力资源管理咨询等服务活动，帮助用人单位更加有效地完成和处理了其非核

心业务和自身具有劣势的工作，使用人单位逐渐向更加专业化和技术化发展，专注于其核心竞争力的培养，尽情发挥其独特的优势。

（五）促进区域经济发展

人力资源是推动社会经济发展的第一资源，充分有效地发挥人力资源的巨大潜力，有利于经济社会持续发展。在我国人口红利由数量向质量转变、产业结构升级演化的过程中，人力资源服务行业将会发挥不可替代的作用。人力资源服务行业能够充分满足企业对成本管控、人才优化配置、招聘等需求，为企业发展提供了人才支撑，促进企业高速发展，间接促进区域经济的发展。人力资源服务业本身为服务型产业，可以创造大量的就业岗位，解决了就业问题，带动相关产业链的联动发展，直接促进区域经济的发展。

重庆经济正从“重庆制造”转向“重庆智造”，从物质型消费转向服务型消费，这对人力资源服务业发展提供了契机。政府部门致力于营造竞争有序的市场环境、激发市场活力，让人力资源服务企业有了广阔的市场发展前景，重庆人力资源服务业正式进入“千亿”市场规模时代。重庆人力资源服务业蓬勃发展，营业总收入保持高增长态势，新模式、新业态也不断涌现，服务产品日益丰富，服务能力进一步提升。

二、重庆人力资源服务业发展现状与趋势

（一）重庆人力资源服务业发展现状

2015—2020 年，重庆人力资源服务业营业收入处于增长趋势，尽管如此，但由于全国人力资源服务业营业收入也处于增长态势，因此无法单纯从增长率来评述重庆市人力资源服务业的发展状态。从重庆人力资源服务业营业收入（CQHI）占全国（CHI）的比重的变化趋势可以发现，重庆从 2015 年经历相对下降阶段，到 2018 年到达谷底，再经过快速相对增长阶段。

重庆人力资源服务业营业收入占全国的比重的变化趋势与重庆市 GDP 和第三产业产值占全国第三产业的比重的变化规律基本一致。重庆市 GDP 和第三产业产值占全国第三产业的比重也经历了相对降低阶段，从 2018 年开始处于快速增长阶段。这反映了人力资源服务业营业收入与一个地区的 GDP 或第三产业产值高度相关。

重庆人力资源服务业2020年营业收入与全国人力资源服务业营业收入的比重为2.35%，略低于重庆市GDP与全国的比重(2.46%)，与重庆市第三产业产值与全国第三产业产值比重接近(2.38%)，见表3和表4。这反映了人力资源服务业与GDP和第三产业产值的相关性有差异，如以GDP为衡量标准，则重庆人力资源服务业发展还有空间，与重庆市GDP的规模还不完全匹配，如以第三产业产值为衡量标准，则与其规模相匹配，如图1所示。

表3 重庆国民经济产值与全国产值的比重

年份	全国GDP（亿元）	全国第三产业产值（亿元）	重庆GDP（亿元）	重庆第三产业产值（亿元）	重庆GDP/全国(%)	重庆第三产业产值/全国(%)
2015	689052	346150	15872.23	7497.75	2.30	2.17
2016	743585	383365	17740.59	8538.43	2.39	2.23
2017	820754	425912	19500.21	9564.04	2.38	2.25
2018	919281	489701	20363.19	10656.13	2.22	2.18
2019	990865	534233	23605.77	12557.51	2.38	2.35
2020	1015986	553977	25002.79	13207.25	2.46	2.38

表4 重庆人力资源服务业营业收入占全国的比重

年份	全国人力资源服务业营业收入(亿元)	重庆人力资源服务业营业收入(亿元)	重庆与全国占比(%)
2015	9680	194.00	2.00
2016	11800	225.40	1.91
2017	14442	266.25	1.84
2018	17700	307.85	1.74
2019	19600	356.85	1.82
2020	20800	489.53	2.35

根据人力资源服务业营业收入占GDP的比重及其变化趋势分析，2015—2020年，全国人力资源服务业占比一直处于增长趋势，同时我国人力资源服务业发展快于GDP和第三产业的发展速度，反映了人力资源服务业发展并非一定会与经济发展同步，可以快于其发展速度，超前于经济发展，见表5。重庆人力资源服务业的发展也类似全国的发展趋势，只是在2015—2019年低于全国平均占比，在2020年

接近全国平均水平，反映了2015—2020年重庆人力资源服务业发展速度快于全国平均水平，只是起点较低，基础薄弱，但发展势头良好，如图2所示。

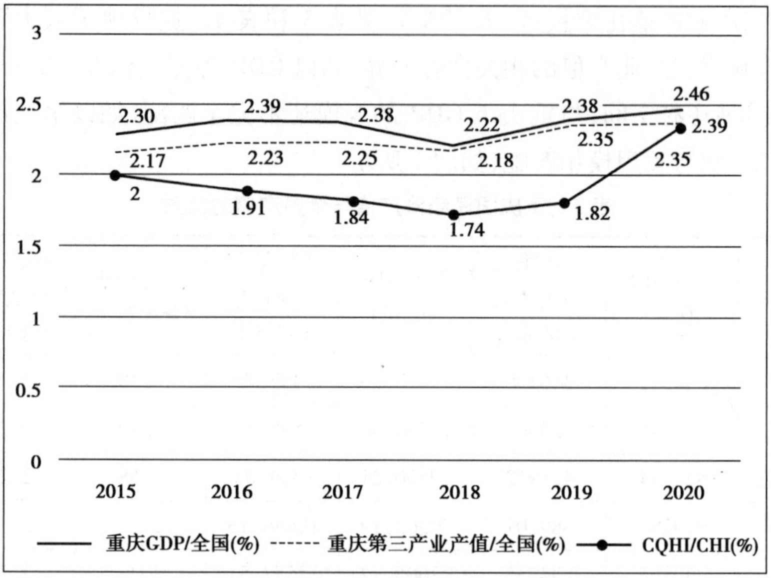

图1　重庆经济发展情况与全国比较

表5　人力资源服务业营业收入占GDP的比重(%)

年份	全国GDP占比	全国第三产业产值占比	重庆GDP占比	重庆第三产业产值占比
2015	1.40	2.80	1.22	2.59
2016	1.59	3.08	1.27	2.64
2017	1.76	3.39	1.37	2.78
2018	1.93	3.61	1.51	2.89
2019	1.98	3.67	1.51	2.84
2020	2.05	3.75	1.96	3.71

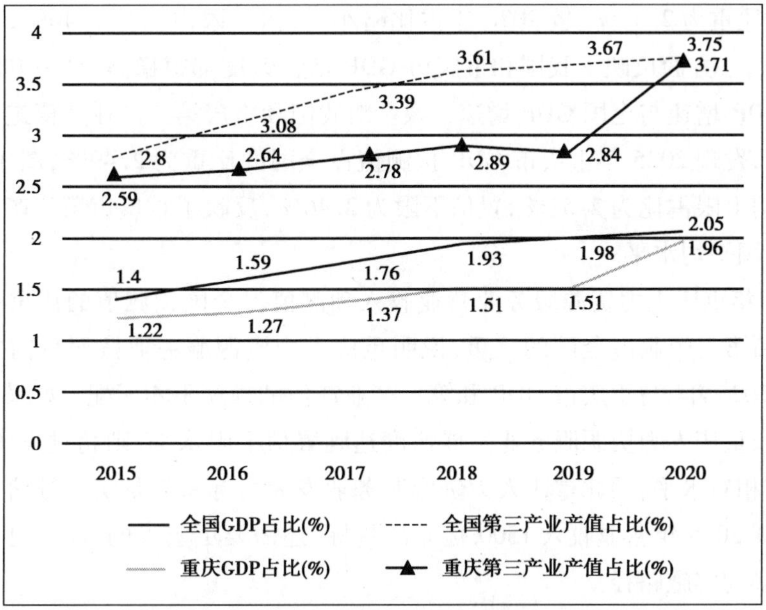

图 2　人力资源服务业与经济发展情况比较

（二）重庆人力资源服务业发展趋势

根据重庆市 2015—2020 年人力资源服务业营业收入数据，预测分析结果表明，到 2025 年重庆市人力资源服务业营业收入将达到 757.69 亿元，置信上限为 878.91 亿元，置信下限为 636.46 亿元，见表 6。因此要达到市人力社保局事业发展“十四五”规划中的目标值 1500 亿元，还有相当大的差距，需要在现有情况基础上，创新体制机制，实现跨越式发展。

预测分析全国 2025 年人力资源服务业营业收入将达到 33067.36 亿元，置信上限为 34116.53 亿元，置信下限为 32018.20 亿元，见表 7。可以看出全国人力资源服务业发展速度相对比较稳定，其预测值的置信上限和下限之间没有较大的空置区间，而重庆预测值的置信上限和下限之间存在较大的空置区间，反映了重庆人力资源服务发展速度相对还不是很稳定，波动较大，如图 3 所示。

2025 年重庆人力资源服务业营业收入预测值占全国预测值的 2.29%，略低于 2020 年重庆在全国的占比，以置信上限计算，占比为 2.58%，高于 2020 年，以置信下限计算，占比为 1.99%，低于 2020 年。如 2025 年重庆人力资源服务业营业收入达到预期的 1500 亿元，则占比将远远高于 2020 年的占比，如图 4 所示。

对我国和重庆市 GDP 值进行分析得到预测值，发现 2025 年重庆 GDP 预测值占全国的比重为2.45%，较2020年占比略小，置信上限占比为2.46%，置信下限为2.44%，一方面反映了我国和重庆市GDP增长速度都很稳健，另一方面反映了重庆市GDP增速与全国GDP增速一致。对我国和重庆第三产业产值进行分析得到预测值，发现2025年重庆市GDP预测值占全国的比重为2.49%，高于2020年占比，置信上限占比为2.51%，置信下限为2.46%，反映了重庆市第三产业发展速度快于全国平均水平。

2025年重庆人力资源服务业营业收入预测值占全国预测值的比重低于重庆市GDP和第三产业占全国的比重，说明重庆人力资源服务业按照目前的发展速度，到了2025年，与重庆市GDP和第三产业产值的规模不相匹配。如采取跨越式发展战略，重庆人力资源服务业发展速度达到置信上限水平，则超过重庆2025年经济发展相对水平，因此重庆人力资源服务业发展目标首先是实现置信上限预测值，要实现2025年营业收入1500亿元的目标，还需要更宏大的战略、更强的政策力度、更多的实施路径。

表6　重庆人力资源服务业营业收入预测

年份	营业收入	趋势预测	置信下限	置信上限
2015	194.00			
2016	225.40			
2017	266.25			
2018	307.85			
2019	356.85			
2020	489.53	489.53	489.53	489.53
2021		528.73	461.65	595.82
2022		585.97	502.07	669.87
2023		643.21	545.31	741.11
2024		700.45	590.28	810.62
2025		757.69	636.46	878.91

表 7　全国人力资源服务业营业收入预测

年份	全国人力资源服务业营业收入（亿元）	趋势预测［全国人力资源服务业营业收入（亿元）］	置信下限［全国人力资源服务业营业收入（亿元）］	置信上限［全国人力资源服务业营业收入（亿元）］
2015	9680.00			
2016	11800.00			
2017	14442.00			
2018	17700.00			
2019	19600.00			
2020	20800.00	20800.00	20800.00	20800.00
2021		23712.17	22663.05	24761.28
2022		26050.97	25001.84	27100.09
2023		28389.77	27340.63	29438.90
2024		30728.57	29679.42	31777.71
2025		33067.36	32018.20	34116.53

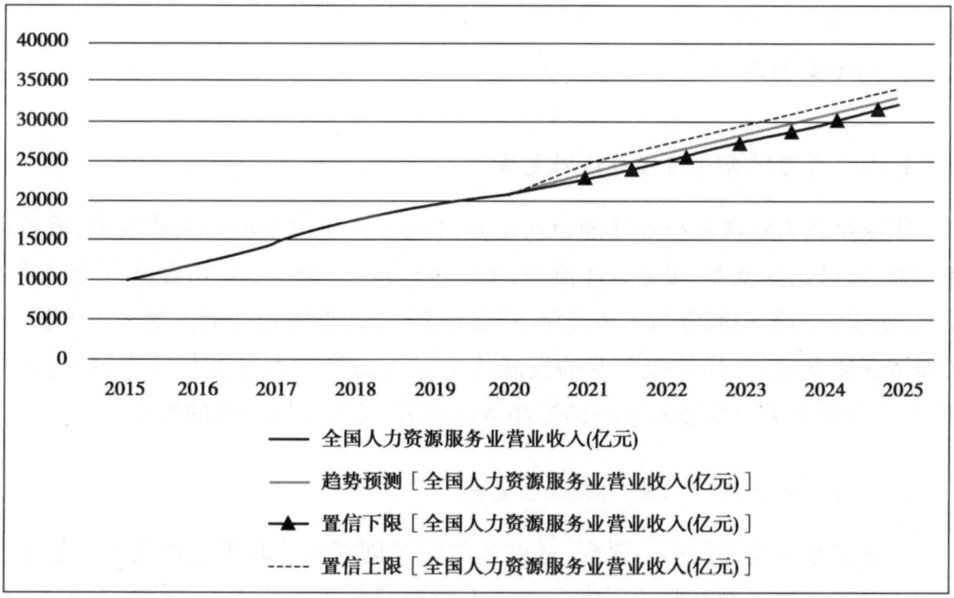

图 3　全国人力资源服务业营业收入发展趋势

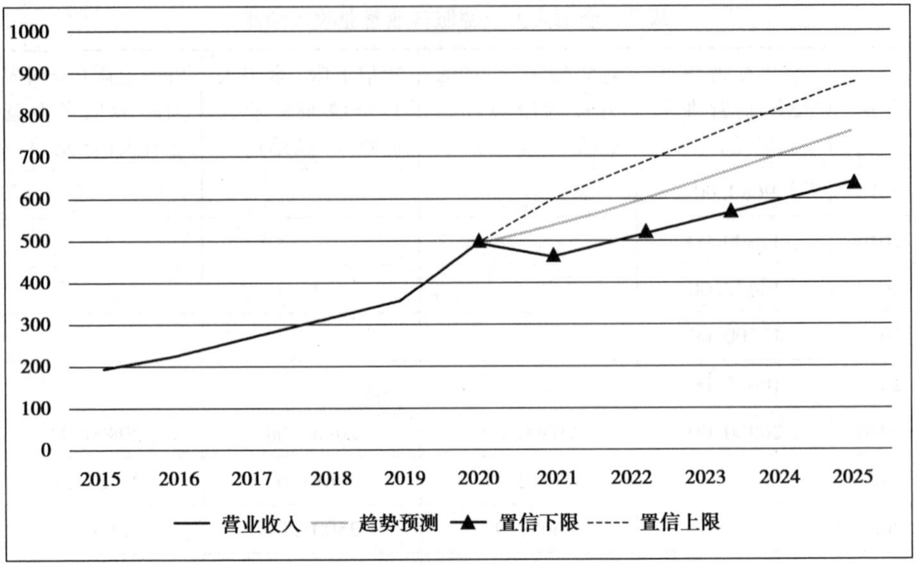

图4　重庆人力资源服务业营业收入发展趋势

三、重庆人力资源服务业跨越式发展路径

（一）发展理念

1. 人力资源服务业与经济协同发展

重庆市人力资源服务业伴随重庆市经济社会高质量发展而乘势发展，发挥服务功能，促进就业创业，服务人才流动，推动乡村振兴，助推重庆市经济社会高质量发展，实现人力资源服务与实体经济、科技创新、现代服务业协同发展。一方面，重庆经济高速发展，尤其是服务业的发展将促进人力资源服务业快速发展；另一方面，人力资源服务业快速发展将助推经济的发展，尤其是服务业的发展。

2. 人力资源服务业从业人才优先发展

人才是企业发展的第一要素，适度超前配置创新人才是重庆市人力资源服务业实现跨越式发展最重要的因素。实施人力资源服务业从业人才优先发展行动，适度超前配置创新人才，加大人力资源服务业高层次人才培养力度，实施重庆市人力资源服务企业领军人才计划，培养一批专业化、职业化的高层管理者，是重庆人力资源服务业跨越式发展的前提和基础。

3. 人力资源服务业创新发展

创新是企业发展的永恒动力，实施重庆市人力资源服务创新行动计划，不断创新政策、创新产品、创新服务、创新发展路径、创新人才队伍建设、创新平台建设，是重庆人力资源服务业跨越式发展的不竭动力。按照目前的发展态势难以达到预期目标，需要实施更加宏大的战略、更有强度的政策、更具实效的手段、更加畅通的路径，唯有创新方可实现重庆市人力资源服务业高质量发展。

（二）基本思路

1. 市场化

遵循人力资源服务企业发展基本规律和市场规律，发挥企业主体作用，注重发挥政府服务功能以及行业协会协调作用，立足公平，建设统一规范、竞争有序的人力资源市场体系。

2. 需求带动

以市场需求促进发展，着力挖掘需求、激发需求、创造需求，加大政府购买力度，鼓励企业利用人力资源服务，以强大需要带动人力资源服务业高质量发展。

3. 价值增值

发挥人力资源服务溢出效应，强化人力资源服务价值，提升人力资源服务价值增值，建立人力资源服务价值增值共享机制，促进人力资源服务供给侧和需求侧良性互动发展。

4. 品牌化路径

加强人力资源服务品牌化建设，组织开展诚信服务活动，选树诚信人力资源服务示范典型。通过品牌建设专项行动，提升品牌价值，提高品牌美誉度，增加重庆市人力资源服务企业服务价值。

(三)实现路径

1. 重视协调发展,创新发展机制

(1)构建人力资源服务与产业协同发展机制

构建人力资源服务与产业协同发展体系,抓住电子、汽车摩托车、装备制造、消费品、材料等产业转型升级契机,利用大数据和智能制造、数字经济等行业快速发展的新机遇,针对性开展人力资源优化配置服务,强化人力资源服务业与产业发展的相互联动,构建人力资源服务与产业协同发展机制。实施优质人力资源服务机构进区县、进园区、进企业“三进”专项行动,开展产品宣介、业务洽谈活动,充分发挥人力资源服务业服务产业、服务企业、服务就业作用,建立与产业发展的密切联系机制和跟踪机制。

发展是第一要务、人才是第一资源、创新是第一动力。当前,重庆市正全力打造高质量发展的重要增长极和新的动力源,为进一步提升人力资源与实体经济的匹配度、与科技创新的协调度和与现代金融的黏合度,加快构建开放型现代产业体系,厚植面向未来的战略竞争优势,有必要加快发展人力资源服务业,着力提升人力资源协同发展水平。

围绕构建重庆市“一手抓传统产业转型升级,一手抓战略性新兴产业发展壮大,以大数据智能化为引领,更加注重补短板和锻长板,加快推进产业基础高级化、产业链现代化,提高经济质量效益和核心竞争力”的战略部署,推动人力资源服务业与相关支柱产业、特色优势产业、战略性新兴产业双向渗透、融合发展,发挥对推动高质量发展的全人才链支撑作用。鼓励和引导人力资源服务机构实施产业融合发展项目,积极发展市场需求量大、产业关联度高的新业态、新产品、新技术,促进产能合作和供需对接。鼓励运用创新技术在金融、教育、医疗、信息技术等行业探索跨界服务模式。支持劳动密集型、知识密集型企业和互联网企业兼营人力资源服务业务。搭建产业融合发展平台,大力发展专业性、行业性人力资源市场。

(2)构建人力资源服务与科技协同发展机制

新技术催生招聘新模式,唯有拥抱新技术,才能不断创新招聘模式,构建人力资源服务与技术协同发展机制,建立新技术新模式敏感触发机制和快速响应机制。定期开展新技术在人力资源服务业的应用培训,常态化开展技术创新活动,开展人力资源服务业创新模式培训。比如新技术催生招聘新模式。随着互联网的发展,

网络招聘行业已形成综合招聘模式、社交招聘模式、垂直招聘模式、分类信息招聘模式和新兴招聘模式等招聘新模式。“Boss 直聘”将在线聊天功能引入招聘场景，以“移动+数据+直聘”的方式，通过人工智能对双方数据进行精准撮合，提升了求职效率，良好的体验获得求职者青睐。“Boss 直聘”在 2020 年 6 月秋招季以近 1800 万活跃人数位居榜首，超越前程无忧和智联招聘。社交短视频日趋火热，企业采用视频直播招聘人才频频获得奇效，传统招聘平台如钉钉、赶集等也纷纷引入短视频招聘，短视频招聘和视频面试成为传统招聘模式的有力补充。

战略定位“人力资源服务 1.0”转向“人力资源服务 2.0”。从关注一般人力资源转向聚焦吸引、集聚创新创业人才、青年人才、“四新”经济人才等，从关注人力资源开发内在需求转向聚焦人才创新创业全流程诉求，从关注人力资源服务自身需求转向人力资源服务与金融服务、科技服务、专业服务有效结合，从关注传统产业园区、城市产业综合体转向打造人才创新创业生态圈，通过创新人才发展政策，推动人才项目引进，优化人才发展环境，推动人力资源服务业发展，为建设具有全球影响力的科技创新中心提供坚实的人才支持和智力保证。

拓展服务对象，以人才链打通创新链、产业链、价值链，拓展人力资源服务的内涵，延长人力资源服务的产业链。围绕科技创新、产业发展聚焦各类人才，围绕人才成长发展过程，布局服务，激发各个创新主体的积极性，形成整体合力，打通从创新链、产业链、价值链之间的鸿沟。进一步拓展人力资源服务产业的服务对象，集聚创新创业创意人才、优秀企业家，聚焦风投、创投。要充分发挥投资者探索产业发展方向，评估和支持人才、项目、团队的作用，要发挥金融、会计、律师等专业服务人员的作用，让其围绕创新创业人才提供专业服务，提高创新创业效益。要面对新兴的、日益多样化的服务对象，依据其新兴的服务需求，提供定制化的服务。要进一步拓展人力资源服务产业的服务层次。一是 C 级人才，即处于职业发展后期的高级经营管理人员，主要包括高级经理、总监、首席执行官（CEO）等，要充分利用其丰富经验，推动提升企业经营管理和战略决策水平，引入先进管理理念，创新商业模式。二是 PM 人才，即处于职业发展中期具有经验的专业人才（Professionals）和经营管理人才（Managers），以此引入先进的知识、技术和理念，提升本地的实力和竞争优势。三是 Y 级人才，即处于职业早期拥有学位或专业资格的青年人才，有效吸引、欢迎和留住需要的青年人才，决定着城市的创新创业活力，也决定了创新中心及其对人才的吸引力。

推进人力资源服务业的产业化发展。一是提升人力资源服务产业综合实力和国际竞争力，集聚和培养人力资源服务机构，扩大人力资源服务产业规模，使人力资源服务产业成为新兴产业、支柱产业、基础产业，促进用人单位和人才的协调发展，充分发挥人力资源服务产业在整体经济发展中的独特作用。二是加强人力资源服务与相关产业的协调发展、融合发展，特别是要聚焦人才链、创新链、产业链，促进人力资源服务业与建设科技创新中心密切相关的智能制造、科技、金融、信息、研发、知识产权、法律、会计等产业领域的融合，形成更优的服务产业结构。三是加快人力资源服务产业内部的结构优化，根据用人单位、人才个体以及创新创业发展过程的各种需求，丰富和延伸流动配置、素质提升、开发利用、测评评价、薪酬管理、权益保障等在内的人力资源服务产业链，加快人力资源服务产业内部服务产品、服务项目、服务结构的调整，运用产业政策、技术先进型服务企业及国家服务外包示范城市有关政策，引导和支持鼓励人力资源服务机构开展人力资源管理咨询、人力资源外包、素质测评、人力资源培训、高级人才寻访、人力资源信息网络服务等高端服务发展，着力加强创新创业急需的服务内容。

(3)构建人力资源服务业与区域协同发展机制

大数据和5G等技术的兴起，使移动互联网技术广泛应用于人力资源服务业中，使消除地域发展不均衡出现了新手段。

在移动互联网时代，劳动者和人力资源服务机构可以通过手机终端进行沟通和交流，主城地区的人力资源服务机构可以不受时空限制地帮助其他区县的机构，且很容易地实现资源共享和信息互通。移动互联网不仅改变了生活，也改变了人力资源服务业。先进地区的先进方法和互联网工具定能使落后地区的人力资源服务业迈上一个新的台阶。人才的跨区域面试、跨区域培训等也能通过移动互联网技术很好地解决，远程技术指导、名师互动直播、在线视频会议等都能在移动互联网时代一一实现，地域发展不均衡的局面将会逐步消除。

强化人力资源高效配置。加快人才集聚，探索成渝地区人才评价政策创新方面先行先试。探索建立川渝籍海外人才数据库，共同做好海外人才引进工作。推动人力资源服务业集群发展，发挥人力资源服务产业园联盟作用，支持川渝毗邻地区建立人力资源服务产业园，助推万达开川渝统筹发展示范区、渝西川南地区融合发展。健全统一的人力资源市场体系，协同推进人才引进平台建设，加快建立衔接协调的人力资源流动政策体系和交流合作机制。加强专技、技能人才协同培养，开放共享培育平台资源，推进专业技术、技能等级资格互认，建立专业技术人才职称互认机制，共同打造“智汇巴蜀”“才兴川渝”人力资源品牌和“巴蜀工匠”职业技能竞赛品牌。建立高层次人才服务协作机制，鼓励引导专家参与跨区域智力服务。

贯彻落实《重庆主城都市区建设行动方案》《渝东北三峡库区城镇群建设行动方案》和《渝东南武陵山区城镇群建设行动方案》，重点在就业创业、社会保障、人才支撑等方面分类支持"一区两群"人力社保事业发展，推动"一区两群"差异化协调发展。推动"一区"引领发展。开展创新领军人才等人才专项，支持有条件的区在创新人才引进、培养、使用等方面实行优于市级的优惠政策；支持西部（重庆）科学城、两江协同创新区打造现代人力资源服务核心区，加快培育引进一批高水平人力资源服务机构，构建高效协同的人力资源区域创新体系。推动"两群"特色发展。支持渝东北、渝东南有条件的区县建设大学生就业创业公共服务中心，推动农民工返乡创业特色区县全覆盖；支持加大渝东北、渝东南区县与主城都市区的人才交流力度，在选派专家服务团、建立专家服务基地、设立博士后科研工作站等方面予以倾斜，支持柔性引进人才；加大技能人才教育培养力度，推进结合产业发展需求开发特色职业（工种），支持有条件的区县增设技工院校。支持"两群"区县培育引进更多人力资源机构，积极创建市级人力资源产业园。鼓励万州、开州、云阳人力资源服务协同发展，打造渝东北人力资源高质量供给区。鼓励渝东南区域人力资源服务一体化发展，积极培育一批立足重庆、辐射周边的人力资源服务平台，促进人力资源要素跨区域自由流动，增强区域经济发展活力。

2. 高度重视人才，强化队伍建设

人才是支撑创新发展的第一资源，推动重庆市人力资源服务业高质量发展需要一支素质精良、规模适度、知识技能结构合理的从业人员队伍。人才配置需要超越现有行业发展规模。

（1）支持人力资源服务行业引进高层次人才

以更加灵活的方式实施重大引才引智工程，加大对人力资源服务业领军人才、高端人才、国内外高层次复合型人才的引进力度，加快人力资源服务业人才集聚，为人力资源服务业的发展提供核心资源。将人力资源服务行业高层次人才纳入我市人才计划和人才引进项目，或者制定人力资源服务业发展人才专项，享受相关优惠政策。允许高校、科研机构专业人才按规定到人力资源服务企业兼职、参与项目合作并取得报酬或奖励，其业绩成果作为评聘相应专业技术职务的重要条件。从事人力资源服务行业的高层次创业创新人才及其团队，符合条件的可享受重庆市高层次人才引进的系列配套扶持政策。

(2)实施人力资源服务“领军人才”培养计划

加大人力资源服务业高层次人才的培养力度,学习四川省,实施人力资源服务业“领军人才”培养计划,开展学术交流和研修培训活动,加强人力资源服务正高级专业技术人员选拔。定期选派人力资源服务机构管理人员到发达国家或地区、著名高校、知名研究机构和人力资源服务机构或产业园区学习交流,大力培养行业领军、后备人才和职业经理人。常态化开展重庆市人力资源服务业“领军人才”研修,邀请世界人力资源服务业和相关产业专家利用网络或者现场授课形式为“领军人才”定期充电。

(3)提高人力资源服务行业从业人员专业化水平

加强行业专业技术人员继续教育,加大从业人员职业培训力度。人力资源服务机构组织符合条件的从业人员通过职业技能培训获得相应证书的,按规定兑现培训补贴。支持符合申报条件的人力资源服务机构、行业协会积极申请人力资源服务职业技能等级认定备案。建立各级 HR 能力大赛体系,常态化举办 HR 能力大赛,依托行业协会、产业园区开展猎头、测评、外包等细分业务从业人员能力大赛,不断提升行业从业人员能力素质。依托行业协会,不定期组织会员单位和行业从业人员开展行业知识讲座、经验交流、案例分享等活动,增进行业人员之间相互了解,提升履职能力,促进共同发展。创新职业教育体系,积极探索改革职业教育课程设置、教学内容和教学方法,完善考评体系。

(4)开设人力资源服务专业

目前我国还没有正式开设人力资源服务专业本科,只有人力资源专业,鼓励重庆市内高校与人力资源企业和协会等合作设立人力资源服务本科专业,创新设置培养方案与培养模式,支持人力资源服务机构与高校、职业院校、知名培训机构合作建立培训基地和实训基地,共同培养行业专业人才,鼓励人力资源服务企业和高校开展“订单式”培训,探索“产教融合、校企合作、工学结合”人才培养模式。探索与重庆高校合作,培养人力资源服务方面的技能人才,扎牢塔基人才。

3. 拓展业务范围,创新商业模式

(1)打造全生命周期服务链

人口结构、人员素质和产业结构在不断地变化,老龄人口的快速增长和适龄劳动力的下降使人力资源服务业的发展面临着诸多挑战。人力资源服务业不仅需要围绕着劳动力与就业展开,更要拓展到从人的出生到退休的整个生命周期的服务链。要以市场的需求和产业规划为导向,探索人力资源的职前教育、职前规划、职中培训、职后生活服务和休闲培训的全生命周期服务体系。在劳动者入职前,赋予与社会需求相匹配的劳动能力,做好职前规划,帮助提供高质量的人才供给,提升单个劳动者的劳动效率。在职中,做好劳动者的知识更新和能力匹配工作,让人适其岗。在职后,将工作行为的服务转变到消费行为的服务,把大龄人才的智力共享和娱乐休闲结合起来,促进职业和消费的多领域叠加创新。

(2)深度融合互联网、大数据、区块链和人工智能技术

经济和科技的发展,促进了互联网在各个行业的广泛应用和不断深入发展,为人力资源服务业的发展注入了新的活力,使其有了新的发展方向,不断促进人力资源服务业信息化发展。对人力资源服务业产生的业务数据,怎样应用现代信息技术能够更好地深加工,使这些数据创造出更高的价值,这是在经济新常态背景下,人力资源服务业相关人员需要不断探索和研究的。电子政务平台的开放,使政府相关部门的工作流程不断简化,这对人力资源服务业产生了积极的影响,极大地便捷了工作。一些重要的人力资源服务业企业加强了和软件企业的合作,对其核心的业务系统开始进行全面的升级,推动了人力资源服务业不断向信息化方向发展。信息化的建设不仅能够整合人力资源服务业的资源,建设数据处理中心,提高运营的高效协同,还能提高人力资源服务业服务的价值,而且能够降低操作成本和管理成本。在未来的发展中,对客户资源将更加充分有效地利用,使业务数据不断增值,加强与信息技术的深度融合,突破传统行业的束缚,进入新的发展历程。

人力资源服务业应该注重数据的积累,通过云存储、云计算等方式实现数据的保存和共享。同时基于行业大数据能够进行数据分析和整理,能够按照不同的需求标签轻松地进行分类,提取出结构性数据表单。根据企业的需求,定制人才筛选模型,精确定位和快速找到企业所需的人才。大数据分析和人才数据挖掘,必将成为今后一个时期人力资源服务业发展和创新的一个重要方向,也是未来的一个重要盈利点。区块链技术的加入,可以使每一个人有一个属于自己的数字标签,人才的诚信体系建设也将得到长足的发展。未来的档案造假、冒名顶替等事件不可能再发生,这也降低了企业的用人风险。同时,基于区块链技术的企业和人力资源服务机构诚信档案的建立,为规范人力资源服务业的发展做出了重要贡献。

人工智能技术催生智能聊天机器人,华为、阿里、腾讯等大机构在结构化岗位说明、简历筛选、人才搜寻、人岗匹配、面试机器人、招聘客服等方面启用智能聊天机器人作为首轮招聘面试官,提升了招聘效率。

(3)加大政府购买人力资源服务力度

推进政府向人力资源服务机构购买服务,将开展就业援助、民营企业招聘、高校毕业生就业服务、职业技能培训、公共就业创业服务、档案整理与数字化加工、人力资源市场供求信息监测等纳入政府购买服务指导目录。鼓励人力资源服务机构参与创业孵化基地、就业见习基地创建,经认定后可享受相关扶持政策。支持人力资源服务机构参与人才引进,并根据引才工作绩效给予奖励。

(4)不断优化产业结构

经济和社会的发展促使人力资源服务业快速发展。在经济新常态下,人力资源服务业的市场规模不断扩大,客户对人力资源服务的需求越发专业化,越来越需要个性化服务,也越发高端化,促使人力资源服务业更加细化,产业结构将不断地进行优化,从最初的职业介绍、培训等不断完善和优化为比较完整的产业链,不仅有劳动人事代理、薪酬服务、网络招聘、管理咨询等业务,还将不断丰富和优化人力资源服务功能,不断发展为多元化和多层次的产业格局,不断向更加专业化、更加综合化的服务体系发展。人力资源服务业在有效服务各个行业的同时,还需要给劳动者提供更加专业化的服务,在传统的人才服务基础上还要不断地延伸,更加能适应经济新常态时期就业观念的转变,职业期待的变化等,才能更好地服务于人才的壮大、价值的提升以及供需上的匹配。

引导人力资源服务业与重点产业深度融合,细化专业分工,推进管理创新、服务创新、产品创新。鼓励充分利用互联网、云计算、大数据等新技术,打造“互联网+人力资源+人力资源服务”一体化服务平台。鼓励发展高级人才寻访、人才测评、人力资源管理咨询、信息软件服务、薪酬管理、灵活用工平台等新业态及衍生服务。鼓励人力资源服务机构加大研发投入和开展自主创新,积极参与参加人力资源服务创业创新大赛。引导人力资源服务机构细化专业分工,与科研机构、高等院校合作或设立研发中心,推进人力资源服务理论、关键技术和商业模式创新。鼓励人力资源服务机构积极参与人力资源服务行业标准的起草和制定,共同促进行业规范化、专业化、标准化发展。

大力推动产业链优化升级。积极适应市场多样化、多层次人力资源服务需求,研究制定市场化高端人才寻访激励措施,鼓励人力资源服务机构加强业务创新,大力发展高级人才寻访、测评等人力资源服务中高端业态,推动全市人力资源服务产业链从中低端向中高端发展。大力推动产业的业态扩容。实施业务开放战略,推动人力资源服务纳入政府采购目录,鼓励经营性人力资源服务机构参与公共就业、人才服务,积极探索市场购买公共人力资源服务成果。

(5)依托科技创新推进内容创新

设立人力资源服务创新研究资助项目,引导人力资源服务机构聚焦科技创新中心建设,针对市场需求,鼓励人力资源服务企业设立研发机构,加大研发投入,加快服务创新、技术创新、产品创新,积极开发具有自主知识产权、符合企业差异需求、具有国际竞争力的项目,提高人力资源服务技术含量,夯实基础市场,积极赢取高端客户,在竞争中形成明显比较优势。依托重点企业、重点机构、重点园区,建立国家级人力资源服务产品研发中心,搭建人力资源服务创新平台,支持重点企业在人才测评、高级人才寻访、网络招聘、薪酬外包、弹性福利、人力资源流程外包等中高端服务领域开展新产品研发、测试、推介。推动人力资源服务企业与有条件的高等院校、研发机构、各类产业园区、中介机构之间开展产学研合作,设立博士后科研流动站、博士后科研工作站或博士后创新实践基地,推动人力资源服务理论、商业模式、新技术等方面的研究和应用。运用研发加计扣除、高新技术产业政策、知识产权政策,支持人力资源企业开展服务创新,人力资源服务企业为开发新技术、新产品发生的可纳入企业所得税税前加计扣除的研究开发费用,未形成无形资产计入当期损益的,在按照规定据实扣除的基础上,按研究开发费用的一定比例加计扣除;发放人力资源服务"创新券",鼓励用人单位通过人力资源服务企业引进高端急需紧缺人才和购买专业化的人力资源服务。

(6)不断创新商业模式

现代管理学之父彼得·德鲁克认为,当今企业之间的竞争,不是产品之间的竞争,而是商业模式之间的竞争,这足以说明创新商业模式的重要性。多数人会认为商业模式创新主要是在 IT 行业,其他行业没有商业模式创新的必要,但随着社会的发展,IT 与人力资源服务业深度结合,同时商业模式创新已经席卷所有行业,因此人力资源服务业在创新商业模式方面如迈出坚实的步伐,必将有丰硕的成果。

在新业态的推动下,出现了一些专注于某个细分领域的"互联网+"人力资源服务产品,如猎聘网在中高端猎头的行业中取得了不菲的成绩;拉勾网则专做互联网行业的相关招聘;"51 社保"等公司在人事代理等方面深耕细作;阿里云则为创业型团队提供了公司注册、人员招聘、账目代理和员工社保等一系列服务。在"互联网+"的时代,"大而全"的人力资源服务公司和产品将逐步被细分领域的优秀产品所取代,而一些大型的互联网企业则可凭借自身的技术和资金优势,收购多个"小而精"的人力资源服务模块,构建自己的全产业链的商业模式。行业垂直、地域垂直和人才垂直的细分产品,必将是新业态下人力资源服务业竞争的焦点和资本的必争之地。未来一个时期,我国的人力资源服务业将形成一批以社群为主的互联网招聘平台、以大数据为主的人力资源建模平台、以区块链为主的企业和人才诚信平台，还有诸如人力金融产品、老年银发人力共享平台、薪酬外包服务平台等满足各种程度垂直和细分领域的商业模式。

(7)探索开展人才孵化业务

结合重庆市即将实施的“智能+技能”人才孵化模式，鼓励人力资源服务机构探索开展人才孵化业务。在市级层面成立人才孵化投资基金，建立以人才为引领的创业孵化体系，对孵化人才开展创新创业能力提升培训，对其创业项目进行辅导。

4.发挥市场作用，助力企业成长

(1)鼓励创办人力资源服务机构

稳步推进人力资源市场对外开放，进一步放宽市场准入，落实“先照后证”、取消注册资本金最低限额、注册资本实缴改认缴等要求，鼓励社会资本进入人力资源服务领域。个人创办人力资源服务机构并符合有关政策的，可申请创业担保贷款。对享受创业担保贷款的个人和小微企业按照现行政策规定给予贴息。创业成功并符合有关政策的，给予相应的创业补贴。鼓励重庆市大型企业成立人力资源服务公司，激活人力资源服务需求。

(2)实施龙头企业培育计划

实施人力资源服务龙头企业培育计划，推动人力资源服务与金融资本深度融合，积极打造在全国有影响力的知名企业。加快实施标准化战略和知识产权战略，全面开展质量提升行动，不断巩固和发挥以技术、标准、品牌、服务为核心的质量优势，加快人力资源服务业向高端化、品质化、集约化转型升级。推动规模大、信誉高、服务质量好的人力资源服务企业，通过并购重组、战略合作、企业联盟等方式做大做强，着力培育一批有核心产品、成长性好、竞争力强的综合性人力资源服务企业集团，充分发挥其行业辐射和带动作用，提升产业链整体质量水平。积极培育一批创新型中小微人力资源服务企业，鼓励发展有市场、有特色、有潜力的专业化人力资源服务机构，重点引进一批业态先进、规模较大、拉动效应强的高端人力资源服务机构。实施人力资源服务骨干企业培育计划，建立跟踪培育、服务联系和动态管理制度。提高公共服务能力水平，加快建设一批管理规范、服务高效、群众满意的优质公共人力资源服务机构。

(3)培育人力资源服务优质品牌

支持人力资源服务企业加强品牌建设，注册和使用自主商标，参选服务业重点企业名录,参与高新技术企业认定,争创中国质量奖、中国驰名商标、重庆市著名商标、中国服务业500强等,打造一批知名企业和特色品牌。支持建立人力资源服务产品、技术展示中心,以市场化方式举办或组织参加人力资源服务产品博览会、推介会、交易会等市场拓展和供需对接活动。提升人力资源服务领域知识产权创造、运用、保护、管理和服务能力。支持重庆市人力资源服务机构开展自主品牌建设,鼓励注册和使用自主人力资源服务商标。对新获评国家级、市级人力资源诚信服务示范机构称号的人力资源服务机构,分别给予一定金额的奖补。以营业收入、税收缴纳、促进就业、诚信守法为核心指标,积极推荐重庆市人力资源服务机构参加全国人力资源服务骨干企业等认定评选。对获得国家级或市级行业领军企业荣誉称号的人力资源服务机构给予奖励,对在重庆市注册且总部设在重庆市的人力资源服务企业成功在主板、中小板、创业板及海外市场上市的,以及成功在新三板挂牌的给予奖励。

(4)积极实施“请进来”战略

鼓励国内外知名人力资源服务企业来渝设立人力资源服务企业、各类功能性总部和分支机构、研发中心、营运基地等,重点瞄准“旗舰型”企业、行业“领头羊”、细分领域“隐形冠军”、高科技“独角兽”,可根据其规模、运营、新增贡献等情况制定“一企一策”。对入选中国服务业500强的国内外人力资源服务企业,其区域性总部(独立法人)在重庆市注册并正常运营满一年,经认定后由市级财政给予一次性奖补,企业注册地区县财政根据企业对地方经济发展的贡献,给予一定数额的奖补。

(5)积极实施“走出去”战略

鼓励和支持重庆市人力资源服务企业在更高层次、更大范围、更宽领域参与国际国内经济合作,主动融入“一带一路”倡议、长江经济带发展、新一轮西部大开发、成渝地区双城经济圈建设等国家规划,积极参与国际国内人才合作与竞争。深化与发达地区、周边地区人力资源服务行业的交流合作,加强与国际知名人才猎头等人才中介服务机构的合作。支持有条件的本土人力资源服务机构“走出去”设立分支机构,提高市场占有率和核心竞争力。鼓励有条件的人力资源服务企业在市外设立分支,整合资源,开展跨区域投资和经营,积极开拓市外业务,参与我国人才交流与合作,搭建人才桥梁,助力市外人才引进来和本市人才走出去。

5. 发挥聚集效应,促进集群发展

(1)建设人力资源产业园

一是统一认知,重视产业价值。从企业到政府,如今凡是存在竞争的各类组织

无不以人力资源的竞争为核心,人才是社会发展的第一要素。人才管理是对如何选择、培养、使用和保留人才的重组与整合,是发挥人才综合配置效益大于智力之和作用的有效方式。人力资源服务是现代社会中帮助实施第三方人才管理服务的现代服务形式,是各类组织与产业之间的润滑剂和催化剂,对提升企业的核心竞争力、政府部门的综合服务能力甚至对增强我国的国际化竞争实力都具有重要意义。重庆市发展人力资源服务业具有一定的人才优势、产业优势和区域优势,具有壮大人力资源服务业的内在潜力。在现阶段国际社会背景以及国家鼓励发展人力资源服务业的条件下,地方政府应当把握发展机遇,将具有良好发展前景的人力资源服务业作为区域产业的发展重点,努力将其发展成为带动重庆市甚至西南地区现代服务业发展的重要增长极,这也是地方政府推动区域产业结构优化、加快促进区域增长方式转变的发展方向。因此,为了进一步改进重庆市人力资源服务业集聚中的地方政府行为,增强对产业价值的重视程度是地方政府支持产业发展的首要的意识层面转变。

二是发挥产业园的集聚效益。对已经开园的人力资源服务产业园区要加强进一步的战略指导,形成统一灵活、权责一致和分工合理的管理体制和运营机制,推进园区内人力资源服务产品从简单的事务操作服务向解决方案咨询、信息系统平台和公司治理服务等高层次、多元化发展,为客户提供高附加值和综合性、战略性服务解决方案,另外也应当为初始建立的园区做好宣传引导工作。

三是加大产业园建设支持力度。从推动产业园发展的经验看,园区建设是实现行业快速集聚的一个重要抓手,通过发挥培育、孵化、引入等功能,创新运营管理、招商引资、拓展服务、产业融合等模式,实现了产业发展加速度。这不仅实现人力资源服务业在当地经济的贡献率占比增加,还快速提升了行业的发展速度和发展质量,在带动就业创业、提升劳动者素质、优化人力资源配置、打造当地经济社会发展新引擎等方面发挥了积极成效。支持重庆人力资源服务产业园发展,推进市级人力资源服务产业园建设,建立市级人力资源服务产业园管理考核机制,构建国家、市、区县三级产业园梯次发展格局,形成了竞争有序、错位发展、布局合理、优势互补的产业园区建设新局面。加强人力资源服务产业园的统筹规划和政策引导,推动形成以重庆市人力资源服务产业园为"主干"辐射全域、区域性人力资源服务产业园为"支点"带动周边的产业集聚创新发展格局,发挥集聚、培育、展示、服务功能和示范引领作用。依托区域中心城市和重点产业布局,培育建设一批有特色、有规模、有效益的区域性人力资源服务产业园。鼓励园区创新运营管理模式,通过实施租金减免、创业投资、融资担保等支持政策,吸引人力资源服务机构入驻。鼓励园区建立研发机构、培训中心和孵化基地，提升建设开发水平。支持园区开放发展，延伸服务范围，积极承接周边地区人力资源服务转移，打造枢纽型服务基地和跨区域合作发展平台。鼓励有条件的地区合作共建人力资源服务产业园。

（2）加强产业综合平台建设

综合运用各种方式，搭建多层次、多元化的人力资源线上线下供需对接和交易平台。整合重庆平台性人力资源服务业企业，形成企业集团，组建一个规模较大、功能齐全的综合平台，发挥规模效应和平台效应。

6. 改善公共服务，优化发展环境

（1）加大人力资源服务标准化建设

深入贯彻落实人力资源服务国家标准要求，结合重庆市实际，加快推进地方标准、团体标准建设。针对行业发展新业态，积极探索创立地方服务标准。

（2）加强人力资源市场诚信体系建设

建立人力资源服务机构信用等级分类评定办法，设立人力资源服务机构信用“银行”，建立分类业务检查制度，引导人力资源服务机构守法诚信经营。完善人力资源诚信服务示范机构管理办法，开展人力资源诚信服务示范机构遴选，建设市级人力资源诚信服务示范机构库。持续开展人力资源市场清理整顿检查，严肃查处非法职业中介、提供虚假信息、乱收费用等扰乱市场行为。探索工商登记信息与人力资源服务许可信息定期比对机制，及时清理“无照经营”等违法行为。强化市场监督信息公开，大力营造公平竞争、规范有序的人力资源市场秩序。

（3）加强人力资源服务信息化体系建设

持续推进“互联网+人力资源服务”行动，鼓励和引导人力资源服务机构引入大数据、云计算、移动互联网、人工智能等的应用，促进人力资源服务业数字化、智能化发展。积极发展线上人力资源市场，支持建设经营性人力资源服务网站，开发人力资源供求信息查询、人才测评、职业指导、远程招聘等系统，发展个性化、定制化、精细化服务。依托重庆市一体化政务服务平台，面向各类人力资源服务机构提供网上许可、备案、年度报告、信息公示等服务功能，为社会公众提供人力资源服务机构目录、信息查询、投诉处理等服务。整合公共就业和人才服务信息，建立人力资源市场供求信息监测系统。加快建成重庆市统一的流动人员人事档案信息系统，实现数据互联互通、信息共享共用、基本人才公共服务事项全网通办。推进人力资源服务信息数据整合，鼓励公共、市场资源参与人力资源“大数据”开发，建成覆盖重庆市的求职人群自画像数据库和辐射全国的人力资源引入网络体系，提升行业服务效率和能力。

(4)加大宣传力度,营造良好的舆论环境

鼓励各地和行业协会举办人力资源服务业创新创业大赛、发展论坛等活动;丰富宣传内容,创新宣传形式,注意总结人力资源服务业在促进就业创业、优化人才开发和服务经济发展等方面发挥的重要作用,扩大人力资源服务业的社会影响力。

7.着力服务质量,提升产出效能

(1)提高人力资源服务业价值

人力资源服务业要持续发展,行业必须具有核心的竞争力。人力资源为生产性服务业的一支,属于提供服务的行业,其提供服务的效率要高于企业自己供给的效率,否则企业就会自我供给,因此必须提高人力资源服务业价值。人力资源服务业价值通常表现在以下4个方面。一是优化人才交流配置。人力资源是社会各项资源中最关键的资源,是对社会和企业发展产生重大影响的资源。欧美大部分大企业利用“猎头”获取高级人才,当然也通过人才测评为需求者提供职业技能、职业兴趣等测评,利用人才测评的信息对一个地区或一个产业部门的人才结构、职业分布结构进行调整,以调节人才纵向横向流动,从而优化社会人才配置。二是促进就业创业。首先,人力资源服务业通过提供就业信息等服务可以有效地促进人们找到合适工作岗位实现就业,其所提供的培训服务可以提升劳动者的能力或技能从而增加再就业;其次,人力资源服务业本身就是一个正在不断壮大和发展的服务业,其自身就可以吸纳很多从业人员。三是节约企业成本。人力资源服务业可以通过人力资源外包和人才派遣降低企业的成本,企业通过人力资源外包,降低人力资源管理成本,例如通过标准化的流程提升效率而降低成本,分享服务商的规模效应产生的服务使成本降低。四是调整和优化产业结构。人力资源服务业的兴起使企业由对物质的需求转变为对知识、技术的需求,从粗放型的生产模式转变为知识密集型、技术密集型生产模式,从而改变企业内部的生产结构。因此,企业能更好地发挥规模效益、技术效益,推动经济的持续发展。随着人力资源服务业的发展,其本身也不断发展新型业态,这样可以有效地促进技术的发展、知识产业的兴旺,社会的分工将会进一步细化,从而提高社会创新能力和竞争力,还能减少经济发展中的能源消耗和环境污染,优化和调整地区产业结构。

(2)提高产出效能,服务经济社会发展

推动公共人力资源服务补短板、强弱项、提质量,增强公共就业和人才服务保障能力,促进优质服务资源跨区域配置和向农村、贫困地区、重点群体延伸。支持用人单位通过人力资源服务机构引进急需紧缺人才和购买专业化的人力资源服务,鼓励有条件的地区和用人单位对在招才引智中做出贡献的人力资源服务机构给予一定奖励。采取政府购买服务等方式支持经营性人力资源服务机构提供公益性人力资源服务,参与民营企业招聘周、高校毕业生就业服务周、大中城市联合招聘、人力资源服务进校园进企业等活动,发挥市场促就业、稳就业作用。支持人力资源服务机构自主或联合建立人力资源就业创业服务基地。鼓励人力资源服务机构联合技工院校、职业培训机构和企业按规定开展职业技能培训。深入实施人力资源服务业助力乡村振兴专项行动,支持人力资源服务机构到乡村设立分公司,加大乡村人力资源服务培训基地和实训基地建设力度,优化乡村人力资源培训机制,重点培育一批新型职业农民培训机构。

四、人力资源服务业实现跨越式发展的保障措施

(一)加强组织领导

强化人力资源服务业培育职责,将发展人力资源服务业纳入国民经济和社会发展第十四个五年规划以及就业、人才、服务业等专项发展规划,充分运用区域、产业、土地等政策,推进人力资源服务业高质量发展。发展改革委、财政局、人力社保局、商务委等部门要密切配合、相互支持,及时研究解决问题,共同做好组织推动工作。鼓励各地结合实际开展差异化探索,制定促进人力资源服务业发展的政策措施。

(二)强化战略与政策的引导

1.加强人力资源服务业发展的顶层设计

立足重庆市人力资源服务业现状及发展形势,为推动重庆市人力资源服务业高质量发展做出系统规划。加快对全市人才市场和劳动力市场的整合,系统规范全市范围内通过人力资源市场求职、招聘和开展人力资源服务,健全完善对求职者的保护、政府职能部门的宏观协调、公共服务平台和市场监管体系,为促进全市人力资源服务业健康有序发展,促进人力资源自由有序流动和高效配置提供强有力保障。加强宏观指导和政策引导,启动人力资源服务业发展专项行动,提出人力资

源服务业发展推进计划，推动“互联网+人力资源服务”，重点培育人才测评、中高级人才寻访、人力资源管理信息化服务等知识、信息密集型的人力资源服务业态。建立健全地方人力资源服务标准体系，积极开展重庆市人力资源服务相关地方标准的制定工作，加快全市人力资源服务机构等级、服务规范、服务内容、服务产品，以及公共服务建设等标准的制定、实施和推广，对人力资源服务机构实行资质评定和分类管理，实现从审批管理向资质管理的转变。

2. 完善政策体系

贯彻落实《人力资源市场暂行条例》，完善配套政策和运行规则，加快建立政府宏观调控、市场公平竞争、单位自主用人、个人自主择业、人力资源服务机构诚信服务的人力资源流动配置机制和统一开放、竞争有序的人力资源市场体系。规范人力资源市场活动，着力打破地域分割、行业垄断和市场壁垒，营造权利平等、机会平等、规则平等的发展环境。

对人力资源服务企业招用就业困难人员和高校毕业生的，按规定给予社会保险补贴。对人力资源服务机构为各类社会人员提供职业介绍、就业创业培训等服务的，按规定给予就业创业服务补助。各人力资源服务产业园要结合具体实际制定优惠政策，如在减免租金、购买公共服务、企业上市、企业高层次人才创新创业等方面给予政策支持。

支持人力资源服务机构探索组建行业性、区域性教育集团，深化行业、企业深度合作，积极开展订单培养、委托培养，发挥其在专业设置、师资选聘等方面的优势，建强一批优势专业，主动服务企业职工培训需求。对符合条件的人力资源服务机构参与政府补贴职业项目培训并达到相应标准的，按照规定给予补贴。针对人力资源服务机构办理社会保险业务频繁、量大等特点，在社会保险经办机构建立社会保险办理预约制度，提高办理效率、节约办理时间、改善服务质量。

符合离岸服务外包业务免税条件的人力资源服务企业，其离岸服务外包业务免征增值税。在重庆市辖区的人力资源服务企业，符合现行税收政策规定的技术先进型服务企业条件，经有关部门认定后，可按规定享受税收优惠政策。全面落实支持小微企业税收优惠政策，对符合条件的小微人力资源服务企业免征增值税。符合《财政部 海关总署 国家税务总局关于深入实施西部大开发战略有关税收政策问题的通知》（财税〔2011〕58 号）、《财政部 税务总局 国家发展改革委关于延续西部大开发企业所得税政策的公告》（财政部公告 2020 年第 23 号）规定条件的人力资源服务企业，可享受西部大开发税收优惠政策。

(三)强化资金支持

1. 加大金融政策扶持

鼓励支持符合条件的人力资源服务企业上市或开展多种方式的融资。鼓励各类融资担保机构加大对人力资源服务机构提供融资担保的力度。鼓励和引导金融机构创新对人力资源服务机构的金融产品和服务方式,拓宽信贷抵押担保范围,并在国家允许的贷款利率浮动幅度内给予一定的利率优惠。鼓励各类社会资本以独资、合资、收购、参股、联营等多种形式,进入人力资源服务领域,提高人力资源服务领域的社会资本参与程度。建立重庆市人力资源服务业发展专项资金,专项扶持人力资源服务业发展,主要用于推动引进知名机构、培育本土品牌、支持行业协会、鼓励招才引智、加强人才培养等方面。鼓励区县建立人力资源服务产业发展资金,加大对人力资源服务业创新创业贷款支持,扩大业务贴息贷款覆盖范围,打造低成本人力资源服务战略洼地。根据重庆市人力资源服务企业发展特点,制定对人力资源服务企业的贷款、证券融资、利率支持、信用担保及保险产品等方面的政府间接补贴,例如设立适当的贷款差别利率政策或利率定价机制。此项财政优惠制度应是短期且适度的,地方政府应当结合产业发展情况相机抉择。

2. 加大财政支持力度

制定科学具体的人力资源服务企业贷款、补助和奖金实施细则,尤其是对评价标准的制定,除了传统考评体系中对企业规模、营业收入、业务范围等方面的权重,也应当建立系统的人力资源服务企业诚信考评标准,将诚信考评作为人力资源服务企业综合排名的重要组成部分;完善人力资源服务企业考评监督制度,增加专业人员及服务对象在考评中的主体性,减少考评主观性;对新进入企业与符合重点扶持企业应建立统一的财政补贴标准。市、县两级财政要统筹安排资金用于促进人力资源服务业发展,重点支持人力资源服务产业园区建设、骨干企业培养、高端人才培养和引进、知名机构引进、品牌培育、行业评选推荐、行业人才培养、行业宣传和全市性人力资源服务业重大活动举办等方面。

3. 实施差别性税收支持

重庆市人力资源服务企业大部分是中小型的民营性质企业,地方政府有必要对他们建立成长初期的税收减免政策，减轻他们的赋税压力，降低企业运营成本，因此是制定扶持型税收减免制度。而对于比较具有发展前景的大型人力资源服务企业来说，应强化税收工具的引导作用，安排企业奖金和经费补助等方式支持它们进一步发展壮大，是引导型的税收减免制度。

（四）创新监管

落实"放管服"改革和审批服务便民化要求，深入推进人力资源服务行政许可和备案"马上办、网上办、就近办、一次办"。创新监管方式，全面推行"双随机、一公开"监管和年度报告公示制度，持续开展人力资源市场秩序整顿专项行动。推进行业诚信体系建设，开展诚信主题创建行动，选树诚信服务先进典型。加强人力资源服务机构信用信息归集、共享和应用，建立守信激励和失信惩戒机制。

（五）夯实发展基础

建立人力资源服务机构等级评价体系，加强人力资源服务标准研究制定工作。完善行业统计调查制度，编制发布人力资源服务业发展报告、急需紧缺人才目录，促进人力资源供需对接和优化配置。加强人力资源服务业领域的理论研究，推动建立行业专家智库。培育发展人力资源服务行业协会组织，鼓励参与理论研究、标准化建设、从业人员培训、行业交流活动筹办等工作。加强人力资源服务业宣传，增强行业的知名度、美誉度和社会影响力。

课题研究单位：重庆师范大学
课题组负责人：李贤柏
课题主研成员：向薪蓉　钱良群　吴承丹　吴子倩

市场化引才体系建设研究

摘　要:重庆市经济发展离不开人才作为驱动力,人才引进是重庆市人才工作的中心工作。本研究对人才引进体系构成进行了理论性的梳理,对重庆市人才引进体系中的主体包括政府、用人单位、人力资源服务产业的现状进行了调查研究,总结了各主体近年来引才工作的成效,同时分析了存在的问题及成因,进而指出,必须正确处理政府、市场与社会的关系,科学划分政府管理与市场运作的边界,将资源配置权限交给市场,建立完善市场化引才模式,营造重庆"近悦远来"的人才发展环境,构建定位清晰、梯次分明、科学合理的市场化人才引进体系。

关键词:人才　人才引进　引才体系　市场化

当今时代,人才是改变全球格局、引领经济社会发展的重要力量。正如习近平总书记指出:"人才是创新的根基,谁拥有一流的创新人才,谁就拥有了科技创新的优势和主导权。"重庆是新时代西部大开发的重要战略支点,是重要的经济增长中心,在"一带一路"和长江经济带建设中具有举足轻重的战略地位。当前,重庆正在着力打造具有全国影响力的科技创新中心、内陆开发高地,建设国家重要先进制造业中心、西部金融中心、西部国际综合交通枢纽和国际门户枢纽,人才成为重庆经济社会高质量发展的重要生产力,迫切需要大力引进创新型、应用型和技能型高质量人才。

人才战略历来被重庆市委、市政府所重视,"十三五"期间,重庆市新增人才资源近50万人,其中国家级人才计划人选2780人,有力地推动了全市产业创新发展。但是与高质量发展目标对人才的需求相比较,重庆现有的人才数量、人才质量、人才规模以及人才结构类型都还远远不能满足发展的迫切需求,各类用人单位引才难、留才难的现象仍然十分普遍。为解决急需紧缺人才难题,重庆市先后出台了若干人才计划和人才政策,《重庆市国民经济和社会发展第十四个五年规划和二〇三五年远景目标纲要》也明确提出要"紧扣重点产业、重点项目、重点学科,加快引进和培养创新型、应用型、技能型人才"。然而,重庆市在人才引进过程中存在诸多现实矛盾和困难,制度政策存在一定的障碍,在人才引进模式上也需要客观评估既有的政策和手段的效果,创新人才引进机制,增强人才引进效能,为加快建设全国重要人才高地,推动高质量发展打下坚实的基础。

一、人才引进体系构成概述

(一)顶层设计

人才引进体系的顶层设计是人才战略和中长期人才发展规划的制订以及与人才引进相关的法律法规。2003 年,党中央、国务院召开了新中国历史上第一次全国人才工作会议,下发了《中共中央 国务院关于进一步加强人才工作的决定》,突出强调"实施人才强国战略是党和国家一项重大和紧迫的任务。必须把人才工作纳入国家经济和社会发展的总体规划,大力开发人才资源,走人才强国之路"。2017 年,习近平总书记在十九大报告中明确强调"要坚持党管人才原则,聚天下英才而用之,加快建设人才强国。实行更加积极、更加开放、更加有效的人才政策,以识才的慧眼、爱才的诚意、用才的胆识、容才的雅量、聚才的良方,把党内和党外、国内和国外各方面优秀人才集聚到党和人民的伟大奋斗中来"。习近平总书记在十九大报告中关于人才强国战略的论述,为人才引进明确了更高的目标、方向和路径。着眼于为实现全面建成小康社会奋斗目标提供人才保证,党中央、国务院编制了《国家中长期人才发展规划纲要(2010—2020 年)》,明确了 2010—2020 年人才发展的指导方针、战略目标和总体部署,提出了重大人才工程计划,成为我国推进人才强国的重要指导方针。

(二)工作对象

人才是引才体系的目标与工作对象。自 2009 年以来,全国各省(直辖市)纷纷制定了适用于本地区的人才引进政策,但在对人才的表述上则不尽相同,对这些表述和提法进行文本分析,大致分为高层次人才、海外人才、技能人才、高校毕业生等类型。

1. 高层次人才

高层次人才是各省（直辖市）人才引进政策中出现最频繁的类型，是人才引进工作的重点对象。虽然近年来各地政府制定的政策文件里均提到“高层次人才”，学者也多有以“高层次人才”为主题的研究报告与论文，但是对高层次人才的理解与定义却不尽相同。但无论哪种观点，本研究认为：高层次人才必须具备三个核心要素，即高知识技能、创造性劳动和社会贡献，因此专家学者、专业技术人才、高技能人才、优秀企业家、农村实用人才、社会杰出工作者等劳动者都被涵盖在了高层次人才的范围内。

2. 海外人才

海外人才实际包含在高层次人才之中，但又与一般意义上的高层次人才从来源渠道上有所不同。2007 年，人事部、教育部、科技部等 16 部联合印发《关于建立海外高层次留学人才回国工作绿色通道的意见》（国人部发〔2007〕26 号），对海外高层次留学人才的定义是：我国公派或自费出国留学，学成后在海外从事科研、教学、工程技术、金融、管理等工作并取得显著成绩，为国内急需的高级管理人才、高级专业技术人才、学术技术带头人，以及拥有较好产业化开发前景的专利、发明或专有技术等人才。重庆市在 2009 年制定的《重庆市百名海外高层次人才集聚计划实施办法》对海外高层次人才进行了界定，明确规定引进人才一般应在海外取得博士学位（符合创业人才引进条件的可放宽到硕士学位，但须具有 2 年以上海外工作经历），年龄不超过 55 周岁，引进后每年在市内工作不少于 6 个月，并符合各项具体规定。

3. 技能人才

技能人才是指掌握专门知识和技术，具备一定的操作技能，并能在工作实践中运用自己的技术和能力进行实际操作的人员。在人社部制定的《关于高技能人才队伍建设中长期规划（2010—2020 年）》中，对高技能人才给出了相应的定义，是指具有高超技艺和精湛技能，能够进行创造性劳动，并对社会做出贡献的人，主要包括技能劳动者中取得高级技工、技师和高级技师职业资格的人员。技能人才是我国人才队伍的重要组成部分，是支撑中国制造、中国创造的重要力量。

4. 高校毕业生

各地引才政策中的高校毕业生专指从国内全日制普通高等学校毕业的学生，包括专科毕业生、本科毕业生、硕士研究生毕业生、博士研究生毕业生。普通高等学校是由国家教育行政部门批准或备案的以实施普通高等学历教育为主的高等学校，高校毕业生构成了我国人才队伍中最为基础的部分。

（三）引才政策

人才引进的政策体系由中央引才政策和地方引才政策组成。地方省级政府部门结合地方产业发展需求，制定了各具特色的人才计划以及一系列配套政策。由于不同时期各地经济发展水平对人才的需求存在动态变化，因而我国的人才政策在不同阶段呈现出不同的特色。

1. 人才引进的一阶段

2009 年 1 月，《中央人才工作协调小组关于实施海外高层次人才引进计划的意见》提出，要分层次组织实施海外高层次人才引进计划。围绕国家发展战略目标，重点引进一批能够突破关键技术、发展高新产业、带动新兴学科的战略科学家和科技领军人才。《国家中长期人才发展规划纲要(2010—2020 年)》提出，要大力吸引海外人才和急需紧缺专门人才。在此基础上，各省自治区、直辖市制订实施了各具特色的人才引进计划，部分中心城市、东部沿海地区经济发达的市县也制订实施了类似的引才计划。如北京市《关于进一步鼓励海外高层次留学人才来京创业工作的意见》，上海市“浦江人才计划”专项引才工程，广东省“珠江人才计划”，福建省“闽江学者计划”，江苏省“双创计划”等省级层面的引才计划。除了省级引才政策，各地市、区也纷纷制订本区域的人才计划，如深圳市的“孔雀计划”、苏州市的“姑苏人才计划”、南京市的“321 计划”等。

2. 人才引进的二阶段

2015 年 1 月，杭州推出了“杭州人才新政”27 条，成为各地人才引进政策相继出台的开端。2016 年 3 月，中共中央印发《关于深化人才发展体制机制改革的意见》(中发〔2016〕9 号)，提出“破除人才流动障碍”“实行更积极、更开放、更有效的人才引进政策”，各地政府开始纷纷出台着力引才聚才的人才政策。2016 年，深圳市出台了《深圳市人才引进实施办法》，引发了一线城市出台引才政策。2017 年初，武汉市宣布启动“百万大学生留汉就业创业工程”，西安、南京、成都、长沙、郑州、珠海、天津等在内的二线城市和省会城市，甚至北京、上海、深圳等一线城市，纷纷出台人才政策，从住房、户籍、工资补贴等多个方面吸引大学生等目标群体。据不完全统计，2017 年和 2018 年，全国共有逾 100 个城市先后出台了人才新政。2019 年以来，出台人才政策的城市由一、二线城市扩展至四、五线城市，地域横跨东、中、西部地区，发布人才新政的城市超过 160 个，政策内容围绕人才本土化，在落户、购房补贴、生活补贴、配套保障等方面的激励更加全面，招揽人才的力度更大，目标群体覆盖面更广。

3. 人才引进的三阶段

2020 年 4 月，国家发展和改革委员会印发了《2020 年新型城镇化建设和城乡融合发展重点任务》（发改规划〔2020〕532 号），推动了各省区市县人才政策再次升级。不但引才对象范围进一步扩大到普通高校和高职院校毕业生以及专业技术人才，而且放宽落户限制、给予生活补贴和租房补贴、购房优惠等政策几乎成为引才政策的“标配”。

（1）放宽落户限制

吸引人才，不少城市首先从放宽落户限制入手。如江苏省苏州市规定，本科学历人员可直接落户，大专学历在苏州连续缴纳社保 6 个月以上可办理落户。山东省青岛市规定，高校的在校大学生、青岛市以外（含境外）高校毕业学年在校大学生均可落户。

有的城市则从放宽大学生和专业技术人才的年龄限制入手。南京市对本科学历人才的落户年龄限制，从此前的 40 岁放宽至 45 岁。海口市将全日制本科以上学历或中级以上专业技术职称或技师以上资格人才的落户年龄从 40 周岁放宽至 55 周岁，全日制专科学历或高级工职业资格或执业资格人才从 40 周岁放宽至 45 周岁。广州市将学士、硕士和博士学历人员年龄限制分别从 35 周岁、40 周岁、45 周岁调整到 40 周岁、45 周岁、50 周岁；高校应届毕业生可直接入户。西安市更是取消了本科（含）以上学历的落户年龄限制；本科（不含）以下学历的，年龄由 35 岁（含）放宽至 45 岁（含）以下。

（2）提供各类补贴

生活补贴成为吸引人才的重要手段。无锡市向高校毕业生提供的租房补贴、生活补贴、创业支持、应聘实践补贴分别为本科（技师）毕业生每年 1 万元、硕士毕业生每年 1.5 万元、博士毕业生每年 2 万元，累计支持 2 年。郑州对新引进落户的博士毕业生、35 岁以下的硕士毕业生、本科毕业生和预备技师（技师），3 年内按每人每月 1500 元、1000 元、500 元的标准发放生活补贴。

给予引进人才以购房补贴和租房补贴。镇江市对硕士、博士毕业生分 3 年给予每人 15 万元、20 万元的购房补贴。郑州市青年人才首次购房补贴标准为：博士毕业生每人 10 万元，硕士毕业生每人 5 万元，本科毕业生每人 2 万元。深圳市新引进人才租房和生活补贴（需落户深圳），本科毕业生 15000 元/人、硕士毕业生 25000 元/人、博士毕业生 30000 元/人。浙江杭州对本科及以上所有应届大学生在发放本科毕业生 1 万元、硕士毕业生 3 万元、博士毕业生 5 万元一次性生活补助的基础上，再给予每年 1 万元租房补贴，最多可享受 6 年。

（3）给予人才团队较高引进待遇

针对人才团队，不少省（市）给予较高的引进待遇。如浙江省宁海县对落户宁海的顶尖人才团队，最高给予 1 亿元的经费资助；成都高新区为创业团队提供 5 套以上的人才公寓，给予最高 500 万元的一次性启动资金支持。

总体而言，在引才政策的“一阶段”时期，引才对象主要围绕国家或地区发展战略目标，重点引进一批能够突破关键技术、发展高新产业、带动新兴学科的“国字头”科学家和科技领军人才，引才范围比较狭窄，并且以安家费补助、岗位津贴、科研启动经费支持等物质激励为主。由于各地经济实力和工资收入待遇悬殊，东部地区引才激励的力度远远大于中西部地区，这使中西部地区的政策在狭窄的目标对象并且相对较低的物质激励水平之下，引才效果长期不理想。与“一阶段”相比，“二阶段”实施更积极、更开放、更有效的人才引进政策，不但扩大了人才引进的范围，而且提高了物质激励的水平。“三阶段”则继续扩大人才引进范围，引才政策待遇的普惠性更强；在政策内容上，采取放宽落户门槛与高额福利补贴并重的组合拳政策，政策手段也呈现出多元化特征，除物质激励之外，还有科研资助、创业扶持、税收优惠、工作经费、家属保障等。

（四）引才机构

引才机构从类型上可以分为政府组织机构、人才载体机构和中介服务机构。

1. 政府组织机构

人才引进的政府组织机构有广义和狭义之分。从狭义上看,主要包括各级党委组织人事部门的人才工作机构和相关部门的人才工作机构。从广义上看,由于人才引进后涉及落户、税收优惠、子女入学、卫生医疗、科技咨询服务、知识产权咨询服务等,因此为引进人才提供服务的相关部门也纳入广义的组织机构范畴之中。

2. 人才载体机构

人才引进是基于用人单位或社会组织对人才的迫切需求,因此人才引进的载体机构是人才的需求方,即用才单位,包括了国家机关、事业单位、科研院所、各类企业和社会组织等。从国民经济行业来看,可以划分为第一产业、第二产业和第三产业。由于各行业的发展水平不同,行业内部的生产技术水平和经营特点不同,对人才的需求类型和紧迫性也不尽相同。当前,每个地区的省、市乃至区县由于产业发展方向与发展重点有差异,形成了各具特色的产业集群与产业链,为人才提供更为广阔的但又各自特色的平台。

用人单位为人才提供发挥作用的场所或平台,包括了单位所属的产品研发机构、研发中心或研究基地、技术创新中心、生产基地、技能大师工作室、院士工作站、博士后科研工作站等。这些载体的硬件与软件越完备,越有利于人才产出,对人才的吸引力也越大。

3. 人力资源服务机构

在市场交易过程中,供求双方需要进行充分而完备的信息沟通和传递。人才引进同样离不开加快信息传递的中介机构,它们是连接人才供求双方、促成人才引进的桥梁。在这些中介机构中,最为重要的是人力资源服务机构。人力资源服务机构是指面向人力资源开发管理、配置利用等社会需求提供专业知识和技能服务的部门集合,从性质上包括公共人力资源服务机构和经营性人力资源服务机构。《国务院关于加快发展服务业的若干意见》(国发〔2007〕7 号)提出,发展人才服务业。2011 年发布的《国民经济和社会发展第十二个五年规划纲要》提出,规范发展人事代理、人才推荐、人员培训、劳务派遣等人力资源服务。这是我国首次明确将人力资源服务业纳入五年规划之中。同年,人力资源服务业正式列入国家产业目录,成为国家重点发展的产业领域,步入了产业化发展的轨道。

随着企业对人才需求层次的分化，人力资源服务机构的业务产生了不同的类别。针对高层次人才的寻访和引进，外资猎头公司开始进入我国发达地区，并拉动国内猎头公司不断涌现。猎头公司的信息库降低了招聘双方的信息不对称，减少了道德风险和逆向选择成本，在挖掘高端人才方面也更具广泛性与专业性。猎头招聘还有保密性好、节省时间、效率高、量身定做、有利于薪酬谈判等优势，在市场化引才中发挥了积极作用。随着人力资源服务市场的逐渐成熟，人力资源服务正在向产业化方向发展，为完善人才引进的市场化体系奠定了必要的基础。

（五）引才机制

机制是各要素之间的结构关系和运行方式。引才机制涉及机制模式以及影响人才引进的各种因素。

1. 引才机制模式

按照不同主体发挥作用的重要程度进行划分，人才引进机制可以分为以行政干预为主的政府主导型和以市场化手段为主的市场主导型两大机制模式。

（1）政府主导型

在政府主导型的机制模式中，政府处于引才体系的核心位置，除了制定人才战略与政策法规之外，还根据本地区的经济社会发展规划与产业发展规划制订和发布人才引进计划，确定重点产业集群发展所急需的人才类型，同时将人才的供求信息全部汇集到政府主管部门，再由主管部门进行资格审查、组织洽谈与考察，办理调入或迁入手续，最终实现人才与岗位的匹配。政府主导型机制模式在人才引进工作的一阶段较为常见，如图 1 所示。

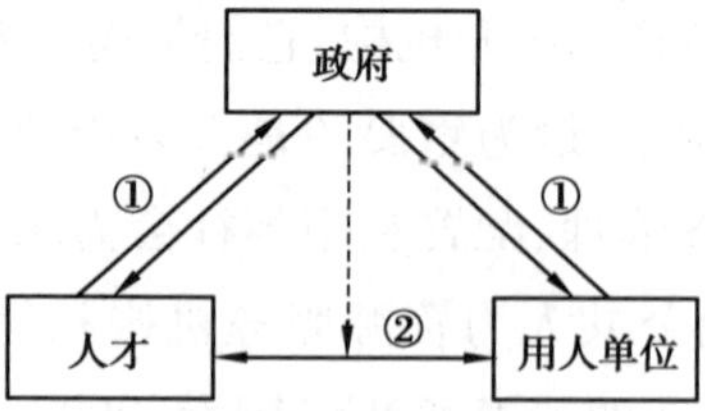

图 1　政府主导型

在政府主导型机制模式下，政府首先建立独立的人才引进工作组织机构，可以分为常规机构和高层次人才引进机构。常规机构包括政府相关部门的行政机构以及考试机构。高层次人才引进机构是为引进高层次人才而专门设立的，例如海外高层次人才引进工作办公室、市委人才工作领导小组办公室等。各地相关部门以工作组织机构的名义开展引才工作。除此以外,政府还主动搭建引智平台促成人才的引进和落地,如深圳市主办中国国际人才交流大会,杭州市主办国际人才交流与项目合作大会和海外高层次人才创新创业大赛,广州市主办中国留学人员广州科技交流会,南京主办中国留学人员南京国际交流与合作大会,重庆主办重庆英才大会等。

(2)市场主导型

在市场主导型机制模式下,人才和用人单位通过市场化的手段完成人才匹配,又可分为传统的市场主导型模式和创新的市场主导型模式两种类型。

①传统的市场主导型模式。

传统的市场主导型模式主要以传统的人才市场为交易环境,通过人才与用人单位面对面的信息传递与交流洽谈,完成人才匹配的过程,又可分为无中介机构的市场型模式和有中介机构的市场型模式。

无中介机构的市场型模式由人才本人与用人单位直接进行信息传递、沟通和洽谈,最终实现人职匹配,如图 2 所示。这种模式在人才流动的早期比较普遍,如用人单位前往普通高等院校的校园招聘,用人单位在所属官网上设立招聘专栏等。这种引才机制的优点是人才与用人单位直接见面洽谈,信息传递快、程序简便、用人单位招聘成本低,但是有可能存在信息沟通不畅的问题,因而人职匹配往往需要耗费一定的时间和精力。在这种类型中,政府承担的职能主要是负责制定相应的法律法规政策,为人才办理人事档案和户口的迁入手续,因而不需要建立专门的人才引进工作机构,不直接参与人才引进工作,人才引进完全依靠市场手段予以实现,人才的工资报酬、福利待遇、科研经费等引进条件主要取决于人才供求水平以及供求双方的协商谈判结果。

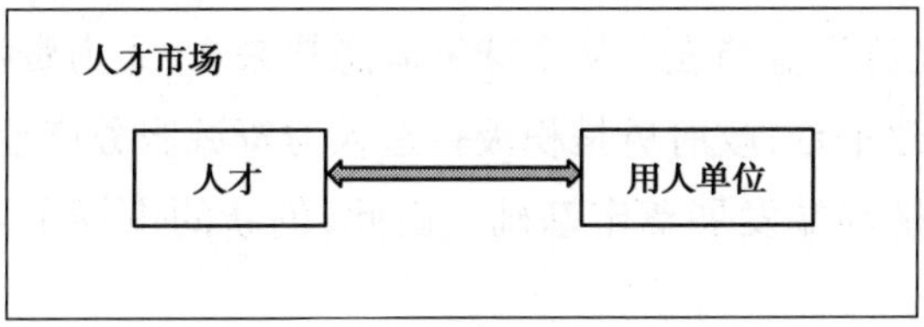

图 2　无中介机构的传统市场型

市场失灵是影响市场流动性的主要障碍。人才市场往往存在严重的信息不对称,影响人才匹配的效率与精准性,因此加快信息沟通与传递,降低人才搜寻成本和交易成本,需要中介服务机构作为供求双方的桥梁。在存在中介机构的类型中,市场机制仍然起着关键性作用,人才的工资报酬与福利待遇水平仍然由人才供求决定,如图3所示。但是供求双方并不是通过直接的搜寻见面,而是各自通过人力资源服务机构获得信息并最终达成交易。由于市场中参与人才流动的主体增多,政府不但需要制定更为完备的法律法规约束交易各方的行为,还需要对人力资源服务机构既进行激励又进行监管。为了使人力资源服务企业更好地发挥产业集聚作用,实现人力资源服务产业的规模经济,政府会调动财政资金和民间资本,成立引才基金,建设人力资源产业园,吸引人力资源服务企业入驻园区,并给予相应的政策与资金支持。

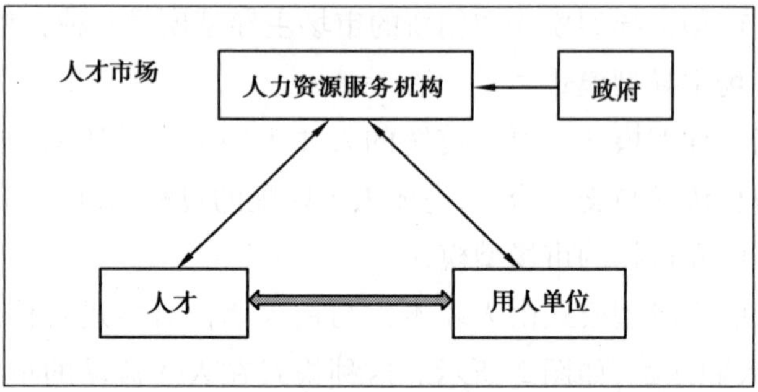

图3 存在中介机构的传统市场型

②创新的市场主导型模式。

创新的市场主导型模式与传统的市场主导型模式的共同点是人才引进仍然是在人才市场环境中完成,并遵循人才市场的供求规律与竞争规律,通过市场机制实现人才资源的优化配置,如图4所示。与传统的市场主导型模式不同之处在于,人才供给方与需求方之间不但存在人力资源服务机构,而且政府也会参与其中,政府与人力资源服务机构通过项目或资本实现人才的引进和最优配置,人才引进主体的多元化,使引才工作变得更加复杂。

近年来,平台经济日益趋强。从全球发展态势来看,人力资源服务正在向平台化方向发展。为搭建平台,政府更是积极打造人力资源服务产业园平台,为人力资源服务机构向价值链高端发展奠定基础。由此,创新的市场主导型模式进一步升级,如图5所示。

由于用人单位所需要的人才往往是在普通人才市场上难以寻觅到的,是人才队伍中的高层次人才或领军人才,因此人力资源服务机构主要是猎头公司。与此同时,地方政府往往需要制订专门的人才计划,以提高对人才的吸引力。高层次人才的流动目的是实现自身人力资本的价值,其实现方式主要是依托重大研究开发

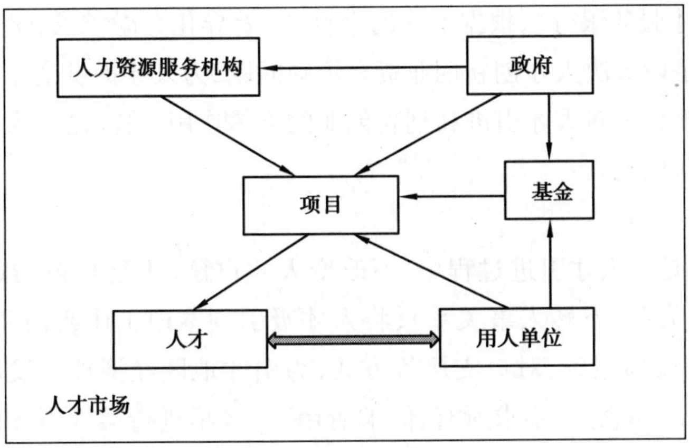

图 4　创新的市场主导型

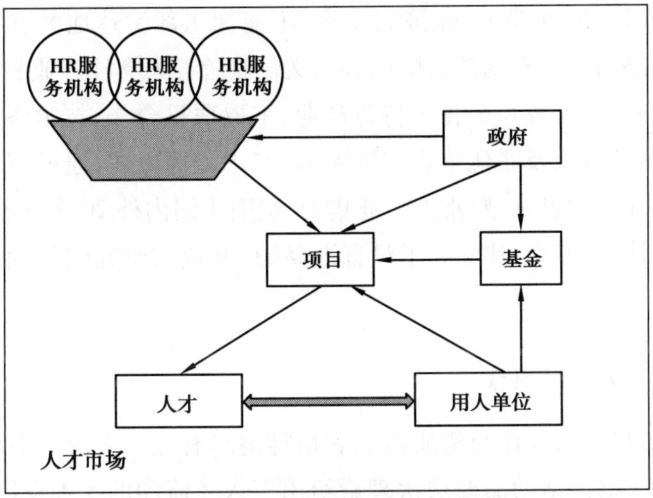

图 5　基于平台的创新市场主导型

项目,从而产生了具有创新性特点的“项目(资本)+人才型”机制模式。受经济发展水平、产业发展水平、技术水平或区位影响,人才不一定采取调入或迁入方式,从而还有柔性引才型机制模式。

a. 项目(资本)+人才型。

项目(资本)+人才型机制模式围绕项目凝才聚才,将重大项目建成聚集高端人才的平台,形成人才聚集与项目实施相融互补的格局。由于重大项目载体或平台需要建立科技产业园、孵化器或者创新中心等载体加以支撑,人才创新创业面临资金短缺问题,因此需要成立基金加以支持。如杭州市引进和培育了一批风投机构、孵化器等中介组织,为人才、项目、资本提供纽带。据统计,杭州现有各类风投、创投机构超过 1000 家、备案基金接近 2900 支,规模超过了 3000 亿元。此外,杭州还成立了“人才服务银行”，根据人才的个性化、差异化金融需求，量身定制服务方案，通过市场手段解决人才创新创业资金短缺问题，为人才提供全方位的优质金融服务，充分发挥金融对人才引进和创新创业的支撑作用，目前已为人才企业提供授信支持超过 50 亿元。

b. 柔性引才型。

柔性引才是在人才引进过程中，不改变人才户籍（不迁户口）或国籍，不改变人才与原单位关系（不转人事关系），将人才吸引到本地工作或创业，通过顾问指导、短期兼职、候鸟服务、对口支援等方式，为引才地区经济社会发展提供智力支持。柔性引才的理念是“不求所有，但求所用”。较早进行柔性引才的主要是许多高等院校、科研院所以及重点实验室等，继而扩大到地方性企业。以云南省普洱市为例。由于普洱市地处偏远，经济欠发达，不能像东部发达地区有丰厚的引才资金。普洱市围绕当地特有的茶、林、电、矿、文化旅游五大支柱产业和烟草、咖啡、蚕桑、橡胶、生物药业、渔牧 6 个骨干特色产业，采取项目合作、技术咨询、技术承包、技术入股、技贸结合以及联建重点实验室、研究中心等方式，通过市场机制引导全国各类优秀人才向重点领域、重点产业集聚，吸引了国内外 20 多家科研院所，柔性引进 100 多名博士、专家，建立起了没有围墙的“开放式研究院”，促进了当地经济发展。

2. 影响人才流动的因素

人才之所以流动，往往与物质需求和精神追求有关。美国著名心理学家亚伯拉罕·哈罗德·马斯洛的需要层次理论给出了人才流动的 5 种动因，这些动因也是影响人才引进效率的因素，可以将这 5 种动因细分和归纳总结为如下 3 个方面。

（1）实现自我价值

人才都具有自我价值实现的愿望，高层次人才的愿望更加强烈。这些愿望主要来源于 3 种形式，第一种形式是通过经济待遇实现自身人力资本价值，包括薪资、福利、购房、配偶工作、子女上学、社会保障等，只有经济期望得到回应，人才才能在工作中保持积极向上与稳定工作的良好心态。第二种形式是获得尊重和认可，包括对人格的尊重、业绩或成就的认可、发展空间等。第三种是对自己所拥有的知识与研究成果的现实转化与收益，即是否能够通过成果交易、股权和期权等方式获得相应的收益，推动生产力和产业的进步与提升。

(2)加速人才成长发展

随着社会发展,人才更加看重自己能否在工作中实现更加长远的职业生涯目标,是否能够在更高的平台获得快速成长和发展。基于这些原因,人才会非常关注流入地的软环境与硬环境。从软环境来看,包括城市的文化底蕴、文化观念以及公众的思想境界、精神品格、学术氛围等内在潜力,这些是一个城市吸引人才的“无形资本”。人才硬环境则主要表现为区位优势、经济实力、科技水平、产业结构、医疗卫生防疫、教育投入、人才竞争力、城市环境、公共服务水平等与人才工作和生活息息相关的物质形态。一个地区或城市只有拥有了雄厚的物质资本和无形资本,才会产生具体的磁吸力,吸引人才前往工作生活。

(3)满足创新创业需求

创新创业是当代社会彰显人才价值的主要方式。人才对创新创业的需求包含以下 3 点:一是是否具备能够使人才大展身手的创业环境,当地是否为创新创业提供良好的财税政策环境、配套设施与公共服务,是否形成完整的产业链或产业集群;是否有提供创新创业的大平台和大机构;二是能否获得创新创业所需的人力、资金支持以及知识产权的保护,是否有完善的股权交易市场;三是创新创业是否能够获得应有的奖励和回报,是否有完备的股权激励、成果转化利益分配、职称评定等激励政策。

二、重庆市引才体系现状分析

(一)政府层面

1. 引才做法与成效

近年来,重庆市各级部门积极创新人才引进机制,支持人力资源服务产业发展,为完善市场化引才体系奠定了良好的基础。党的十九大以来,重庆市新增人才资源 36.04 万,新增高层次人才 1772 名,引进急需紧缺人才 1.71 万名,引才政策与做法取得了良好的效果。

(1)不断优化人才引进政策

2015 年以来,重庆每年定期举办重庆国际人才创新创业洽谈会(于 2019 年正式更名为重庆英才大会),为集聚“高精尖缺”人才搭建平台;依托海外引才联络站、海外技术合作平台等,加大引才投入力度。立足创新驱动发展战略,2021 年 4 月,重庆市发布了《重庆市加快集聚优秀科学家及其团队的若干措施》《重庆市支持青年人才创新创业的若干措施》，围绕安家资助、项目支持、岗位津贴、科研经费、金融扶持、成果激励等共提出了17条措施，不断优化人才引进政策。

（2）大力营造“近悦远来”人才生态

一是为“塔尖”人才营造生态。具体措施包括：①优先支持设立专家工作室、博士后科研（流动）工作站；②支持组建团队，自主支配经费、自主决定技术路线，优先保障博士后、研究生招收名额，团队成员在职称评定、事业编制等方面享受“绿色通道”；③鼓励成果转化，优秀科学家在渝成功转化科技成果，按技术合同成交实际到账额5%奖补，单项成果奖补最高可达100万元，优秀科学家领衔的企业承担协同创新重大研发项目给予最高500万元补贴；④提供贡献奖励及融资便利，发放“重庆英才金融卡”，提供免担保、免抵押、可执行基准利率的信用贷款，以及最高500万元的知识价值信用贷款、最高2000万元的流动资金贷款；⑤对优秀科学家及其团队成员，鼓励用人单位实行协议薪酬、股权激励等灵活分配制度，对获得重大创新奖励的，市级财政将给予1∶1配套奖补；⑥提供出入境便利、健全服务保障体系、优先推荐参评国家级人才项目（奖励）和“重庆市杰出英才奖”等服务。

二是为“塔基”人才营造生态。具体措施包括：①支持科研项目。市级面上基金项目重点支持40岁以下青年科研人员开展基础科学研究。②支持成长成才。重庆英才计划每年遴选支持100名左右青年人才，给予人才奖励金和最高40万元的研究支持经费，对取得标志性成果的青年人才，可不占人才项目推荐名额并直接进入评审环节，可不受岗位结构比例限制破格申报评审正高级职称。③支持创业融资。全市统筹提供1万个创业工位，在渝创业青年人才可申请最高200万元的创业免抵押贴息贷款。每年遴选200个以上青年人才创新创业优质项目，给予种子投资引导基金支持或最高50万元的资助。④发放安家补贴，加强住房保障，提供职业培训、创业指导、配偶就业等服务。

（3）积极助力人力资源服务产业的发展

一是加强规划，将人力资源服务业发展作为专章列入全市人力资源和社会保障事业发展“十四五”规划。

二是加快对人力资源服务业的政策牵引，出台了《关于加快人力资源服务业发展的实施意见》《重庆市人力资源市场条例》，设立市级人力资源服务产业发展基金，增设政府购买服务，促进行业集聚发展，促进高端业态发展。

三是搭建国家级、市级、区县三级产业园“1+10+N”多层次、矩阵化战略布局，建成全国第二家、中西部第一家国家级人力资源服务产业园。同时，积极服务西部

(重庆)科学城人才保障需求,按照“一园多区”思路,高标准建成中国·重庆人力资源服务产业园科学城园区,扩展国家级园区辐射带动范围。积极推动市级产业园建设,批建大足、荣昌、垫江、北碚、万州5个市级产业园,充分发挥产业园集聚产业、拓展服务、孵化企业、培育市场功能作用。持续举办西部人力资源服务博览会、猎头行业发展峰会等赛事活动。

四是支持创新。建设人力资本产业中心、人才孵化创新平台等,布局人力资本产业生态;支持人力资源服务机构运用大数据、云计算、移动互联网、人工智能等新技术,发展灵活用工、人力资源信息软件服务、人力资源测评系统等业态和产品,推动人力资源服务产品创新、管理创新与技术创新。

五是全面开展从业人员技能提升培训,针对性培训人力资源服务机构高级管理人员,举办人力资源服务机构业务骨干培训班等。

2. 存在问题

(1)政府主导性过强,协调性不足

一是行政机构的主导性过强。在人才引进政策执行过程中,政府按照自身目标而不是人才创新创业的目标支配财政资源,没有理顺与市场、用人单位、人才的任务分工关系,主要以独立的人才计划或人才项目的形式吸引人才进行申报和认定,并详细和严格规定申报条件,主导性非常强。调研发现,用人单位想要引进的人才不能满足政策规定条件的不在少数,用人单位愿意引进的人才大部分达不到获得政策红利的资格条件,用人单位在引才过程中处于弱势地位。

二是部门之间横向协调困难。近年来,重庆市出台的各种引才政策文件,涉及人才安家资助、住房保障、配偶就业、分配激励、项目扶持、创新创业等多个方面,但是这些政策出自多个部门,并且一些人才政策还互为前提,在政策实施过程中难免存在跨部门协调困难等问题,使政策在一定程度上存在断带现象。

三是部门之间的纵向管理分割。位于主城区的人力资源服务机构,在服务人才方面发挥作用相对较大,但是部分区县尤其是经济欠发达的区县,人才交流服务中心等机构的职能难以发挥积极作用。市级部门主要执行市级的人才计划,区县部门主要执行区县一级的人才计划,市级人才政策到区县一级被选择性执行,无法同时实现市县两级人才政策的既定目标。

(2)引才政策缺乏比较优势

人才在流动时,都会对各地区的引才政策进行比较,其中政策待遇成为比较的重点内容。如深圳对引进高层次人才最高给予300万元奖励、600万元安家资助，对项目团队最高给予1亿元综合资助；成都对各类领军人才最高给予300万元资助，对创新创业团队给予最高1亿元资助；杭州对博士等青年人才落户给予最高6万元一次性补助。与这些地区的引才待遇相比较，尽管重庆的“塔尖”政策大幅度提高了引才待遇，但由于受益对象有限，引才待遇与一些先进地区相比，仍然存在巨大的落差，引才政策缺乏比较优势。

(3)政策缺乏连贯性

高层次人才引进政策体系应当包括引进、使用、评价、考核等诸多环节在内的全过程，但目前的各类高层次人才政策重心都放在引进环节，而对人才的使用、评价、考核以及后续支持等政策显得不足，有头重脚轻的现象。此外，新旧政策之间的衔接不足，引才部门各自为政，其结果造成了信息壁垒和沟通不畅，导致公共资源和人才资源的双重浪费，降低了人才引进和使用的效率。

(4)政府人才评价与市场错位

人才政策在待遇等规定上比较详细，但在人才评价标准上则显得比较笼统，突出的问题集中在两个方面：一是存在唯论文、唯帽子、唯职称、唯学历、唯奖项、唯资历现象，没有突出人才品德、能力、实绩和贡献，如果体制外的人才参与评定，无高学历、无高职称但在行业内确有影响力的人才，无法达到引进条件，这与用人单位的引才意愿背道而驰。二是评价标准不够细分，评价主体单一，多元化的评价体系未建立，使用人单位无法对人才的价值进行衡定和判断。

除上述问题外，还存在诸多具体问题。如部分引才政策设定门槛较高，许多区县(自治县)无人申报；区县工业基础薄弱，产业结构层次较低，区县内多集中为传统中小型企业，对高层次人才的需求不强烈，也难以为高层次人才提供完备的事业发展平台。截至目前，重庆市只有第三方的报告，缺乏比较权威的、由政府发布的行业人才需求报告与预测，没有对人才引进起到全局统筹与指导作用。

(二)引才平台

人才引进尤其是高端人才引进之后，需要为其提供可以落地的平台，国家机关、企事业单位、高等学校和科研院所等承担了这一重要功能。2021年，重庆市国家重点实验室达到10家，国家企业技术中心达到37家，新型研发机构达到142家，高新技术企业、科技型企业分别达到4222家、26371家，有研发机构的规模以上工业企业占比达到25%，创新平台体系不断完善，初步形成布局合理、链条完整、功能互补、支撑有力的创新平台体系。但在人才引进中，仍然存在一些难题和短板。

1. 企事业单位引才现状

随着科技创新与产业链的形成，企业尤其是生产制造型企业开始出现谱系化、系统化趋势，企业要想在激烈的市场竞争中立于不败之地，必须拥有具备关键性部件生产研发能力的高技术人才。课题组在对企业进行实地调研中发现，高层次人才引进客观上存在一定的难题和困境。

(1)平台特色不突出，对人才吸引力不强

一是企业所在的特色优质园区较少，产业园区、留学生创业园等特色不鲜明，产业集聚效力差，没有形成品牌效应和影响力，集聚人才的能力不强。

二是近年来科技型创新型企业虽然增长较快，但在重庆市内创新驱动战略的大背景下，数量仍然偏少，规模较小，引进的人才与现有产业发展之间未能达到有效衔接，新兴产业人才的缺口较大，"产业+人才"模式进展不理想。

三是企业在产业发展、项目规划中，缺少系统性、前瞻性的人才规划和资金安排，导致部分产业或项目由于缺乏人才支撑而无法落地发展，反过来不能为人才引进、集聚以及人才的发展提供新的更大的平台。

(2)借助猎头公司引进人才仍有局限性

在所调研企业中，均借助了猎头公司进行人才甄选，虽然企业签约合作的均为国内知名度较高的猎头公司，但是深耕重庆市重点行业和特色产业的猎头公司为数不多，仍然难以找到企业急需的人才。究其原因，主要是企业所需的人才专业性极强，猎头公司无法掌握人才画像，其人才库里没有相应的人才储备，有的企业最后引进落地的人才不得不从相关联的低端产业转型而来。如某汽车制造企业，急需汽车电瓶人才，只能从摩托车电瓶人才中引进。

(3)受区域影响较大

人才引进不仅是人才一个人的流动问题，还涉及人才配偶和子女等的迁移。重庆地处内陆，但国内大多数的外资、合资企业集聚在沿海发达地区，大多数人才的家庭也在这些地区安家、买房和入学。调研发现，有的企业与人才本人已经基本达成引进意向，但由于遭到其家庭的反对而难以成行。即使签约成功，也往往只能签订期限较短的合同，企业极有可能面临合同到期后先期投入的软件和硬件闲置与浪费问题。为了解决这些矛盾，一些企业为了引进一个成熟人才，就在沿海发达地区开办分公司或设立创新中心，这种办法既解决了人才家庭问题，还满足了人才与同行之间的交流，对重庆的企业有利，但对重庆整体的人才引进却难以起到积极的示范作用。

(4)企业需求与政府人才政策的错位

近年来，重庆市先后制定了人才引进的“鸿雁计划”“塔尖”“塔基”等政策，但这些计划对人才的学历、海外留学经历、工作经历、创业经历等都有非常明确的要求，如没能达到这些要求，就不能享受相应的待遇和创业研发资金支持。但从企业生产的专业性角度来看，企业需要的是某一生产领域的成熟型人才，能够为企业带来重大经济效益和贡献，是否具备人才政策里规定的基本条件并不重要。由于人才引进政策规定，企业只有引进了政策规定的人才，才能获得相应的引进补贴，因此调研中能够享受到引进补贴的企业也少之甚少。

(5)人才引进存在政策障碍

一是用工制度的障碍。重庆市认定是否成功引进人才，是以签订劳动合同作为判断依据。但引进的人才本身可能是职业经理人，或先期创业成功拥有自己的公司，如果要与引进企业签约，就必须放弃职业经理人或公司所有人的身份。由于人才自身就比较优秀，要放弃已有的收益和所得与引进企业签订劳动合同，就需要给予其更高的薪酬待遇。从引进的企业来看，民营企业的自主性相对较强，可以由企业决定，但国有企业的待遇薪酬受到上级集团或国资委的管控，实施上有较大难度，即使“一事一议”，也会因为流程多程序过于复杂，延误人才引进的时间。

二是待遇支付方式的障碍。支付障碍在国有企业尤为明显。根据现有财务规定，企业资金支付不能直接使用现金，企业用工必须以工资支付。国有企业如果想要柔性引进科研院所的人才，难免遇到支付难题。此外，人才引进在会计核算、税收优惠等方面的处理，也带来相应的难度。

(6)人才认定与评价不足

如何认定与评价人才，是当前企业的困惑之一。如重庆市汽车制造、装备制造企业，急需基础材料、软件、芯片、自动化控制、压缩机等专业性极强的人才，但由于这些人才属于高端人才，而企业内部人员不具备相应的高精尖知识，只能依据人才的学历、工作经历进行粗浅的判断，有“低端人员评价高端人员”的困惑，影响了人才引进的精准性，在一定程度上也使人才引进工作面临风险。此外，在引进海外留学人员时，出于安全原因，需要委托相关部门对海归人才进行多轮调查，企业引才存在一定的顾虑。

2. 高校、医疗机构及科研院所引才现状

高等院校、医院以及科研院所，成为引进人才的聚集地。是否具有较高的学科、专业和技术平台，直接决定了人才的流动决策。重庆市的高校、医疗及科研院所在人才引进的平台上，存在实力、体制和机制上的障碍。

(1)引才聚才的优质科研平台严重缺乏

拥有具有人才头衔、学术带头人称号的领军人才，成为高等院所竞争取胜的法宝。目前重庆市“双一流”高校和高质量研究院紧缺，极大地影响了人才尤其是高层次人才的聚集。从高等学校来看，重庆市的“双一流”建设学科只在重庆大学和西南大学两所学校内，重庆医科大学、西南政法大学、重庆交通大学、重庆邮电大学等地方高校，虽然具有自身的学科优势与科研特色，近年来为“双一流”建设付出了巨大的努力，但都未能获批，对领军人才失去了吸引力，使人才引进工作陷入困境。大院、大所尤其是“中”字头的高校和科研院所较少，极大地影响了领军人才在重庆的落地生根。

(2)人才引进方式和评价模式固化严重

重庆市高校院所在人才招聘的方式上主要有两种：一是通过单位官方网站或公众号、政府人才网站、学术期刊等发布招聘信息；二是前往国内外进行专项招聘。从2020年年初发生新冠肺炎疫情以来，此方式受到极大的限制。由于大部分高校和科研机构属于事业单位，有严格的财经管理制度，即使想要与猎头公司合作进行海内外人才搜寻和招聘，受制于经费预算，招聘成本没有合理的支出项目，难以用市场化手段提高人才引进的速度与成效。

与企业相比，高校、医院和科研院所的人才评价机制固化更加严重。人才评价标准长期以头衔、职称、学历、论文发表数量、科研项目级别、项目数量等与人才个人相关的信息项目作为评价的关键内容，忽视对人才学科引领力、团队领导与合作能力、人才培养能力等方面的评价。人才引进后，用人单位付出资金不少，但团队建设与带动的作用不显著。

(3)人才引进后的激励机制落后

领军人才进入高校院所以后，尤为看重学科平台、科研平台以及发展前景。然而，高校院所具体到人才引入之后的潜力挖掘作用发挥的机制与配套措施方面严重不足，一是人才经费使用有严格的报销规定，尤其是固定资产和软件的购买，需要烦琐的手续与流程，承诺提供的科研平台的硬件和软件的配备很长时间都不能

到位,团队组建困难,人才应有的价值无法有效发挥;二是科研项目体现不出对自身人力资本的报酬。如高校科研项目管理规定,项目负责人只能按经费总额最高40%的比例提取间接绩效,并且还要缴纳高达20%的个人所得税,这些制度极容易对人才本身造成较大的心理落差。相比之下,北上广等发达城市以及其他一线城市,学科平台和资源平台较好,激励机制相对灵活,人才更倾向于选择这些制度宽松、学术氛围好、成长空间大的城市落户。

(三)人力资源服务产业

随着重庆市人力资源市场体系建设的不断推进,人力资源服务业在促进就业创业、优化人力资源配置以及人才引进方面日益发挥重要作用,但同时也存在不足与短板。

1. 发展成效

2018 年以来重庆市人才工作步入了市场化、专业化轨道,人力资源服务业取得长足发展,多元化、多层次的人力资源服务体系初步形成。2020 年,全市人力资源服务机构达到了 2155 家,较“十二五”末增长 196.4% 。2020 年,全市全年行业营业总收入 489.53 亿元,较“十二五”末增长 191.1% 。截至 2021 年,中国 · 重庆人力资源服务产业园(含科学城园区)入驻企业 112 家,园区企业全年营收突破 130 亿元。初步形成了“1+10+N”的矩阵式发展格局,产业集聚效应日益凸显。

2. 现状与不足

(1)产业规模仍然偏小

一是营业收入水平不高。虽然近年来全市人力资源服务机构的营业收入有较大增长,但与发达城市相比差距较大,2020 年仅为上海的 12.58% 、浙江省的 21.28% 、广东省的 24.45% 。据统计,2020 年全国人力资源服务产业营收规模超过 2 万亿元,上海营收规模份额约占全国的 20% ,浙江省约占 12% ,广东省约占 10% ,而重庆只占 2% 的份额,如图 6 所示。

二是在重庆市内具有示范引领作用的领军企业少,品牌企业严重不足。2021 年,尽管全市人力资源服务机构达到了 2846 家,但外资企业只有 5 家,港澳台资企业仅 1 家,较多的知名企业总部设在上海、深圳等城市,只在重庆开展人力资源服务业务。

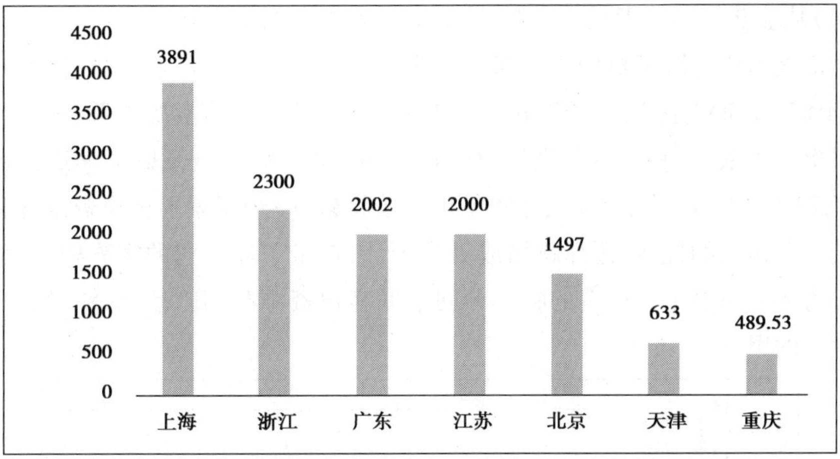

图6　2020年部分城市人力资源服务机构营业收入(单位:亿元)

(数据来源:市人力社保局)

(2)服务业态不断发展,但行业结构亟待优化

从大多数人力资源服务机构提供的产品和服务来看,行业结构亟待调整优化,劳务派遣、现场招聘会等传统服务业态和服务手段依然占据主体,提供高级人才寻访、人才测评、管理咨询等中高端专业化、精细化服务业务较为欠缺,产业链低端化、同质化现象非常突出。如高级人才寻访,2020年仅实现营收1.05亿元,仅占全行业年营收份额的0.21%。由于多数人力资源服务机构业务仍处于低端,专业性严重不足,少有机构在专业领域人才方面进行深耕,专业人才储备量少,用人单位提出高端人才需求时,机构无法快速满足客户需求提供合适的人选。

(3)信息化建设滞后

大多数机构低端业务占比过大,专业性较差。许多机构虽然建设了自己的人才信息库,但信息化程度不高,除通过人才自己投递的简历之外,获取人才信息的渠道主要还是来自网上招聘网站。由于网站或个人没有及时更新动态,储备的人才信息极容易随着求职者找到合适的岗位而过时。近年来,相关部门加强了对网络信息安全的监管,非注册招聘企业无法查看完全的求职信息,也导致收集信息的不全面。从人才流动的特性来看,高端人才极少通过网上投递简历进行求职,因而从网络及时获得高端人才信息寥寥无几,人力资源服务机构工作基础数据不准确、信息共享不及时、综合利用不到位等问题比较突出,影响市场化人才引进效果。

(4)从业队伍整体素质有所提升,但自身高层次人才缺乏

全市人力资源服务机构户均拥有从业人员不足 12 人,从业人员总量与广东、浙江、上海、北京等地相比,差距较大,如图 7 所示。从整体素质来看,全市行业内部高层次人才缺乏,其中本科及以上学历仅占 28%,大中专及以下学历人数占比达到了 72%。猎头公司自身人才流动也比较频繁,一些积累了客户资源的猎头顾问不安于公司给的提成,选择跳槽或另起炉灶,带走了原公司的客户资源,成为原公司有力的竞争对手。还有的猎头顾问借助客户资源与招聘信息,跳槽去了工作更加稳定的甲方。

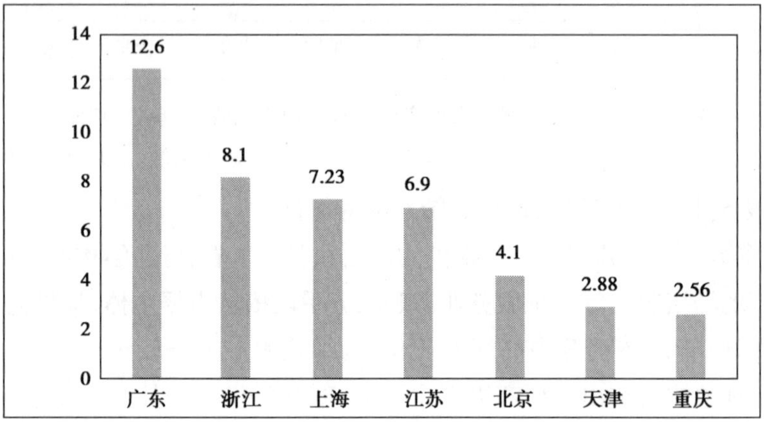

图 7　2020 年部分城市人力资源服务从业人员数量(单位:万人)

(数据来源:市人力社保局)

(5)人力资源服务机构经营存在一定程度的困难

一是受区位影响较大。重庆市地处西南地区,地理位置就存在一定局限性,人才更倾向于北京、上海、深圳等发达地区。与沿海经济、政治较发达的地区相比,重庆市引进的人才的待遇水平与发达地区就有较大的差距,如深圳引进一个人才,人力资源服务机构的补贴可以达到 40 万元。

二是重庆市产业结构失衡。重庆市的产业结构更多偏向于劳动密集型,制造业偏多,劳动力需求量大,缺乏高端高科技企业,因此对高端人才需求不旺盛。如 2015 年政府引进了国际猎头公司,但由于重庆缺乏高端企业,没有相对应的人才空缺岗位,导致猎头公司无业务。

三是用人单位的观念滞后。不少用人单位对人力资源服务行业和人力资源服务机构的认知度不高,对委托专业性人力资源服务机构从事专业化管理服务认识不足,采购人力资源服务产品的认识不足、意愿较弱。重庆本地企业大多认为服务

费率太高，企业与匹配的人才薪资期望不同。

四是经营存在风险，行业不规范，恶性竞争比较突出。人力资源服务公司设立门槛低，行业内小公司比较多，家庭作坊式经营，专业性不够，不遵守行业规则，进而扰乱了整个行业秩序。

三、建立完善重庆市市场化引才体系的对策建议

要提高人才引进的成效，充分发挥人才资源在重庆经济建设中的支撑作用，必须转变政府在人才工作中的职能和重心，正确处理好政府、市场、社会三者间的关系，科学划分政府管理与市场运作的边界，减少政府对人才资源的直接配置，将资源配置权限交给市场，建立完善"政策牵引、公共机构引领、经营性机构支撑、用人单位实施"的市场化引才体系，通过完善市场机制与市场手段，推动人才资源配置依据市场规则、市场价格、市场竞争实现效益最大化和效率最优化。

（一）明确政府定位，充分发挥政府引导市场的作用

1. 明确政府角色定位

在社会主义市场经济中，人才从市场中来，因此从顶层设计的角度，应当首先正确划分政府行政管理与市场运作的边界，明确政府与市场的责任分工。只有对政府角色进行科学合理定位，才能遵循"因势利导，市场为先"的原则，制定的一系列制度政策、行动计划和方案，对人才引进产生积极的推动作用。具体而言，政府的角色定位如下。

一是人才引进的方向引领者，即坚持党管人才的原则，保证人才工作的正确方向，引导人才资源有序流动，为用才单位获得急需紧缺人才提供指导。

二是制度政策和公共服务的供给者，即制订产业发展规划和重点产业人才计划，制定科学合理的人才政策；为人力资源服务业平台发展提供必要的公共产品，引导资源有序流动和科学共享；为人才引进提供全方位的公共服务，确保人才计划的推进和实施。

三是人才环境的培育者和营造者，即致力于发展区域经济，优化人才环境，提升城市形象，打造"近悦远来"的良好人才生态体系，培育人才生根发芽的优质土壤。

四是人力资源服务体系的监管者,即制定对人力资源服务机构监督管理的法律法规和制度,加强对市场各方的监管,保障人才市场供求主体的合法权益。

五是创新创业资金的提供者,即运用财政、税收、金融等手段,支持用人单位积极引进国家级高层次人才,为人才创新创业提供必要的资金支持或引导社会资本对人才引进的投入。

2. 发挥政府作用,营造“近悦远来”的人才生态环境

从社会主义市场经济运行规律来看,本应由市场承担的职能,应当交由市场来完成,这也是落实立足新发展阶段、贯彻新发展理念、构建新发展格局、直面市场主体需求、深化“放管服”改革的要求。除引进国家级高层次人才之外,政府主要承担引领者、公共产品和服务的供给者、人才环境的营造者以及监管者,使人才市场更加富有活力。

(1)完善政策支持体系,实现人才的分层分类引进

政府的职能主要是加强对支持高端人才引进的科技政策、产业政策、教育政策、信贷政策、财政政策、税收政策、土地政策、就业政策等人才政策资源的统筹使用和一体化推进,打通关联部门之间的政策屏障,使各部门形成人才引进的强大合力。

根据分层分类推进人才引进工作的思路,在政策体系上体现不同的侧重点:对高端人才,重点完善科技政策和产业政策,以重点产业发展吸引人才的流入,从财政、税收、金融和土地政策等方面重点为高端人才的创新创业提供强有力的支持;对高等院校、医疗机构和科研机构的学科带头人、领军人才,重点落脚在科研项目、平台搭建、绩效管理等提供保障;对企业专业技术人才、技能人才和高校毕业生,重点在教育、培训、薪酬、就业等政策方面提供积极指导。

(2)提升城市形象,增强城市竞争力

一是着眼于“两点”“两地”“两高”战略定位,以成渝地区双城经济圈建设为契机,打造国家重要先进制造业中心、西部金融中心、西部国际综合交通枢纽和国际门户枢纽。从“一区两群”发展格局出发,加快形成优势互补、高质量发展的区域经济布局,使重庆成为第四增长极的核心点,增强人才来渝落地发展的信心。

二是着力发展实体经济,加快构建现代产业体系与产业链。深入实施制造业高质量发展行动方案,持续发展先进制造业向高端化、智能化、绿色化升级;加快发展数字经济,启动国家数字经济创新发展试验区和新一代人工智能创新发展试验

区建设;大力发展现代服务业,增强金融服务实体经济能力,增强人才来渝落地发展的决心。

三是改善创新生态,以西部(重庆)科学城为主引擎,联动两江协同创新区发展,引导高新区、经开区和各类产业园区创新转型,建设综合性科学中心,打造全国重要的科技创新和协同创新示范区。培育创新力量,力争大科学装置、国家实验室基地、"双一流"建设取得新进展,新型研发机构、高新技术企业、科技型企业在规模和数量上有更大的突破,为人才搭建更高的事业平台。

四是提升文化建设原创能力,营造多元包容的文化生态环境,推进城市精细化管理,建设山清水秀美丽之地,提升城市现代化治理水平,增强城市公共交通便利快捷性,提升教育水平、医疗水平,为人才营造优良放心的生活环境。

(3)支持人力资源服务业发展,营造发展良好环境

一是健全完善人力资源市场法规体系,制定推动新时代人力资源服务业发展的政策措施,为人力资源服务行业发展营造良好的政策环境。

二是将政府直接引才转为向专业化的人力资源服务机构购买服务,将人力资源服务纳入政府购买服务的指导目录,制定完善财政、税收、金融等配套制度政策。通过搭建人力资源服务产品推介的平台,积极促进用人单位与人力资源服务机构的供需对接。

三是进一步打造人力资源服务产业园平台、人力资源服务公共服务平台,重视后续的建设与服务,引导人力资源服务业加快实现融合创新、集聚发展以及效能提升。

四是规范实施人力资源服务行政许可,进一步简化优化审批流程;探索建立人力资源服务机构等级评价体系;加强对人力资源服务机构的监督,规范经营行为,形成诚信守法、公平竞争的行业市场环境。

五是加大宣传力度,营造有利于行业发展的舆论环境,扩大人力资源服务业的知名度、美誉度和社会影响力。

(二)明确用人单位定位,充分发挥人才需求方的能动作用

1.明确用人单位角色定位

用人单位是真正能够让人才价值得以最大程度实现的载体组织,直接为人才提供可以发挥作用的平台,因而用人单位的角色定位如下。

一是人才的需求者。用人单位根据自身所需,向市场提出人才需求,包括各类职业或岗位对人才需求的数量、质量、专业结构和类型,提出人才画像。

二是人才的搜寻者。对于一般性人才,用人单位可以借助网络、媒体或校园进行直接招聘,也可委托人力资源服务机构进行招聘,但对于"塔尖"人才,则需要借助猎头公司或政府相关部门,与他们共同进行搜寻并进行引进洽谈。

三是人才的使用者。人才在进入用人单位之后,工作的顺畅与愉快、获得相应的资金、软件和硬件的保障,决定了人才的吸引力,进而决定了人才的长期稳定性。因此用人单位需要在人才使用过程中完善本单位的人才管理制度与治理体系、薪酬体系以及激励机制,激发人才的积极性和能动性,树立用人单位尊重知识、尊重人才的良好形象,营造人才使用的良好氛围。

2. 发挥用人单位作用,激活人才载体的引才活力

激活人才载体的引才活力,需要构筑用人单位"用得好""留得住"的人才阵地,以"人才+事业""人才+平台""人才+服务"建立人才使用新机制和新制度。

(1)立足事业引才

把人才引进和使用放到区域经济社会发展的大局之中,以新时代新发展格局和产业转型升级为导向,使人才专业和领域与地区发展、用人单位发展相契合,使人才及团队充分了解他们的人力资本价值和重要地位,使领军人才来了就能带动一个产业、激活一个企业,带起一个团队,干起一片事业;使专业技术人才积极融入创新团队,做出应有的贡献,与团队一起成长。

(2)提升平台引才

灵活运用"项目+人才""资本+人才"等机制模式,为人才搭建好平台。积极探索"政产学研用资"一体化的人才使用新模式,既注重人才引进,更注重项目匹配,在科研团队配备等方面统筹谋划,为人才作用发挥提供必备的条件。

从企业来看,积极建设高科技企业,加大对科技研发和使用的投入,增强产业的科技含量,通过与高校、科研院所以及企业之间的紧密合作,建设协同创新中心、研发中心,设立博士后工作站、专家工作室等,吸引高端人才进入企业。

从高校、医疗机构和科研院所来看,积极推进高校"双一流"建设,加大对大科学装置、重点实验室、重点科研基地、创新协同中心的建设,加强"产学研"一体化建设,除充分利用财政资金以外,还要加大吸引社会资本和企业投入的力度,激发高水平平台的人才虹吸效应,形成人才的集聚作用。

除为人才搭建有形的平台之外，用人单位要积极营造创新驱动的学术氛围，建设组织各种层次的专业学会、联谊会，举办高水平国际性和国家级学术会议、专业论坛，建立企业家与专家、学者沟通交流平台，建立常态化人才合作交流机制，使人才有科研群、有学术圈、有归宿感。

(3)坚持以才引才

通过已经在渝的高层次人才及团队，吸引国内外有技术、有资金、有项目的人才以及团队落地重庆，发挥人才的"雁阵效应"；加大对重点产业、高科技项目和龙头企业项目的引才力度，以此为载体吸引领军人才、专业技术人才和高层次管理人才等，提高引才落地率。

(4)探索多渠道多模式引才

对于领军人才和高端人才，鼓励用人单位加强与猎头公司的合作。对猎头公司的选择，不但关注其知名度和业绩，更要注重选择具有行业代表性的公司，与这些公司建立长期的合作关系并加强沟通联系，使猎头公司能够更快更好地进行人才画像，为用人单位做好人才信息搜集和储备工作。高等院校、医疗机构及科研院所等单位，须突破现有传统和单一的人才引进方式，加强与猎头公司的合作，扩大人才搜寻范围与搜寻力度，打破唯学历、唯职称、唯头衔的选人标准，提高人才引进效率。

(三)明确服务机构与各类组织定位，深化服务供给侧结构性改革

1.明确服务机构与各类组织角色定位

加快构建具有竞争力、以市场化为导向的人才引进体系，需要充分培育和发展人力资源服务业，发挥人力资源服务机构和各类组织在市场中的作用。人力资源服务机构和各类组织的角色定位如下。

一是服务机构是人才供求主体的桥梁，即为人才本身提供用人单位需求信息，为用人单位提供所需人才信息，促进供求双方的见面与协议的达成。

二是服务机构是海量人才信息的储备库，即通过"互联网+"、大数据等手段，发现和分类收集人才海量数据，跟踪人才动态，为用人单位高效、及时、精准地提供人才信息。

三是人力资源服务协会以及各类行业协会组织是人才引进的润滑剂，即作为介于政府与企业之间的社会组织，在服务、咨询、沟通、监督、协调等方面可以发挥独特优势。

2. 发挥人力资源服务机构作用,推动服务机构高质量发展

(1)以市场化理念培育人力资源服务供方市场

党的十九大提出,要加快建设人力资源协同发展的产业体系,在人力资本服务等领域培育新增长点、形成新动能。要以市场化理念服务人力资源供方市场,引导人力资源服务机构实现商业模式的转变和市场机制调整,提升人力资源服务市场化、专业化水平。

(2)丰富服务业态,加快服务机构发展方式的转变

通过产业指引、财政、税收、金融政策等多种方式,推动人力资源服务业依托平台开发服务产品、拓展服务内容、创新服务模式,实现业务主体向高级人才寻访、人才测评、管理咨询等高端业态转变。克服服务机构同质化缺点,引导人力资源服务机构与重庆创新驱动发展战略相协同,与产业转型升级相融合。通过人力资源服务平台,重点培育一批服务于重庆特色产业集群和重点行业的骨干企业,形成一批服务产品特色鲜明、竞争力强、引才效率高的品牌机构,并吸引中小企业垂直深耕,在专项领域里突出特色。

(3)加强人力资源服务机构自身的人才队伍建设

一是提高人力资源服务业从业人才的专业化、职业化水平,建设一支素质优良、结构合理、稳定的人才队伍;二是依托著名高校、大型企业、跨国公司,建立人力资源服务培训基地和实训基地,实施自身的领军人才培养计划,加大人力资源服务业高层次人才培养力度。

(四)明确市场主体地位,发挥市场机制的决定性作用

1. 完善市场供求机制

体制顺、机制活,则人才聚、事业兴。供求机制是市场机制中最为重要的部分,人才市场上供求力量的对比决定了市场均衡工资水平,而市场工资水平在一定程度上是对人才所拥有的人力资本价值的衡量,因而决定了人才的流入与流出。如果人才是供不应求的,市场均衡工资水平将会上升,就会产生人才净流入。但如果人才是供过于求,市场均衡工资水平下降,就会产生人才净流出。

(1)从人才需求的角度分析

当前重庆对各类人才需求量不断上升,尤其是对高层次领军人才、专业技术人

才和高技能人才的需求,现有人才存量远远不能满足地区发展需要。但是在市场机制下,人才引进要厘清需要和需求两个基本概念。对人才的需要并不等同于对人才的有效需求,即使用人单位有特定的人才需求的意向,但如果受到用人体制和人事制度的局限,或者由于引才程序烦琐而无法如愿引进目标人才,就无法产生人才的顺利流动。另外,如果用人单位只是出于塑造或提升单位形象的目的,而没有向人才提供与之相匹配的重要职位和岗位,或者没有充分给予人才所需的软件和硬件条件保障,即使完成了人才引进,也是“叶公好龙”,阻碍人才人力资本价值的实现。所以激发市场有效需求,一方面需要对当前的人事制度、薪酬制度、绩效评价制度等进行改革,给予用人单位更大的自主权;另一方面也要加强对用人单位的引导,使他们不但能够顺利引进人才,而且能够全程用好人才。

(2)从人才供给的角度分析

作为高层次人才或领军人才,他们的供给与市场工资水平、工作平台与环境以及城市环境密切相关。在市场机制下,供给是指有效供给,即人才的数量和种类只是供给的基础,只有具备流动条件和流动意愿的人才才是有效供给的人才。除遵照相关法律法规受“竞业禁止”限制的人才之外,要增加人才的供给量,都必须打破人才流动的种种壁垒,激发人才流动的积极性,使更多的人才进入市场,形成人才供给。基于此,一是要做好人才引进的宣传工作,吸引更多海内外人才关注重庆,向重庆抛出“橄榄枝”。二是要充分利用互联网搭建好人力资源服务平台,通过现代信息技术的综合应用,实施人力资源服务平台化建设运营,促进人力资源服务业的平台化转型发展。三是继续加强重庆市“1+10+N”人力资源产业园发展模式,搭建好人力资源服务业创新发展平台,并且促进“10”和“N”的平台在区域特色和产业特色上下功夫,形成平台之间的功能互补和优势互补,加快人才的供需对接。四是培育壮大各类风投、创投和孵化机构,鼓励用人单位以“人才+社会资本”“人才+项目”等模式,激活人才的流动意愿,增加人才尤其是高层次人才的供给。

2. 完善市场信息传递机制

人才引进,离不开完善的信息传递机制。信息在供求之间的传递速度越快,传递质量越高,越能够减少人才引进的交易成本,提高引才效率。为此,需要围绕以下 4 个方面来展开。

(1)加强人力资源服务信息化建设

鼓励人力资源服务机构与互联网企业开展技术合作,积极运用大数据、云计算、移动互联网、人工智能等新技术，建设完备的人力资源信息库，并且实现人力资源服务机构数据的互联互通和信息共享。

（2）促进人力资源平台数据资源的互联互通

以人力资源公共服务平台、人力资源服务产业园平台、人力资源服务企业平台3种平台各自的特色和优势资源为基础，促进三者之间实现数据资源的互联互通和有机整合，实现3种平台数据资源共建共享。对接全国范围内的人力资源市场管理信息系统，实现全国人力资源市场的数据共享和信息交流。

（3）加强人才和人力资源服务行业统计制度建设

建立科学、统一、全面的人才统计制度和人力资源服务业统计制度，以“1+10+N”为基础，建立覆盖各级的人力资源服务机构数据库，加强数据的分析与应用。

（4）定期发布人才流动指数和人力资源服务业白皮书

围绕产业链、创新链布局人才链，运用大数据方法，由人力资源行政主管部门牵头，定期发布人才图谱、人才流动指数、重点产业急需紧缺人才目录等；定期发布重庆市人力资源服务业白皮书，为人才引进提供科学依据。

3. 创新人才评价机制

建立市场化引才体系，必须改革人才评价的行政化模式，创新人才评价机制。

（1）在评价标准上做好加减法

首先，人才评价要克服唯学历、唯资历、唯论文、唯头衔等倾向，对资历、学历、论文等评价要素做减法。其次，坚持德才兼备，把品德作为人才评价的首要内容；坚持以能力、实绩、贡献评价人才，注重考察各类人才的专业性、创新性和履责绩效、创新成果、实际贡献，因此要在科学精神、职业道德、从业操守、创新性、专业性、贡献程度以及实绩水平等评价要素上做加法。同时，应当合并、归类、简化各类人才计划，精简人才“帽子”，破除把人才荣誉称号与物质利益简单直接挂钩的弊病，避免多个类似人才项目和人才奖励同时支持同一人才，使人才称号回归学术性、荣誉性本质，将人才评价标准体系从传统的“学历+职称+帽子”转向以“品德+能力+业绩”的市场化评估标准体系。

（2）创新多元评价方式

实施综合多元的市场化人才评价方式，由原来政府部门“一家评”转向用人单位、行业协会、第三方机构“大家评”，从原来人才只能“阶梯式”上升转向“垂直式”提升。引入市场评价，将社会影响力、第三方评价以及市场反响纳入评价机制。从人才评价手段看,鼓励同行、现有第三方机构、国内外权威机构参与评价。

4. 建立与市场接轨的人才激励机制

(1)建立由市场定价的收入分配方式

鼓励用人单位积极探索与市场接轨、由市场确定人力资本价值的薪酬制度,加大奖励支付力度,保护合法收入;完善项目绩效激励手段,使人才贡献与分配挂钩;建立职务科技成果转化收入奖励制度;探索国有企业以协议工资、项目与技术承包制等方式支付人才报酬。

(2)完善绩效工资与税收制度

适度放宽对国有企业、高等院校、公立医院、科研机构等用人单位绩效总额的控制,提高绩效报酬在科研项目支出中的比例,使重要贡献人员和团队的收益比例不低于70%。简化科研报销程序,加快经费报销速度。制定针对项目绩效、成果转化收益、股权收益、科技成果奖励的税收减免优惠政策,真正让人才事业有成就、贡献有回报。

课题研究单位:西南政法大学
课题组负责人:刘苓玲
课题主研人员:刘　万　何微微　唐潜宁　李永奎　赵　锐　黄晋东
孙俪璐

重庆市人才服务数字化转型研究

摘　要:基于人才服务数字化发展趋势,本研究首先在学理层面阐释了人才服务数字化的内涵及必然要求、人才服务数字化转型的影响因素,其次分析重庆市人才服务数字化推进现状及存在的问题或障碍,最后提出重庆市人才服务数字化平台建设的技术方案及保障措施。

关键词:人才服务　数字化　转型

伴随着新一代信息技术的纵深发展,大数据、人工智能等新兴技术深刻地影响着经济社会发展以及国家治理,以数字治理为核心特征的政府人才服务数字化转型成为全球人才治理转型的核心议题。《中华人民共和国国民经济和社会发展第十四个五年规划和2035年远景目标纲要》提出,加快建设数字经济、数字社会、数字政府,以数字化转型整体驱动生产方式、生活方式和治理方式变革。数字技术的普及推广与快速演进为重庆市政府人才服务数字化转型提供了强大的科技驱动力,人才服务数字化转型已成为我国各级政府积极顺应人才服务数字化潮流、把握数字化机遇、主动应对挑战的重要举措。

一、人才服务数字化转型是提升政府公共人才服务效能的必然选择

人才服务数字化转型是政府及人才中介组织等服务主体主动适应数字经济发展的必然选择,通过技术创新和制度创新来改变传统意识形态下低效的人才信息传递模式,重塑人才服务主体的业务模式、服务模式,有效优化人才服务流程,加强政府人才市场监督管理,提升人才服务质量,提升区域人才治理效能,以最大限度

地刺激人才要素的市场活力和社会创新力，推动社会经济实现高质量发展。

首先，人才服务数字化转型是政府提升人才市场宏观管理效能的必然选择。人才服务数字化转型有利于建立人才要素市场运行大数据监测分析基础库，提升人才要素流动、配置及效能的监测分析质量，强化人才发展监测预测预警能力。通过融合人才链、资金链、创新链、产业链等数据，提高地方人才部门人才市场宏观管理的前瞻性、有效性和针对性。

其次，人才服务数字化转型是推动区域人才综合治理智能化的先导力量。人才服务数字化转型有利于打破利益固化的体制壁垒，强化各人才管理部门、经济产业部门、人才服务中介等方面的人才基础信息采集力度，消灭“人才信息孤岛”，以实现人才服务组织及人才需求部门的互联互通，从根本上解决人才信息内外融合难、上下对接难等问题，构建网络化、数据化、智能化的人才综合信息平台，实现人才信息共享、及时更新，围绕精准人才管理需求，推动区域人才综合治理从低效到高效、从被动到主动的转变，以保障人才市场的运行效率及人才资源要素配置的优化。

再次，人才服务数字化转型是促进政府人才公共服务高效化的主要方式。人才服务数字化转型是实现服务型政府的重要途径，利用数字化技术打造在线人才公共服务平台，有助于畅通人才获取政府人才服务的渠道，最大限度地缩小了政府人才部门、经营性人才服务组织与人才间的服务鸿沟，让人才、各类人才服务主体及用人单位能够便捷安全地访问并使用人才公共信息和政府人才服务项目。

最后，人才服务数字化转型是强化人才市场监督职能的有效手段。人才服务数字化转型可以最大化地提升人才市场执法效率，消除市场监督盲点，规范人才市场自由裁量权。通过人才大数据平台，各地人才部门通过建立联动响应机制和失信约束机制，以实现对人才市场及人力资源服务行业的重点监测，准确及时地发现并预警潜在风险，提升市场监督的时效性和灵敏性。

二、人才服务数字化的内涵及必然要求

（一）人才服务数字化的内涵

《国民经济行业分类》（GB/T 4754—2017）将人力资源服务行业定义为，针对劳动者就业及职业发展，为用人单位管理和开发人力资源提供的相关服务，包括人

力资源招聘、职业指导、人力资源和社会保障事务代理、人力资源外包、人力资源管理咨询及人力资源信息软件服务等。人力资源服务分为公共性及经营性两大类，前者以政府提供的公共就业和人才服务为主；后者指的是营利性组织依法开展的人力资源相关服务。本报告研究范畴为政府提供的公共人才服务。

数字化是指建立在数字化转换、数字化升级基础上，进一步组织核心业务，以新建一种商业模式为目标的高层次转型过程，主要包括信息的数字化、流程的数字化、业务的数字化三大范畴。人才服务数字化，是指利用云计算、大数据、人工智能、物联网、区块链等数字化技术和能力，驱动人才服务组织的人才服务商业模式创新、业务流程再造及生态系统重构的过程。在人才服务的数字化转型过程中通常蕴含着以下新特征：一是人才服务组织面向服务对象，以用户体验为中心，不断创新人才服务的数字化产品或服务项目，如人力资源招聘、职业指导、人力资源和社会保障事务代理、人力资源外包、人力资源管理咨询及人力资源信息软件服务等；二是整合政府部门、用人单位、人才个体等多元化主体的人才数据，通过人才大数据的汇集、整合及分析，形成更加精准、科学、有效的人事人才数据化决策，进而提升人才服务的效率；三是人才服务组织的大量人才服务业务流程实现智能化、自动化、线上化。

（二）人才服务数字化转型的必然要求

1. 转思维：革新人才服务理念

思维决定意识，意识决定行为，行为决定结果。政府人才服务数字化转型首先应革新理念，超越以往治理能力的认识论基础，如传统政府能力强调经验驱动、危机驱动等机制，改变数字技术对治理能力驱动的认识论，政府人才服务数字化转型意味着政府人才服务及综合治理必须要全面基于人才大数据治理和创新应用数字技术，突破传统人才服务工作条线垂直运作、单部门内循环模式，以人才大数据整合、应用集成和服务融合为目标，以服务对象为中心，以人才服务工作协同为主线，以人才数据共享交换为核心，从而构建“纵向到底、横向到边”的整体人才服务及综合治理体系。

人才服务数字化发展须人才服务或管理相关部门构建起全新的数字化思维，从人才服务的封闭边界思维转变到基于人才大数据开放共享的跨界融合思维，不仅意味着人才服务流程和技术手段的相互融合、线上服务和线下服务的深度衔接，还须人才服务或管理部门从人才服务工作的管治向共治思维转变。这就需要人才工作相关主管部门紧密协同,达成人才服务数字化转型的高度共识,形成切实可行的人才服务数字化转型顶层设计、实施方案、评估框架及配套政策,在人才战略、组织流程、服务手段等各个层面进行系统变革。人才服务数字化转型是一个长期的过程,并非一蹴而就,一旦转型方案确定,则需要强有力执行并建立相应的激励和约束机制。

2. 转组织:重塑人才服务组织关联

移动互联网、人工智能、大数据等数字技术的变革,为人才服务数字化转型提供了良好的技术环境,也催生了政府行政组织结构及形态发生深刻的调整。人才服务数字化转型的顺利推进并取得实质性成效,需要人才服务或工作部门提升人才治理能力,而人才服务组织形态和组织关系的重塑则是实现治理能力的前置条件。也就是说,人才服务数字化转型的实践过程是围绕人才服务链及关键流程,对政府相关人才服务或工作部门的组织权力和行政资源进行重新整合,也意味着人才服务组织形态变革及职能职责与相互关系的系统调整。

在人才服务数字化转型过程中,应在明确数字化转型的总体方向指引下,综合考虑人才服务体系的职权划分,对原有分布于各个相对独立的人才相关部门的服务职能进行优化重组,建立适应数字化服务体系的高效而灵活的人才服务及综合治理组织体系。这也需要打破人才服务的部门壁垒,突破功能分割、各自为政的人才管理和服务方式,由以部门为核心的服务方式,转变为以人才服务业务链为核心的服务方式,直接面向人才客体,使人才信息资源突破传统职能和辖域分割的权力壁垒,形成随需而变的人才服务业务流程和跨部门协作的人才工作环境。

3. 转模式:再造人才服务流程

人才服务数字化转型必然涉及人才服务业务流程的再造,流程再造进度不及时,则业务协同进程中极易产生时间差、频率差的后果,属地管理体制的强大惯性运行,对跨区域、跨层级、跨部门协同关系的系统性建构势必产生一定程度的反作用力。人才服务流程再造一旦不匹配新的模式,在组织向心力和技术驱动力的双重支配下,政府人才服务数字化转型将遭遇科层权力规制与数字治理模式之间组织性分歧的冲突与平衡的两难局面。人才服务数字化转型的"技术嵌入"客观上会被传统科层内在"体制吸纳",进而对建立部门整合、组织重塑、耦合协同的现代政府人才服务体系形成阻碍。

人才服务流程再造须在统一部署的"一盘棋"框架下推进政府人才服务数字化转型。首先,要梳理和校准人才服务的核心业务,从人才工作或服务部门自身职责和人才服务数字化改革要求的角度,确定政府各人才服务部门的核心业务,并一一梳理清楚。其次,确定人才服务业务流程和协同对应关系,明晰人才服务部门权利事项,确定每一个人才服务流程和环节,明确相关协同部门配合事项及流程,并确定跨部门的人才服务协同关系。在此基础上,再进行提升、优化、精简,完成对人才服务核心业务的梳理和流程再造。最后,加强人才服务的跨层级、跨区域协同,以系统性、关联性、协同性的整体政府人才服务理念,从为人才办"一件事"的视角,实现纵向一体化和横向一体化。纵向一体化即各层级一体联动、步调一致、高效协同,实现自上而下的顶层设计和自下而上的应用场景创新相结合。横向一体化即各人才服务部门各领域一体联动、步调一致、高效协同,实现相互贯通、系统融合和综合集成。

4. 转手段:优化人才服务技术支撑

由于人才服务数字化转型离不开以人才大数据为核心的人才服务数字基础设施,因此构建从人才大数据采集、归集、汇聚、共享、开放到应用的全生命周期的人才服务大数据平台和数字治理框架,是政府人才服务数字化转型的关键和基础保证。人才大数据成为关键管理要素,人才大数据是建设数字化人才服务体系的基底,跨层级、跨部门、跨领域的人才大数据归集、共享、交换是整个人才服务数字化转型的基础,丰富的智能化应用推动人才服务及治理"用数据说话、用数据管理、用数据决策"。

在人才服务数字化转型的前进道路中,应着力打造人才服务的数字治理支撑体系,建成整体协同、运行高效、服务精准、决策科学、治理完善的数字人才服务体系。首先,构建先进、可靠、安全的人才服务数字基础设施和人才大数据资源基石,以人才大数据赋能为核心,建设全口径梳理、全活化归集、全精准管理、全过程评估、全方面使用的人才大数据管控体系,确保人才大数据的完备性、精准性、适用性、即时性和综合性。其次,构建全面、先进、可靠的人才服务数字协同与治理体系,形成数字协同、数字治理和数字进化三位一体的人才服务体系架构。最后,建设一体化人才数字化监管和服务体系,构建广泛服务人才、企业或行业和相关人才工作部门的数字化平台,并持续地实现人才数字资源的能力化和数字能力的共享化,对人才提供优质服务,对内提供高效办公协同,实现政府人才服务组织管理的数字化转型,促进政府人才服务及治理能力现代化。

三、人才服务数字化转型的影响因素

人才服务数字化转型是一个较为长期、复杂的系统工程,不仅涉及人才服务思维、组织架构、模式流程以及技术手段的根本性调整,还须全面深入把握其制约或影响因素。借鉴已有相关成果,课题组从转型需求效度、数据流动畅度、治理提升力度、市场参与程度以及法制保障力度等5个方面,阐释了政府人才服务数字化转型的影响因素。

(一)转型需求效度

人才服务数字化转型需求效度,是指转型的必要性及通过转型解决的人才服务问题。移动互联网、人工智能、大数据等数字技术的进步及向政府公共服务领域的广泛渗透,推动了政府公共服务数字化发展。首先,人才服务是政府公共服务的主要内容,理应借助数字化技术推进政府人才公共服务水平提升及人才治理能力的现代化。因此,推进政府人才服务数字化转型发展,有其可行性和必要性。其次,人才服务数字化转型应始终坚持“问题导向”。因此,在数字化转型启动前,应深入调研原有人才服务过程中存在的问题或困境。这些问题或困境把握得越精准,对其造成的可能后果分析得越透彻,就越能在人才服务数字化转型中达成多方共识,进而得到各级相关部门的大力支持。最后,数字化转型的复杂性、系统性及长远性,使数字化转型过程中将面对一些阻力,只有在多方共识下形成了多方合力,才能取得应用的转型成效。

(二)数据流动畅度

人才数据的统计、流动及共享是人才服务数字化转型的重要前置条件。这就需要统筹人才数据资源配置,推进人才大数据跨层级、跨地域、跨系统、跨部门、跨业务的协同,实现人才数据统计口径的标准化、流动的无障碍化以及多元共享。为此,要以数据生命周期理论为指导,明晰人才数据流动环节并进一步打通制约数据流通的桎梏,形成闭环运行的数据系统。在具体实施中,不仅要关注人才数据流动的顺畅度,还要关注流动环境中数据质量、数据共享、数据开放和数据赋能等关键环节,科学评判数据流动中可能引发的数据安全问题。

(三)治理提升力度

人才服务数字化转型既是政府公共服务数字化转型的重要内容,也是实现政府人才治理体系及治理能力现代化的关键环节。重塑政府人才治理结构、优化政府人才服务职能、革新人才治理理念已成为政府人才服务数字化转型的重要议题,有助于构建政府人才善治体系及人才数字化治理创新系统化、规范化和高效化发展。于政府而言,应以进一步深化“放管服”改革为核心,以优化营商环境和提供方便快捷的人才服务渠道为落脚点,给人才及人才需求部门、人才管理部门带来更多、更直接、更实在的获得感、幸福感、安全感。对于地方政府而言,人才服务数字化转型也依托于政府其他公共服务板块的数字化水平,在整体公共服务数字化治理能力不足、水平低下的情形下,人才服务数字化转型也难以推进。因此,应加快5G网络、大数据中心、人工智能、政务大脑在政府公共服务体系中的应用,推动政府公共治理精细化、智能化、高效化、便捷化。加快依托信息技术实现网上办、掌上办、一次办、就近办,不断丰富和拓展人才及相关主体常办事项具象化和场景化。赋予省级及以下政府更多人才治理模式创新自主权,在优化政府人才公共服务方面体现更多“放”的力度、“管”的硬度和“服”的温度。

(四)公众参与热度

人才服务数字化转型是从传统的人才服务“线下模式”向“线上和线下相结合”模式逐步调整的过程。在人才服务的数字化平台上,政府人才管理或服务部门作为主要的牵头人或搭台者,不仅直接通过线上为人才提供公共服务,还要整合其他市场化服务部门为人才提供多元化的服务。由此,在转型过程中,公众特别是主要服务对象(人才)的积极参与是影响数字化转型效果的重要因素,这决定了人才服务数字化转型的深度和广度。首先,要培育人才服务数字化转型“人人参与”的氛围。从目前形势看,公众特别是人才参与热情不足、参与程度较低,客观上延缓了数字化转型步伐。其次,要畅通公众参与的渠道和工具。如可借鉴告知型参与、咨询型参与、合作型参与和授权型参与等多种形态,在数字化转型中最大限度地推动公开与知情、动员与参与、协同与共治。最后,要有长效制度安排。数字化转型中的公众参与宜从战略角度出发建构长效机制。例如,目前既有的在线人才服务“好差评”就可从价值取向、评价机制、评价内容、评价方法4个维度建构公众参与的实施路径。

（五）法治保障力度

法治是国家运行的基石，人才服务数字化转型亦然。人才服务数字化转型涉猎范围大、牵动领域和层级广。由此，地方人才服务数字化转型是在国家治理视域下物理世界与数字世界深度融合的双重治理，急需从战略高度科学构建有力保障人才服务数字化转型的法治环境。与社会大数据相比，人才数据价值更高，其中既包含个人隐私亦关乎国家安全。这就需要从数据管理权、数据控制权、数据人格权和数据财产权等方面固化数据主体。并且，人才数据开放共享宜采取与信息公开相对有区别的立法进路，实现与政府信息公开法律框架的深度融合。

四、重庆市人才服务数字化转型的现状及问题

（一）重庆市人才服务数字化转型的现状

目前，重庆市委组织部针对高层次人才提出人才工作办理手续复杂的问题，多个部门联合制定出台《重庆英才服务管理办法（试行）》（渝人社发〔2020〕53 号），着力提供优质便捷服务。截至目前，已启动服务项目 25 项，共为人才提供服务 14.5 万人次，受到高层次人才的广泛好评。

2017 年以来，重庆市先后出台了“重庆市人才服务证制度”和“重庆英才服务管理办法”。目前，重庆市已建有一个市级服务平台——重庆市高层次人才“一站式”服务平台，为持有重庆英才 A 卡的人才现场办理相关人才服务。同时，全市 38 个区县（自治县）、两江新区、重庆高新区、万盛经开区也建有人才服务平台，为持有重庆英才 A 卡、B 卡的人才现场办理相关人才服务。截至 2021 年底，全市累计发放英才卡 10000 余张（其中市级 A 卡 3980 余张、区县 B 卡 6000 余张）。

自 2020 年 5 月《重庆市英才服务管理办法（试行）》实施以来，持续优化服务事项，重庆市人才服务已升级至 3.0 版本，可通过电话、网站、微信、平台 4 种方式。通过电话，为人才提供人才政策、人才服务等咨询。通过重庆市人民政府网站“渝快办”栏目、重庆英才网等平台，持重庆英才卡的人才可“线上”办理相关人才服务。此外，持重庆英才卡的人才通过重庆英才服务卡微信小程序，简单快捷完成人才政策“一站查”，各项人才服务“一站办”。重庆市高层次人才“一站式”服务平台

及各区县人才服务平台，可现场为持重庆英才卡的人才办理相关人才服务，为持卡人才提供25项服务。

重庆将逐步扩大服务范围，推进“塔尖”人才“应入尽入”，“塔基”人才根据情况纳入市、区县（自治县）重庆英才服务范围，争取将紧缺产业人才和享受国务院政府特殊津贴专家纳入重庆英才服务范围，同时，将天府院士卡、天府英才A卡纳入重庆英才服务“渝快办”范围，完善重庆市人才“塔尖”“塔基”政策，营造“近悦远来”人才生态环境。从市人力社保局公布的信息来看，这25项服务包括科技咨询、科技资源使用、知识产权、职称评审、岗位聘用、项目申报、企业注册登记、税费优惠、税费办理、契税补助、金融支持、住房保障、公积金提额、贷款利率优惠、人才公寓入住、医疗服务、健康体检、户籍服务、出入境服务、休假疗养、学术交流、旅游服务、交通服务、子女（孙子女）入（转）学（托）服务、配偶（子女）就业等。在强化公共服务基础上，重庆还将推出市场化服务，首批推出人力资源服务、家政服务、租房服务、非学科类培训机构等13项服务指引，促进“公共服务+市场化服务”全方位服务。建设人才信息系统，基于人才服务数字化体系和数据库，利用大数据手段开展重庆市战略性新兴产业人才信息的搜集分析工作。

（二）重庆市人才服务数字化转型面临的主要问题

1. 缺乏人才服务数字化转型的顶层设计

2009年以来，重庆市陆续实施了《重庆市引进高层次人才若干优惠政策规定》《重庆市引进海内外英才“鸿雁计划”实施办法》《进一步加快博士后事业创新发展若干措施》《重庆市科教兴市和人才强市行动计划（2018—2020年）》《重庆英才计划实施办法（试行）》《重庆市加快集聚优秀科学家及其团队的若干措施》《重庆市支持青年人才创新创业的若干措施》《重庆英才服务管理办法（试行）》等一系列吸引人才、服务人才的规定，并已经陆续建设一系列信息化系统支持现有各类各层次人才服务，但现有人才服务数字化体系统一面向人才、用人单位和受理人员的一站式的人才服务体系尚不完善，无法满足国家和地方要求的一门一网的高效人才服务。

根据相关文件精神，市人力社保局设立市级高层次人才“一站式”服务平台，负责日常服务保障工作。各区县（自治县）应建立人才“一站式”服务平台，做好相关人才服务工作。市级有关部门、用人单位根据职能职责，制定服务指南，明确专人做好人才服务。积极发展基于大数据、云计算、区块链、5G 等新一代信息技术的新型服务业务。但是,未就市政府人才服务数据化转型形成明确的实施细则和建设工程时间表,相关责任部门往往抱着“走一步,看一步”的心态,项目建设进度较慢、效率较低,项目完成之日遥遥无期。而现行政策对于重庆市人才服务数字化转型也仅仅只有原则性的说明,缺乏具体的政策法规支撑,例如缺少类似“重庆市人才服务数字化转型实施细则”。目前相关的政府信息服务细则和规章都在更新试行,例如重庆市大数据应用发展管理局、重庆市财政局联合发布了《重庆市电子政务云平台管理暂行办法》,原《重庆市电子政务云平台管理暂行办法》(渝经信发〔2016〕42 号)同时废止。其主要内容是关于完善面向公众的公共服务系统,为市民群众提供更加便利的电子服务。其与市政府人才服务数字化最本质的区别:一是服务对象不同。电子政务是普惠性的,往往是面向普通市民,而人才服务数字化则是面向能够为经济社会发展做出突出贡献的各类人才。二是服务内容不同。电子政务的服务内容往往是政府部门向一般市民提供的普惠性政策服务,例如办理入户、社保、居民登记等日常行政审批事项,而人才服务数字化则不是提供普惠性政策服务,而是向各类人才提供优惠性政策福利以及便捷的服务程序。这些政策往往是超过一般市民待遇的。三是服务要求不同。虽然人才服务也包含在电子服务当中,但是其对服务质量的要求不可同日而语。简单来说,人才服务的质量要远远高于一般行政服务,尤其是对于高端人才更是如此。

随着现代知识经济不断发展,人才尤其是高端人才对推动经济社会的价值不断凸现,导致国内国际人才竞争日趋激烈,各个省(直辖市)对高端人才的渴求日趋强烈,人才政策不断加码,人才服务相较于普通行政服务的特殊性日益明显,例如广东省提出的“保姆式服务”、浙江省提出的“店小二式服务”,正不断将人才服务需求的特殊性推向高潮。综上所述,目前相关的政府信息服务细则和规章无论从服务对象、服务内容和服务要求,都已无法满足新时期人才日益增长的服务需求,制定新的实施细则迫在眉睫。

2. 部门层面的人才数据互通、资源共享机制尚未形成

重庆市现有人才服务体系主要通过职能部门互联网 PC 提供各项人才服务和业务管理,涉及的职能部门众多,包括人力资源保障部门、科技创新部门、交通运输部门、卫生和人才计划生育部门、教育部门、公安部门、民政部门、文体旅游部门、住房和建设部门、市场监督管理部门、金融发展服务部门等,部门之间未能完全实现

人才数据互通、资源共享，目前还没有完全建设好统一的一体化人才服务数字化体系，用户体验差，无法为用户提供多渠道的一体化服务。主要表现在以下两方面。

一是缺乏快捷便利的联系沟通手段。重庆市政府各职能部门现有的人才服务平台分散、凌乱，如市人力社保局、市住房城乡建委、市公安局等职能部门，各有各的数据库且相互共享数据程度低，涉及跨部门的人才服务事项还需要依靠发公函、人工比对数据等传统方式，程序烦琐、效率低下，严重影响了人才享受服务事项的体验。

二是各职能部门之间信息不对称。很多人才服务事项都需要不同职能部门之间的协作来完成，但在人才服务审批处理过程中，由于各个职能部门之间各自规定，部门人才服务平台之间信息沟通不畅，导致沟通周期过长，使信息在长期传递过程中出现失真等现象。另外，渠道的单一也使信息出现反馈不及时等问题，严重影响了人才服务工作的效率及信息传递的及时有效性，降低了人才服务效率。

3. 对人才数据的管理和分析能力不足

重庆市近年来人才总量、政府人才服务业务量都呈现出几何倍数的增长。尤其是高层次人才呈现井喷式增长，对相关职能部门的人才数据的管理和分析能力提出了更高要求。但目前还存在以下 3 个方面不足。

一是对人才数据标准管理能力不足。人才数据标准是指人才信息集的数据项标准和数据项所使用的代码标准。市人力社保局、市住房城乡建委、市公安局等主要人才服务部门有着独立的数据标准，无法实现数据的直接共享。而且，各职能部门人才服务由于自身发展情况不同，且缺乏统一的建设指导和规划，数据库建设情况不一致。如市人力社保局在人才服务方面起步较早、投入较多，因而数据库整合、维护较好。又如市公安局由于属于上级垂直管理部门，其部门性质具有较强的封闭性和保密性，人才服务体系完全是按照上级要求规格搭建，数据标准按照上级要求设置而不同于市人力社保局的平台。没有统一的人才数据标准，就没有全市统一的人才服务数字化实施标准，统一人才数据标准成为重庆市政府建设人才服务数字化需要攻克的重要难题之一。

二是对人才数据采集、更新管理能力不足。人才数据采集、更新和比对，即在人才服务业务办理过程中将自动采集生成相关的用人单位信息、人员基础数据和业务办理数据，通过在业务办理过程中使用，并且实时更新相关基础和业务数据，实现数据库之间的数据实时比对，可以保证体系中数据的准确性和有效性。重庆市目前的人才服务数字化体系，前台人才数据采集和后台人才数据库之间还没有实现数据实时更新，很多时候数据还依靠人工统计、整理和输入等传统管理方式，耗费大量人力成本，且效率低下、易于出错。

三是对人才数据查询分析能力不足。重庆市目前的人才服务体系，难以满足各人才服务职能部门、各用人单位和人才个人对人才服务业务数据和基础数据的查询、业务办理过程及结果数据的查询、统计报表数据的查询。如用人单位或人才个人想在人才服务系统上查询人才服务事项办理进程，但重庆市目前的人才服务数字化体系通道只能显示“办理中”或者“审核中”，而不能显示更多详细信息，用人单位或人才往往只能通过找关系、问熟人等传统方式查询业务办理进程。又比如市人才工作领导小组办公室作为全市人才工作牵头抓总、统筹协调部门，想掌握全市人才基础数据、近年来人才增长率等分析情况，重庆市目前的人才服务数字化体系根本无法做到，还是只能通过发公函、部门报送、人工统计分析等传统方式进行，效率低下且费时费力。以上两个例子鲜明地表现出，人才数据查询分析能力不足对用人单位和人才个人，以及政府部门自身工作开展造成了极大的不便。

4. 服务对象未能深入参与并灵活使用数字化服务通道

人才服务数字化通道业务量大，覆盖面广，涉及众多的服务对象，从总体上看，主要分为两类：一是用人单位，如高校、科研机构、企业等；二是人才个人。但无论是用人单位，还是人才个人，在使用重庆市现有的人才服务数字化通道时还无法做到“实时参与、灵活使用”。主要表现在以下 3 个方面。

一是没有开展人才服务大数据分析，把握和预判公众办事需求。重庆市政府现有的人才服务体系，还是采取传统的以政府需求为主，兼顾人才服务需要的被动式服务模式，在开展人才服务大数据分析，把握和预判公众办事需求，提供智能化、个性化服务等方面，做得还不够。如没有引入社会力量，积极与第三方平台开展合作，开展预约查询、证照寄送，以及在线支付等为人才提供便捷的服务。

二是没有完全建立公众参与机制。现有的人才服务数字化体系缺少鼓励引导服务对象分享办事经验、开展满意度评价等公众参与机制。各职能部门没有畅通与人才服务对象的沟通渠道，未能充分了解人才之所需、想人才之所想、急人才之所急，变被动服务为主动服务。针对涉及人才切身利益的重点和热点问题，没有积极有效应对，不断研究和改进人才服务工作，难以有效提升政府人才服务效能。

三是未完全实现人才服务信息对外共享全覆盖。要想实现服务对象灵活参与并使用数字化体系资源,实现人才服务信息公开和共享是首要之义。但目前,职能部门对服务对象人才服务信息数据公开十分有限。如人才服务事项,近年来重庆人才政策变化较为频繁,有的原有的人才服务事项现在取消了,有的新增服务事项或标准、规则有变化,但由于信息不共享,宣传不到位,许多服务对象不了解或了解不及时。又如服务办理进程,许多服务对象向政府部门人才服务平台提交了申请和材料,但部门平台没有及时反馈办理情况、存在问题和解决意见等与服务对象息息相关的信息数据,服务质量大打折扣。

五、重庆市人才服务数字化平台建设及保障措施

(一)重庆市人才服务数字化平台建设

基于新一代数字技术推进"重庆市人才公共服务数字化平台"建设,是推动重庆市人才工作与互联网的创新理念、先进技术深度融合,引领重庆市人才事业创新发展的重要举措,是重庆市"十四五"时期推进"数字人社"计划的重要组成部分,是推动"互联网+人才服务"建设,进一步简化办事流程、优化服务的重要手段。坚持以人才、用人单位和管理部门的需求为导向,通过"重庆市人才公共服务数字化平台"建设,整合服务资源,优化服务流程,创新业务模式,建立人才信息共享和工作协作机制,制定统一的数据采集存储和交换标准,形成规范有效的人才基础数据库,重点打造网上、掌上、自助服务项目集合,为各类人才提供政策咨询、项目申报、入学就医等"一站式、一条龙"人才服务,加快构建多主体、多元化、多层次的人才服务供给体系,实现政策、业务、数据、软件平台的一体化,全面提升重庆市人才工作的管理、服务和决策水平。

1. 发展目标

以全面提高重庆市人才工作管理与服务、支撑与决策水平为目标,通过整合相关部门管理的党政人才、专业技术人才、经营管理人才和技能人才等各类人才信息资源,建立结构合理、内容齐全、逻辑统一、物理分布存储的全市动态人才数据库,摸清人才家底;加强人才信息和服务标准化工作,建设统一的人才数据资源目录体系、数据交换体系、工作标准体系,实现人才信息资源交换,使信息资源开发利用和

信息共享得到明显提高。整合已有业务系统和公共服务资源,建立统一的人才管理系统信息平台和人才公共服务门户,建立技术先进、功能齐全并与人才管理现代化要求相适应的应用系统平台,提高业务应用系统的运行效率,通过分层应用架构提供给各级部门和个人用户使用,实现服务全覆盖,提升人才公共服务的水平。通过"重庆市人才公共服务数字化平台"的建立为重庆市人才提供自动化、智能化、智慧化、数据化的工作平台,大力开展信息技术培训,使人才相关业务部门的信息化意识及应用能力进一步提升,为全国人才工作的管理和服务提供经验。

2. 基本原则

一是坚持统一规划,总体设计。根据人才业务领域的内在关联和信息共享共用的本质要求,进行全局规划和顶层设计,构建整体的信息管理服务体系,实现全系统整体效能最大化。

二是坚持标准统一,流程规范。按照国家及重庆市确定的统一的信息和技术标准,信息系统建设在人才人事系统核心框架基础上,充分利用已有资源设施,实现信息资源互认共享、多方利用,确保人才信息系统的可靠性与安全性。

三是坚持系统整合,业务协同。根据人才业务的内在关联,充分利用现有信息资源,加强对人才各类信息资源的整合,按信息共享、业务协同为基本原则进行系统整合设计,集约开发。统一公共服务的入口和出口,构建线上线下一体化人才公共服务体系。

四是坚持需求主导,服务应用。紧密结合人才业务的实际情况,以社会公众需求和政府管理的要求为引导,突出重点,服务应用。

3. 建设内容

"重庆市人才公共服务数字化平台"主要是对人才供需信息以及相关联的管理、服务业务提供数据存储、应用软件支持、业务服务支持等功能。通过统一的信息化平台,实现人才信息库、机构信息库、对接需求库的归并和规范,建设数据采集、公共服务、市场化服务、供需对接、资讯宣传、数据分析等应用软件集群,并向相关政府部门和企业提供适当的数据服务。"重庆市人才公共服务数字化平台"主要满足公众和管理服务单位两方面的需求:一是满足对人才供需双方的服务需求;二是满足市组织、人社系统人才工作业务信息化需求,兼顾全市人才工作各相关单位的人才业务信息化需要。同时,为全市参与人才服务的中介机构、服务供应商提供在线商务支持。

4. 建设规划

(1)应用基础建设

以现有的软硬件资源及向第三方采购的云服务等作为人才人事公共服务一体化平台基础,开展人才人事公共服务一体化平台标准化建设,制定支持桌面端、移动端的,统一规范的"重庆市人才公共服务数字化平台"数据标准体系。开展人才信息资源调查,梳理数据资源分布状况,对现有各部门的信息系统建设进行分类并提出系统及业务流程优化整合方案。构建纵向(部、市、县区人社部门)和横向(公安、人口、民政等部门)的信息比对及交换平台,为系统中人员状态变动的及时更新、为人才各项业务开展提供准确的数据基础支持和保障。

(2)3 个核心数据库建设

按照部、市局信息化建设规划要求,需要建设统一的市级集中的数据中心,实现对人才管理业务信息数据的集中统一管理,其主要包括一个动态的人才信息库、一个准确的机构信息库和一个高效的对接信息库。3 个数据库基于现有业务数据源以及其他政府部门数据源抽取整合形成,实现人才基础信息统一维护和应用,实现人才信息全市唯一和实时动态更新,支持各类业务系统信息交换和业务协同。按照要求,实现人才信息资源与全市统一信息资源平台的共享交互。

(3)人才公共服务平台建设

围绕人才、企业、机构、政府、载体、园区等服务对象,梳理多样化的公共服务项目,使重庆市各项人才政策落地,基于公共服务平台可在线提供网上学习、在线考试、职称申报、驾照换领、出国境审批、高层次人才的引进和评审、高层次人才交流活动、高校毕业生创业、项目申报、人才一卡通等,协调相关部门受理采用网上办、不见面服务,办事结果在系统内反馈。按照服务对象的不同,推进微信服务平台及智能机器人服务系统等多个服务渠道建设,加快构建多主体、多元化、多层次的人才乐居政策和人才公共服务体系,让人才有更多的获得感,激发人才创新动力,推动重庆产业发展。

(4)构建人才市场化服务平台

打造人才资源市场化服务平台,发展人力资源服务,相关人才服务机构依托政府搭建的这个平台,来开展猎头服务、人才交易、人才测评、知识产权服务、法律服务等,集聚高校毕业生,让企业、人才、人力资源服务机构协会在平台上自由选择所需的个性化有偿服务。

(5)建立供需对接平台

依托供需对接平台个人发布需求,可定制信息,可搜索企业需求信息,系统将符合要求的信息自动推送给个人,并跟踪反馈信息。企业发布需求信息,可搜索人才信息,系统将符合要求的人才自动推送给单位,并跟踪反馈信息。实现园区、企业、个人的需求网上对接,人才项目自由申报对接,统计评估人才供需信息和政策实施效果。

(6)构建数据分析平台

根据指定的要求形成对人才、单位的描述,抽取相关信息,开展统计分析,形成固定格式查询统计报表,定期发布人才紧缺目录、产业人才供需目录,实现给人才画像,给企业画像。多维度整合各类信息,监测和评估人才的培育、引进、使用、流动、评价、培训、薪资等各个环节的情况,全样本开展相关问卷调查,对引才时间、区域、效能、服务等方面建立数据模型,开展相关预测和分析,为创新服务管理手段、研判人才工作形势、制定相应制度机制等决策提供科学依据。如对人才队伍数量结构分析、人才需求数量结构分析等。

(7)建立信息发布与展示平台

全面搜集整理全市各类人才政策,建立政策信息目录。宣传科技产业人才政策和其他重要信息,定期发布活动信息,通过大屏、移动端加强宣传,展示最新引才成果,并依据数据分析平台支持,实现全市人才地图大屏可视化展示。

(二)重庆市人才服务数字化建设的保障措施

1.市委、市政府以及各相关职能部门应当在思想上和认识上高度重视

随着大数据时代的到来,大数据技术风靡全球,美国、欧洲国家等发达国家竞相加大投入力度,北京、上海等国内发达城市也不甘落后加大力度布局大数据服务平台。市委、市政府和各职能部门要加强对大数据技术以及人才服务数字化建设重要性的认识,无论从思想上还是从认识上都高度重视起来。

一是市委、市政府主要领导以及各职能部门一把手在思想上、认识上一定要高度重视起来。政府部门的工作往往就是这样,想要把一项工作完成好,首先要把“一把手”抓好。只有先充分调动各部门一把手的积极性、主动性,才能保证一项工作落到实处。人才服务数字化建设也不例外。市委、市政府要在重视高层次人

才引进方面投钱、砸钱的同时，不能忽视人才大数据和人才服务数据化体系建设。只重视引才聚才，不重视人才服务质量的提高和良好环境的打造，就好比是偏食的孩子或偏科的学生，往往事倍功半，引才聚才投入很大，但服务质量跟不上，人才引来了也会流失。只有把人才工作的软硬件基础都打好，既重视海内外引才聚才，又重视人才服务数字化体系建设，并切实保证把人才服务数字化转型工作落实、不打折扣，才能留住人才。

二是要加大对人才服务数字化转型的重视程度。要在人才服务数字化转型的过程中，加大对大数据技术等先进信息技术的开发与应用力度，打造集规模化、数字化、移动化、智能化于一体的人才大数据服务体系。要摒弃原有的传统理念，秉持开放共享、合作包容、智能互通大数据时代先进理念，来开展人才服务数字化转型。只有确保人才服务基础建设到位、不走样，才能确保将来服务体系建成后能满足各个层级人才更好的服务需求。

三是相关职能部门要加大人才信息共享、提高服务效能重视程度。虽然要真正实现各职能部门人才信息共享还有很多体制机制的障碍，但各部门应打破部门观念，秉承开放共享的大局观念，开放共享人才服务信息数据，实现各职能部门人才信息共享、提高人才服务效能。

2. 制定政策法规，给予人才服务数字化转型政策依据和保障

市委、市政府出台的《重庆英才服务管理办法（试行）》《重庆市人民政府办公厅关于印发重庆市促进软件和信息服务业高质量发展行动计划（2020—2022 年）的通知》（渝府办发〔2020〕54 号），内容提及设立市级高层次人才“一站式”服务平台，负责日常人才服务保障工作以及发展基于大数据、云计算、区块链、5G 等新一代信息技术的新型服务业务，但没有明确给出人才服务数字化转型的相关指导。利用市级高层次人才“一站式”服务平台开展人才信息情报搜集和分析，发布人才供需信息和人才政策，为用人主体和人才提供高效便捷服务，仅是原则性的规定。要想确保推进人才数字化转型，还必须制订出台具体的落实方案和实施细则，为转型提出更加明确的要求和具体的标准。

一是市委、市政府要把大数据时代重庆市人才服务数字化转型作为城市人才发展的核心战略。坚持从全局的视野、战略的眼光来研究推动大数据时代重庆市人才服务数字化转型工作，推动大数据时代重庆市人才服务数字化转型工作从点上突破向整体运筹转变，从单兵作战向协同发力转变，努力使重庆成为吸引人才的

“磁场”、培养人才的“摇篮”、施展才干的“舞台”。完善党管人才工作体制机制。创新党管人才的方式，成立由市委或市政府主要领导担任组长的市人才服务数字化转型工作领导小组，建立领导小组工作例会制度、议事决策制度和督促检查制度，明确各成员单位工作职责。

二是将大数据时代重庆市人才服务数字化转型工作纳入各职能部门“三定”方案和绩效考核指标体系，推动形成“地方党委统一领导、组织部门牵头抓总、职能部门各司其职、市场主体充分发挥作用”的工作机制。市委常委会每年听取大数据时代重庆市人才服务数字化转型工作情况汇报，及时研究解决面临的突出困难和问题。市委、市政府主要负责同志经常过问、亲自研究推动，就大数据时代重庆市政府人才服务数字化转型工作的重大原则、重要问题提出明确要求。及早谋划、超前布局，尽快出台“重庆市大力推动人才服务数字化转型的若干措施”，指导大数据时代重庆市人才服务数字化转型工作规划。

3. 加大人才服务数字化的硬件建设和技术投入

重庆市政府要加大投入力度，组织完善建设重庆市高层次人才“一站式”服务体系，计划经过 3 年时间，基于“互联网+”、移动互联、大数据和云平台技术，建设面向全市人才和用人单位的人才“一站式”服务数字化体系。

一是建设全市各类人才的统一的基础信息库和服务信息库，双向互动，及时更新，提供主动服务。为重庆人才服务管理及决策机构提供及时准确的人才及其服务的情况，为不断完善重庆人才服务提供全面、准确、及时的可靠信息服务和数据基础。为人才提供“一站式”服务：即服务数字化，实现移动互联多渠道业务网上申报和服务。支持推行“一门一网式”政府服务模式，构建网上网下一体化公共服务体系，全面提升高层次人才服务质量。人才一体化业务管理：即提供公共业务管理平台，支持人才服务的各职能部门相互配合、信息交换和数据共享，逐步实现全局协同和全市共享的面向人才服务管理的一体化网上管理平台。

二是实现人才服务智能化评估，基于全面、准确、及时的人才信息资源库，进行综合全面的人才、人才服务和服务效率的统计分析，为重庆人才服务管理及决策机构，提供多维度和有效的人才分析信息，为不断发展重庆人才服务及有效吸引人才和留住人才提供数据分析基础。在建设市人力社保局人才一体化信息资源库的基础上，建设支持“一站式”服务模式和“一体化”业务管理的人才多渠道服务系统；基于统一的人才信息资源库，实现人才及时准确的信息服务和人才服务统计分析。

建设全市统一的人才信息资源库：根据“一站式”人才服务数字化转型的要求，面向“一站式”服务和“一体化”管理的业务流程，建设统一的人才信息资源库，形成人才业务库和基础库双向互动机制，全面、准确和及时地更新全市人才的人员信息和服务信息。并围绕“一体化”人才信息资源库的建设，提供人才基础数据管理、人才基础数据服务、数据标准管理、数据质量管理、人才数据汇集等多种数据管理和服务功能。

三是建设“一站式”多渠道服务系统，为全市人才和用人单位提供统一的多渠道网上申报、网上查询和网上服务平台，支持人才服务专窗，通过互联网门户、微信、短信、邮箱、QQ 等多种渠道为人才服务，为实现市人才服务的各项服务要求和全面实现人才服务管理的精细化、科学化和专业化提供基础。重构和新建高层次人才、专技人才、技能人才、涉外人才、新进人才等各个人才服务领域应用系统，实现“统一受理、协同办理”的“一体化”的人才业务管理体系，全面实现人才“一体化”服务和人才服务管理的精细化、科学化和专业化；实现对人才和人才服务的全方位、多角度的统计分析和信息服务，从而为重庆市人才管理的科学决策和微观管理提供全面、准确、及时的信息，以便各级领导和人才主管部门全面地掌握全市人才的历史、现状及变化趋势，提高政府对人才的宏观管理水平及专业化和精细化的管理能力。大力开展业务和技术培训：与数字化建设同步，适时地在系统上线前后，针对系统的使用者，进行业务使用的培训，提高使用者对系统各项功能的认识和具体操作的了解，强化各单位人力资源管理人员的信息化意识及应用能力，促进系统的应用和使用，充分发挥“一站式”人才服务数字化体系的作用和效益，支持人才“一站式”服务的推广和实施，促进重庆市人才服务的发展。

4. 理顺各部门之间的人才服务职能，实现内部贯通、数据共享

实现政府内部部门数据贯通共享，是建设人才服务平台数字化转型的基础。这要求重庆市政府对内部职能部门的人才服务职能进行优化提升，简化优化人才服务审批流程。

(1)简化优化人才办事流程

依托统一的数据共享交换体系，选取某一人才的唯一标识，构建人才信息库，实现涉及人才服务事项的证件数据、相关证明信息等跨部门、跨区域、跨行业互认共享。在人才办事过程中，通过人才唯一标识，直接查询所需的相关信息，作为人才办事的依据，避免重复提交，实现以唯一标识，为人才“记录一生，管理一生，服务

一生”的目标。结合编制权力清单、责任清单等工作，全面梳理涉及人才办事的政务服务事项，逐项梳理基本流程和办事依据，简化无谓证明和烦琐手续。推行人才办事相关证件、证照、证明等电子化，形成人才个人基本电子信息目录，实现人才基础证照信息的多元采集、互通共享、多方利用。以人才信息库支撑各部门办事过程中相关信息“一次生成、多方复用，一库管理、互认共享”。建立跨区域电子信息互认共享机制。为方便人才跨区域业务办理，依托统一的数据共享交换平台，推进跨层级、跨区域、跨部门的电子信息互认共享，逐步实现在全国范围内异地业务办理。

(2)改革创新政务服务模式

前端整合构建综合政务服务窗口和统一的政务服务信息系统，后端建设完善统一的分层管理的数据共享交换平台体系，推动涉及政务服务事项的信息跨部门、跨区域、跨行业互通共享、校验核对，建立高效便民的新型“互联网+政务服务”体系，推进网上网下一体化管理，实现一窗口受理、一平台共享、一站式服务。

一是建立政务服务事项优化管理机制。按照权力清单和责任清单，全面梳理编制政务服务事项目录，对延伸到基层的政务服务事项进行统一规范，最大限度精简办事程序，减少办事环节，缩短办理时限。探索建立涉及多部门的政务服务事项协同办理机制。升级政务服务大厅功能，整合构建综合服务窗口。加快各级政务服务大厅和城乡社区综合服务机构功能升级，推动政务服务事项分级进驻，采取“前台综合受理、后台分类审批、统一窗口出件”的服务模式，实现一站式服务。建立健全首问负责、一次性告知、并联办理、限时办结等制度，促进政务服务规范化、标准化、便捷化。整合构建统一的数据共享交换和政务服务信息系统。统筹整合建设覆盖全国的数据共享交换体系，统一管理政务信息资源目录，实现与人才、人才单位、空间地理、电子证照、社会信用等基础信息库和业务信息库的联通，逐步推进各级共享交换平台对接，支撑政务信息资源跨部门、跨层级、跨区域互通和协同共享。构建统一的政务服务信息系统，完成与各部门业务系统对接，实现相关审批数据、结果同步推送和业务协同办理。推进与电子监察系统对接，确保所有政务服务事项审批办理的流程、结果信息即时可查可用，做到办事过程公开，方便人才监督。

二是构建网上网下一体化政务服务体系。围绕便民服务，通过综合政务服务窗口和政务服务信息系统，实现对各级政务服务事项从受理、审批到出件的全流程监督管理，促进政务服务规范运作。拓展自助服务、社区代办、邮政快递等服务渠道，构建跨区域、跨层级、网上网下一体化的政务服务体系。

(3)畅通政务服务方式渠道

以建设人才办事统一身份认证体系为抓手,逐步构建多渠道多形式相结合、相统一的便民服务“一张网”,实现人才网上办事一次认证、多点互联、“一网”通办。运用“互联网+”思维和大数据手段,做好政务服务个性化精准推送,为公众提供多渠道、无差别、全业务、全过程的便捷服务。

一是构建人才办事统一身份认证体系。以人才唯一标识,结合实名制,探索运用生物特征及网络身份识别等技术,联通整合实体政务服务大厅、政府网站、移动客户端、自助终端、服务热线等不同渠道的用户认证,形成基于人才身份证号码的线上线下互认的人才办事统一身份认证体系,实现人才办事多渠道的一次认证、多点互联、无缝切换。

二是构建便民服务“一张网”。梳理整合教育、医疗卫生、社会救助、社会福利、社区服务、婚姻登记、殡葬服务、社会工作、劳动就业、社会保障、住房保障、住房公积金、公共安全等人才服务领域的网上服务资源,借助统一身份认证体系,联通各个网上办事渠道,构建便民服务“一张网”。结合不同接入渠道和受众特点,优化服务界面,提升服务渠道的便捷性和办事效率。以大数据创新网络服务模式。有效整合“一张网”中的人才行为数据、数据共享交换平台数据库等资源,形成为人才服务的大数据资源体系。运用大数据技术,开展跨领域、跨渠道的综合分析,了解政务服务需求,不断优化资源配置,丰富服务内容,做好个性化精准推送服务,变被动服务为主动服务,有效提升政务服务质量和效率。

5. 加大对人才服务数字化的宣传普及力度

一是通过电视、报刊、短信、网站、邮件、移动、微信等多种宣传工具,组织开展全市范围内的人才服务数字化转型宣传工作和全市性的“一站式”服务平台宣传专项活动,吸引企业和其他社会力量参与其中,为人才服务数字化转型提供资源、技术和服务保障。组织开展大数据时代重庆市政府人才服务数字化转型工作系列专题宣传活动。利用重庆英才网,策划开展视频访谈及专题栏目,利用举办重庆英才大会、重庆菁英荟、成渝地区双城经济圈国际人才线上行等活动,宣传大数据时代重庆市政府人才服务数字化转型工作。

二是开展国际化宣传,要着力推动大数据时代重庆市政府人才服务数字化转型工作,瞄准海外发达地区精准引才聚才,充分发挥驻外机构招才引智作用,推动大数据时代重庆市人才服务数字化转型工作,支持企事业单位和各类社会团体驻外机构设立推动大数据时代重庆市人才服务数字化转型工作站，财政给予经费保障，使之成为海外推动人才服务数字化转型的“信息站”“宣传站”和“前哨站”。

三是要大力推动成立中国西部或重庆人才网络联盟，搭建互联互通的大数据时代重庆市人才服务数字化转型工作宣传资源共享平台，积极探索实现大数据时代人才服务数据从市内互通走向国内互通，大力宣传大数据时代人才服务数字化转型理念和“数据行天下”的大数据时代人才服务新模式。

课题研究单位：重庆师范大学
课题组负责人：王亚飞
课题主研人员：唐　爽　吴潇航　柏　颖　刘　静

队伍篇

重庆市人力资源管理专业人员职称体系改革研究

摘　要：本研究基于重庆市人力资源管理专业人员职称评审现状，通过问卷调查、调研访谈等方法调研，发现当前职称评审标准不能切合工作实际，未有效反映实际工作技能水平；企业重视程度不够，实际应用效力不强；评审程序相对烦琐，降低了参评积极性；制度保障缺位，评审专家队伍建设滞后等问题。在借鉴其他省市职称评审经验基础上，结合重庆市人力资源管理专业人员队伍发展趋势，提出了人力资源管理专业职称评审的对策建议以及保障举措，并构建了适合重庆实际情况的人力资源管理专业人员评审标准。

关键词：人力资源管理专业人员　职称评审　路径　评审标准

一、重庆市人力资源管理专业人员职称体系改革实施背景及意义

（一）实施背景

人力资源管理专业人员是专业技术人才队伍的重要组成部分，是推动重庆市经济高质量发展的重要力量。党的十九届六中全会对培养造就爱国奉献、勇于创新的优秀人才提出明确要求，中央人才工作会议对新时代人才工作做出全面部署，习近平总书记在大会发表的重要讲话，为做好新时代人才工作指明了前进方向、提供了根本遵循。重庆市委人才工作会议曾提出：发展是第一要务，创新是第一动

力，人才是第一资源。强调要加强和改进新时代重庆人才工作，为推动高质量发展、创造高品质生活提供坚实保障基础。

新时代重庆市人力资源管理专业职称体系改革，应以习近平新时代中国特色社会主义思想为指导，全面贯彻党的十九大和十九届二中、三中、四中、五中、六中全会精神，认真落实党中央、国务院决策部署，按照建设现代化经济体系和深化职称制度改革总体要求，遵循人力资源管理领域人才资源开发规律，健全完善符合人力资源专业人员职业特点的职称制度，科学、客观、公正地评价人力资源管理专业人员，释放人力资源管理专业人员创新创业活力，为推动我国经济高质量发展提供专业的人力资源管理人才支撑。

近年来，随着重庆市人力资源管理专业人才队伍不断壮大，专业性要求越来越强，特别是新技术、新业态下，对人力资源管理专业从业人员的知识、技能要求逐步提升，人力资源管理专业人员在单位日常经营管理中的重要作用也不断得到凸显。如何立足人力资源管理行业的特点，突出现代经济活动中人力资源管理的职业属性和岗位要求，通过职称评审制度改革有效地激发重庆市人力资源管理专业人员干事创业的积极性，提升重庆市人力资源管理专业人员综合职业素养，提高人力资源管理专业人员职称评审与重庆当前经济社会活动的契合度，满足重庆市实体经济、科技创新、现代人力资源服务产业对人力资源管理专业人才的新需求，是重庆面临的一个重要课题。

（二）主要意义

一是落实中央人才工作会议等重要会议精神的重要体现。在党的十九届六中全会和中央人才工作会议上，习近平总书记提出要积极为人才松绑，完善人才管理制度，要完善人才评价体系，加快建立以创新价值、能力、贡献为导向的人才评价体系，形成并实施有利于科技人才潜心研究和创新的评价体系。通过发展人力资源服务业、发挥我国人力资源优势、服务经济社会发展，更好促进就业扩大和优化人力资源配置迫在眉睫。释放人才创新创业活力，遵循人才成长规律，深化人才管理制度。加快建立以创新价值、能力、贡献为导向的人才评价体系。因此，加强人力资源管理人才队伍建设，围绕用好用活人才，加强职称评价的科学性和针对性，提高评价结果的公信力，促进职称评价制度与各类用人单位人事管理制度相衔接，做到以用促评、评用结合，提升人力资源管理专业人才知识、技能，对于深入实施国家人才强国战略以及加强和改进新时代重庆人才工作，加快建设全国重要人才高地，具有重要意义。

二是重庆市人力资源服务产业健康发展的重要保障。重庆高度重视人力资源服务业发展,不断健全服务体系,完善服务制度,拓宽服务方式。先后探索推行三轮职称评审改革,出台“1+10”人才分类评价改革实施方案,健全以创新能力、质量、实效、贡献为导向的人才评价体系,保障用人单位评价自主权。截至2021年末,重庆市人力资源服务机构达2840家,行业年营业收入618.05亿元。市人力社保局党组书记、局长黎勇表示:重庆将在新征程上,立足新发展阶段、贯彻新发展理念、融入新发展格局,力争到2023年,全市人力资源服务业营收达到1000亿元,到2025年达到1500亿元。通过职称评审改革,提升人力资源服务从业人员的专业化、职业化水平,推动人力资源服务业创新发展,推进成渝地区双城经济圈建设,为谱写高质量发展新篇章提供人才保障和智力支撑。

三是用人单位提升人力资源管理效率的必然要求。发挥用人主体在人才培养、引进、使用中的积极作用,根据需要和实际向用人主体充分授权,打通人才政策落地“最后一公里”,是市委人才工作会议的重要要求。因此,企业通过积极鼓励员工参与人力资源管理专业人员职称评审,并且在职称评审活动组织实施,单位内部薪酬制度设计,晋升通道优化,培训学习条件保障,职称认可度提升等方面提供便利与支持,一方面提升员工对企业的组织“黏性”,另一方面也有利于单位人力资源管理从业人员通过“以评促学”,提升职业素养,更好地服务于单位人力资源管理事业,为实体经济发展增添了动力,注入了活力,实现企业提质增效。

四是提升人力资源管理专业人员荣誉感和职业归属感的重要举措。近几年,大量从业者涌入人力资源行业,导致这一行业竞争日渐激烈,很多人开始寻求突围之法,以谋求更好的职业前景,人力资源管理职称凭借其高含金量,也因此被越来越多的人考虑到并予以重视。单独列出该专业对于团结凝聚人才,促进人力资源人才职业发展和队伍建设,激励和保护全社会人才队伍建设也具有重要意义。职称评审是企业人力资源的一项重要工作,也是人力资源管理专业技术人才队伍建设的重要组成部分,是评价和激励专业技术人才的重要手段。首先,通过职称评审这一环节,要将人力资源管理专业职称从经济师评审中独立出来,有利于大力提升人力资源从业人员的管理技能,特别是在考试、考核、考评等环节突出人力资源管理的专业化知识、技能,让该部分群体通过准备与其专业相关的知识点,实现了“靶向更加精准”的目标,提升其专业归属感;其次,将人力资源管理专业单独设立职称体系有利于增强这些从业人员的职业归属感。通过自身技能提升,并且通过单列评审，提升了其对该份职业的荣誉感，有利于提高其对重庆市人力资源行业贡献率。

二、重庆市人力资源管理专业人员职称体系改革的现状及问题分析

（一）重庆市人力资源管理专业人员职称体系的实施现状

1. 重庆市人力资源管理专业人员职称体系的调研概况

以国家颁发的《经济专业人员职务试行条例》和人力资源和社会保障部于2019年9月1日起正式施行的《职称评审管理暂行规定》为指导，2021年7月22日，市人力社保局发布了《重庆市职称评审管理办法》。《重庆市职称评审管理办法》明确指出为规范职称评审程序，加强职称评审管理，保证职称评审质量，各单位应设立职称评审委员会。2021年10月11日，重庆市职称改革办公室印发《重庆市2021年职称申报评审工作方案》，针对各区县（自治县）人力社保局（职改办）、市级各部门人事（干部）处、有关企事业单位人力资源部门职称申报评审若干细则给予了指导。其中对申报范围、时间安排给出了指导性方针，对有关程序及材料进行了详细说明。方案将申报主体归类为本人申报、单位推荐并详细对应了不同材料要求；对申报程序中部门审核、评委会组建单位受理材料、评委会评审、评审终止、评审结果核准以及复查等环节给出了详细指导意见。最后，就职称申报评审的纪律要求和其他有关注意事项进行说明。然而目前重庆市人力资源管理专业职称仍然“嵌套”在经济师专业职称评审之中，尚未建立起针对人力资源管理从业人员专业化的评审体系。虽然当前经济师职称评审以品德、能力、业绩和创新为导向，把学术技术的先进性和市场业绩及市场持续能力作为主要评价标准，逐步实行资格考试与评聘相结合的体系，考试考核与同行评议相结合的体系，以及社会公认与业内认可相结合的人才评价工作体系等，但是在考核或者考评内容专业知识的选择上，仍然侧重经济领域相关知识点的考查，未能有效突出人力资源专业知识和专业能力等。因此在一定程度上，当前经济师的职称考评体系，为构建人力资源管理专业人员职称评价体系提供了框架借鉴，建立具有专业特色的人力资源管理专业人员职称评价体系也是势在必行的工作。课题组围绕课题研究的核心，设计了包含

25 个问题的网络调查问卷和访谈问卷。被调查者以重庆主城都市区为主,访谈的主要群体为人力资源管理从业人员。

2. 重庆市人力资源管理专业人员职称体系的调研数据分析

本次重庆市人力资源管理专业人员职称体系改革调查,共计发放问卷 350 份,回收有效问卷 315 份,回收有效率 90%。调查群体的基本情况如下:从业人员年龄分布在 26~45 岁居多,占比 72.7%,如图 1 所示;在受教育程度中本科学历样本占比 47.3%,如图 2 所示。这反映目前重庆市人力资源管理从业群体中,中青年群体占比较高,同时文化程度普遍较高。

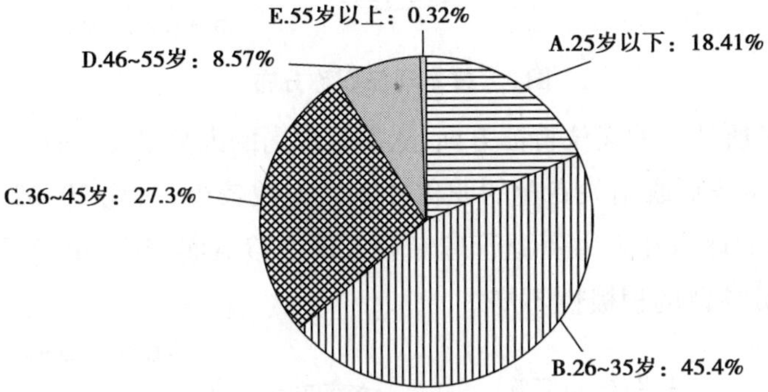

图 1　样本年龄分布

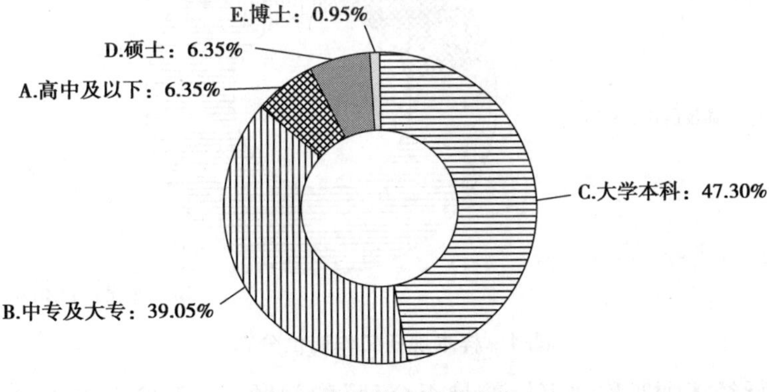

图 2　样本教育程度分布

在已取得职称方面,无职称群体占比 46.03%,说明较多的人力资源管理从业人员对专业职称评审重视程度有待加强;在已经具备职称的样本中,具有初级职称与中级职称的样本较多,占比为 49.2%,而具有副高级职称与高级职称的人数则较少,仅占 4.76%,如图 3 所示。高级职称群体占比明显较低,如何引导初级、中级职称群体参评上一级职称,特别是鼓励达到高级职称评审条件的从业人员积极参评是重庆市评审制度设计的方向指引之一。

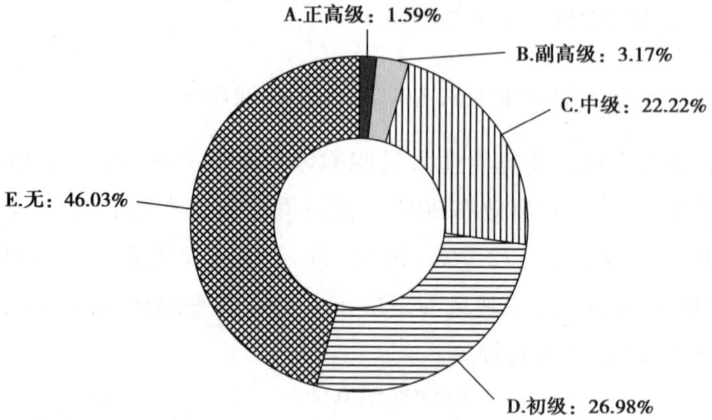

图3　样本现任职称分布

在被调查者所从事的岗位特征方面，从事管理岗的人数最多，占比57.46%，如图4所示；参加过经济师或相关专业的职称评审的人数较少，占比20.32%，如图5所示，说明经济师的评审在人力资源管理专业人员中覆盖面较小，也表明当前人力资源管理专业人员参评的积极性不高。

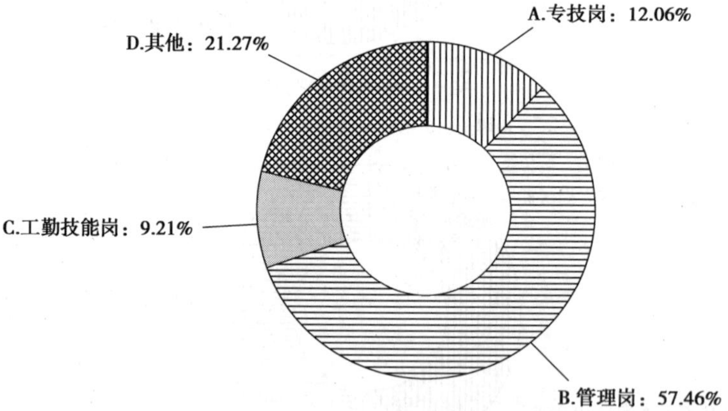

图4　样本现任工作岗位分布

在“现行经济师职称评审标准是否合理”的问题上，仅42.23%的被调查者认为现行的评审标准具有一定的合理性，认为评审标准合理性较低的被调查者占57.77%，说明当前经济师的评审标准还应根据实际情况进行有效优化，如图6所示；在经济师职称评审流程的问题上，42.54%的被调查者认为目前的评审流程是合理的，57.46%的被调查者认为目前评审流程的合理性较低，可以看出目前经济师职称评审需要根据实际情况进行大力改进，才能有效激励参评人员的积极性。

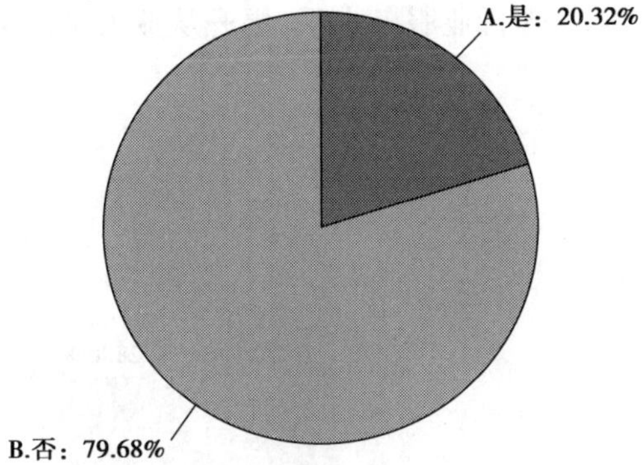

图 5　样本是否参加过经济师或相关专业的职称评审的情况

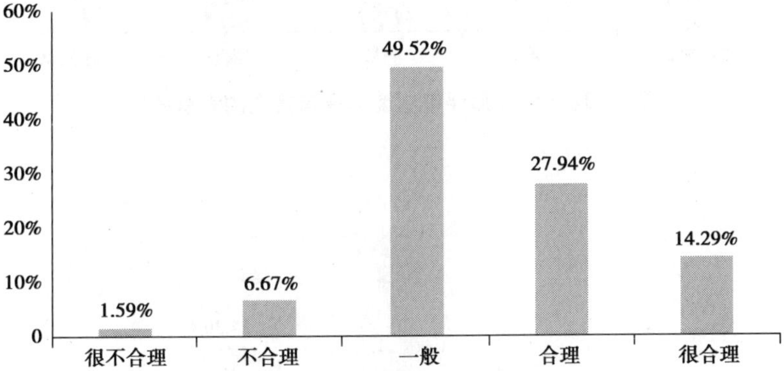

图 6　现行经济师职称评审标准是否合理

在现行经济师评审制度和评审渠道的满意程度上，43.81%的被调查者对经济师评审制度和评审渠道持满意态度，56.19%的被调查者持较低满意度，如图 7 所示，表明在评审制度设计优化以及评审渠道多元化角度还有值得提升的空间。在现行的经济师职称评审标准中，关于工作能力和业绩成果指标与员工在实际工作中的能力和业绩是否匹配的问题，40.63%的被调查者认为职称评审指标与具体工作业绩匹配，然而59.37%的被调查者认为职称评审指标与具体工作业绩匹配程度较低，如图 8 所示，这一数据表明在职称评审改革中还应进一步加强评审标准的制定，提高评审标准中的工作能力和业绩成果指标与从业人员实际工作能力和业绩成果的匹配程度。

在"现行经济师职称评审制度是否对当前的社会经济发展产生了促进作用"的问题上，仅有 8.89%的被调查者认为没有促进作用，如图 9 所示；同时，有 66.35%的被调查者赞同人力资源管理职称评审能有效提高从业人员职业归属感，如图 10 所示，这一数据表明在大多数被调查者看来，加强和完善人力资源管理职称评审，对于提升人力资源管理行业服务水平、提升从业人员的荣誉感和归属感具有重要的现实意义。

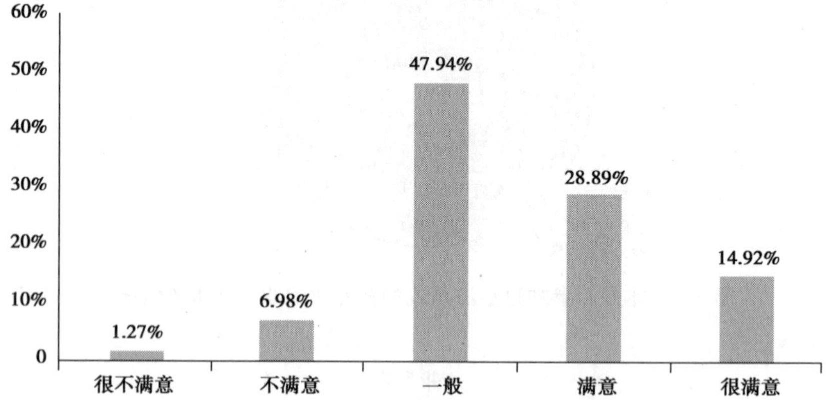

图 7　现行经济师评审制度和评审渠道的满意度

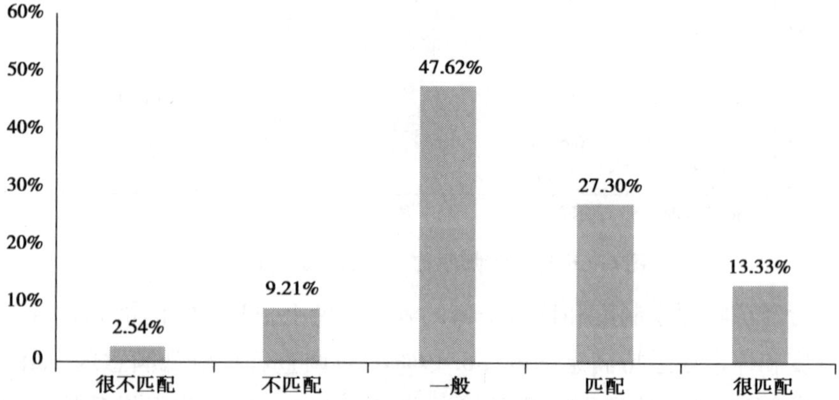

图 8　现行经济师职称评审指标与实际工作中的能力和业绩的匹配程度

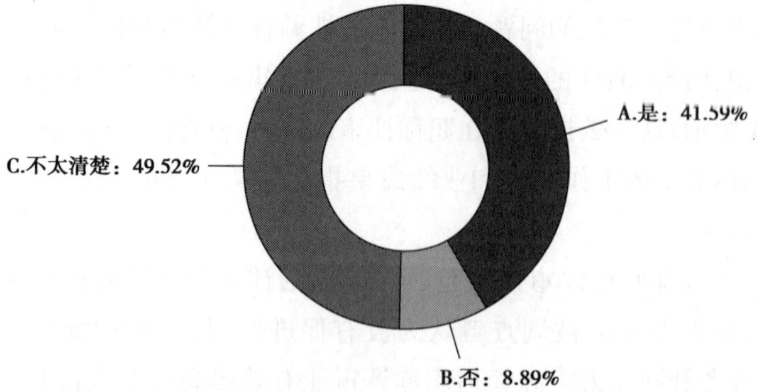

图 9　现行经济师职称评审制度是否对当前的社会经济发展产生促进作用

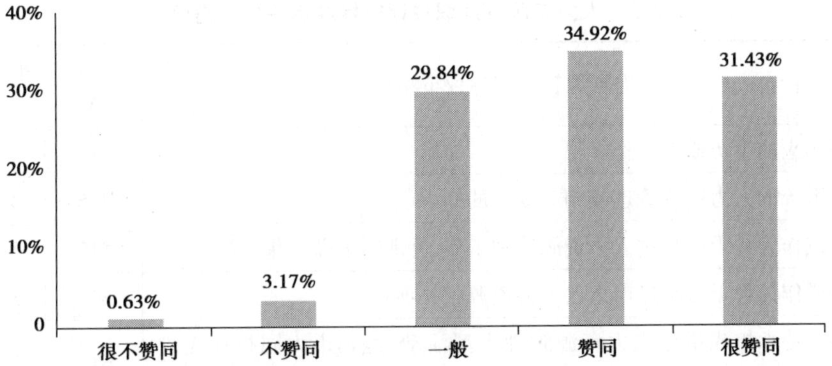

图 10　是否赞同人力资源管理职称评审能有效提高从业人员职业归属感

在对人力资源管理职称评审标准相关指标重要程度的调查中,被调查者按其重要程度进行选择,见表 1。其中,具备相应的学历或者工作年限(M=4.03)、具有系统的人力资源管理或相关专业的知识(M=4.19)两项指标得分最高;"主持或作为骨干参与过人力资源管理工作,并取得显著成果"(M=3.95)、"从事人力资源管理工作的业务骨干,对本专业有独到的见解,提出高价值建议"(M=3.93)、"推进人力资源管理相关服务、技术、模式等的发展,创造明显的经济效益与社会效益"(M=3.83)、"直接主持承担或指导人力资源管理大型活动,达到市内同行业先进水平"(M=3.80)、"主持或作为骨干参与过市重点人力资源相关项目"(M=3.76)、"撰写有较高水平的专项调查报告、案例分析报告或重大项目的立项研究报告等"(M=3.72)、"主持制定国家级或市级人力资源相关重要规章制度"(M=3.70)、"主持或作为主要完成人参与的课题形成的研究成果被市(厅)级以上相关部门采用"(M=3.68)、"从事人力资源管理相关研究工作,主持或作为主要完成人参与国家或市(厅)级课题"(M=3.66)、"在相关研究领域获国家级、市级奖励次数"(M=3.61)这 10 项指标均在 3.6 分以上。仅"公开出版相关著作(主要编著),或者发表相应数量的专业刊物"(M=3.59),这一项指标的得分较低,说明这项指标在被调查者看来在人力资源管理专业人员的评审指标中具有一定的作用,但其重要程度相对较低。通过调查数据发现,相对于学术能力,被调查者认为职称评审应更加看重人力资源管理专业人员的业绩能力。本次调研结果与人力资源管理专业人员职称体系改革的目标与方向也是高度吻合的,这也反映本次职称体系改革的指导思想和评审指标在设计上要充分考虑到从业人员的业绩情况,做到突出专业水平和创新实践,克服唯学历、唯资历、唯论文、唯奖项倾向,发挥人才评价"指挥棒"作用,充分调动经济专业人员的积极性和创造性。

表1 人力资源管理职称评审标准相关指标得分

人力资源管理职称评审指标	样本（N）	平均值（M）
具备相应的学历或者工作年限	315	4.03
具有系统的人力资源管理或相关专业的知识	315	4.19
主持或作为骨干参与过人力资源管理工作，并取得显著成果	315	3.95
主持或作为骨干参与过市重点人力资源相关项目	315	3.76
直接主持承担或指导人力资源管理大型活动，达到市内同行业先进水平	315	3.80
从事人力资源管理相关研究工作，主持或作为主要完成人参与国家或市（厅）级课题	315	3.66
主持制定国家级或市级人力资源相关重要规章制度	315	3.70
推进人力资源管理相关服务、技术、模式等的发展，创造明显的经济效益与社会效益	315	3.83
在相关研究领域获国家级、市级奖励次数	315	3.61
主持或作为主要完成人参与的课题形成的研究成果被市（厅）级以上相关部门采用	315	3.68
从事人力资源管理工作的业务骨干，对本专业有独到的见解，提出高价值建议	315	3.93
公开出版相关著作（主要编著），或者发表相应数量的专业刊物	315	3.59
撰写有较高水平的专项调查报告、案例分析报告或重大项目的立项研究报告等	315	3.72

（二）当前人力资源管理专业人员职称体系存在的问题

通过调研分析，当前人力资源管理专业人员职称体系存在的问题如下。

1. 评定标准不能切合工作实际，未有效反映实际工作技能水平

一是评审标准偏学术化。当前的经济师评审体系中学术指标与条件所占比重过大，发表学术论文等仍然为主要的评价指标，脱离了业绩衡量的准则，也被诟病为不能如实反映从业人员技能水平。

二是未能与薪酬标准和职业晋升标准有效结合。除部分国有企业外，中小企

业从业人员反馈参与职称评审与否与单位当前的薪酬福利未能联动，职称高低没能在薪酬体系中体现出来，没有落实到职务中，没有强化职称高低对其工作收入水平的影响。

2. 企业重视程度不够，实际应用效力不强

一是与当前的职称评审机构信息沟通不充分。通过访谈发现，部分单位，特别是中小企业认为职称工作只是基础的人事工作，单位将人事行政工作归为一类工作，未注意到人力资源管理的专业属性，没有思考如何运用职称评审和评审后的管理手段来搭建专业人力资源管理队伍，提升企业人力资源管理水平，这也是人力资源管理从业人员归属感低的原因之一。

二是虽然职称的核心功能之一就是人才测评，可以使用人单位降低选人用人的成本和风险，提高应聘者的就业成功率，但多数企业没能有效发挥职称在招聘与配置中的人才测评功能，即企业单位未能有效利用好职称评审的功效。

3. 评审程序相对烦琐，降低了参评积极性

由于平时工作繁忙，加上职称政策宣传力度不够，导致信息闭塞，特别是区县人力资源从业人员不能够及时享受专业培训等机会，从业人员考虑到需要提交大量参评材料和履行烦琐的评审手续等，加上目前人力资源管理专业人员职称评审“嵌套”在经济师职称评审流程中，故从业人员整体参评率不高。

4. 制度保障缺位，评审专家队伍建设滞后

一是目前职称评审制度体系不够健全，后续管理服务不够规范配套，导致人力资源社会保障行政部门和行业主管部门，无法精准对每一个参评者进行管理监督以及后续提供诸如培训提升等服务。评审的目标是为了提升从业人员的综合素质，从而为人力资源服务管理行业高质量发展奠定基础。目前的评审工作止步于评审结果，制度设计对评定后的人员后续考核以及培训保障不足，同时“一考定终身”的理念也导致部分取得高职称群体怠于继续自我提升。

二是在目前的评审专家队伍建设上，人力资源管理研究学者群体占比较大，人力资源行业高技能评审专家占比较小，缺乏科学的评审专家选拔标准和评审过程指引标准以及动态专家库的进入退出机制。

三、其他省份的典型实践及经验借鉴

截至 2021 年底，四川、广州、广西、江苏等地已经开启了改革试点工作。本研究选取了具有代表性的广东省、四川省和江苏省为样本，将上述省份在人力资源管理职称体系改革方面的实施方案进行对比，总结提炼出相应可借鉴的经验做法，为重庆市人力资源管理专业人员职称体系改革实施推广提供参考。

（一）建立科学的职称体系

江苏省、四川省和广东省关于人力资源管理职称体系总体上大同小异。以时间节点划分，江苏省早在 2017 年启动了改革试点工作，也是国内最早开展人力资源管理人员职称评审制度改革的省份，为其他省份开展该项改革工作提供了有利的参考范式；2020 年 3 月，广东省启动了改革试点工作；2020 年 7 月，四川省也启动了改革试点工作。四川省和广东省在江苏省人力资源管理职称体系试行标准的基础上，以自身经济发展水平和发展目标为出发点，建立了一套服务于自身经济社会发展的人力资源管理职称体系。

在各自特色方面，广东省关于人力资源管理职称体系标准的制定更加细致、更可量化、更具可操作性，有效地减轻了后续评审过程中可能发生标准模糊等产生的争议；而四川省关于人力资源管理职称体系标准是围绕四川省经济社会发展情况制定的，在评审标准制定上更加灵活，将评审的"自由裁量"空间最大限度地让渡给了评审组织，赋予了承接评审职能的单位或行业协会更大的评审自主权。同时，对于各层级的职称，制定了差别有序的多维度评审标准，建立了不同层级职称体系。

（二）结合重庆实际情况

一是要以重庆市本身的经济社会发展情况为基准，特别是人力资源服务行业发展阶段以及人力资源管理人员队伍总体情况为出发点科学设定评审标准。例如：四川省在关于提前一年申报高一级职称的特殊要求上，结合了特殊省情即"参加援彝援藏服务期满 1 年以上的""四大片区"外的专业技术人才，任现职期间到"四大片区"服务满 1 年或与"四大片区"企事业单位建立 3 年以上支援服务关系或参加精准脱贫工作等作为提前申报的重要考量。重庆市可以结合当前"一区两群”建设的实际，对于服务在乡村振兴一线的从业人员或者偏远区县的从业人员在评审方面予以适当倾斜。

二是将具有重庆市特色的政策项目列入评审标准。例如：包括但不限于大力实施科教兴市和人才强市行动计划，出台的重庆英才计划、举办的重庆英才大会、健全“塔尖”“塔基”人才政策体系等结合起来，作为制定正高级人力资源管理职称的评审条件和破格评审标准。

三是做到继承和借鉴结合。在沿用原有的经济师职称评审模式的同时，借鉴江苏省、广东省和四川省已经施行的成功经验，以此来制定与重庆市经济发展水平相适应的人力资源管理专业人员职称评价体系。

四、重庆市人力资源管理专业人员职称体系改革的路径设计

深化人才发展体制机制改革，实施更加积极、更加开放的人才政策，是重庆市人力资源管理专业人员职称评审的方向指引。针对目前重庆市人力资源管理对职称评审的新要求和调研访谈中发现的相关问题，只有通过科学系统化的改革举措才能够达到职称评审的预期。本研究主要从以下 3 方面开展了路径设计。

（一）重庆市人力资源管理专业人员职称体系改革的指导思想

深入学习贯彻习近平新时代中国特色社会主义思想和认真学习贯彻党的十九届六中全会精神，深学笃用习近平总书记关于新时代人才工作的新理念、新战略、新举措，全面落实中央人才工作会议部署要求，加强和改进新时代重庆人才工作，加快建设全国重要人才高地，为推动高质量发展、创造高品质生活提供坚实人才保障。深入贯彻落实《职称评审管理暂行规定》（人力资源和社会保障部令第 40 号）和市委办公厅、市政府办公厅关于《重庆市深化职称制度改革的实施意见》精神，按照党中央、国务院和市委、市政府关于深化职称制度改革的决策部署，健全完善符合人力资源管理专业人员职业特点的职称制度，科学、客观、公正地评价人力资源管理专业人员，充分发挥职称评价“指挥棒”作用。

（二）重庆市人力资源管理专业人员职称体系改革的基本原则

1. 坚持以服务经济发展为目的

紧紧围绕全市经济社会高质量发展要求，立足人力资源管理领域行业特点，突出人力资源管理的职业属性和岗位要求，引导人力资源管理专业人员提高能力素质，提升职称评价与重庆经济社会改革的契合度，促进重庆实体经济、科技创新与人力资源协同发展，不断增强经济创新力和竞争力。

2. 坚持设定科学的评价体系

以人力资源管理专业特点为基础，以人力资源管理专业人员的品德、能力、业绩为导向，分级分类完善评价标准，突出专业水平和创新实践，克服唯学历、唯资历、唯论文、唯奖项倾向，发挥人才评价“指挥棒”作用，充分调动人力资源管理专业人员的积极性、创造性，激发其内在工作活力。

3. 坚持继承与创新相结合的方法

巩固人力资源领域人才评价改革成果，总结完善人力资源管理专业人员资格考试制度，健全职称制度体系，完善评价标准，创新高级人力资源管理专业人员职称评价机制，加大对非公有制经济及新兴产业的人才支撑。以重庆市的经济发展水平为出发点，继承重庆市人力资源领域人才评价改革的优秀成果，特别是当前经济师职称评审制度积累的相关经验，同时借鉴其他省份人才评审的优秀成果，不断优化完善本市人力资源管理专业评审制度。

4. 坚持以用为本的评审标准

评审不是人才培养的终点，而是激发人才活力的重要环节之一。围绕用好用活人才，加强职称评价的科学性和针对性，提高评价结果的公信力，一是不能增加参评人员的工作负担和物质负担；二是通过职称评审形成正向引导；三是通过评审促进职称制度与各类用人单位人事管理制度相衔接，做到以用促评、评用结合。

5. 坚持响应“双城经济圈人才建设”号召

川渝构建人才协同发展大格局助力成渝地区双城经济圈建设，成渝地区双城经济圈建设是国家赋予重庆、四川发展的又一重大机遇，人才协同发展将为双城经济圈建设提供有力的智力支撑。在政策制定过程中要注意与四川省相关政策的衔接,提前构思,科学设计,为后续两地人力资源管理专业人员职称评审奠定制度基础,为成渝地区双城经济圈的人才建设打好基础。

(三)重庆市人力资源管理专业人员职称体系改革的保障措施

1.强化组织保障,加强政策实施的权威性

市人力社保局统筹规划,相关部门负责重庆市职称评审综合管理和组织实施工作。具有职称评审权的用人单位、行业主管部门在各自职责范围内负责本行业的职称评审管理和组织实施工作。高标准、严要求建立职称评审委员会、职称评审委员会专家库。各区县、各部门和用人单位按照职称系列或者专业建立职称评审委员会专家库,在职称评审委员会专家库内随机抽取规定数量的评审专家组成职称评审委员会。评审委员会组织评议、认定专业技术人才学术技术水平和专业能力,对组建单位负责,受组建单位监督。同时,评审委员会的人员与成立必须由上级相关部门备案核准,方可施行。具体而言,重庆市各单位组建的高级职称评审委员会须由市人力社保局相关行政部门核准备案;各区县组建的职称评审委员会由当地区县人力社保局相关行政部门核准备案;各行业组建的中、初级职称评审委员会由市级行业主管部门按照职称评审管理权限核准备案。

2.加强程序保障,减轻政策实施的不确定性

针对不同申报类型专业人才必须严格按照不同标准一一对应。申报评审职称须按照要求程序逐级上报,不可随意越级申报。职称评审委员会在评议过程中,采取少数服从多数的原则,通过无记名投票表决,同意票数达到出席评审会议的评审专家总数2/3以上的即为评审通过;并且未出席评审会议的评审专家不得委托他人投票或者补充投票,视为放弃本次投票权利。评议前,评审专家与评审工作有利害关系或者其他关系可能影响客观公正的,应当申请回避。必要时,职称评审委员会可以根据评审工作需要,组织专业答辩或专业考核(考试),主要考察申报人专业知识、能力及水平。评审会议实行封闭管理,评审专家名单一般不对外公布。评审会议结束时须由主持评审会议的主任委员或者副主任委员当场宣布投票结果,并对评审结果签字确认,加盖职称评审委员会印章并对评审结果进行公示,报同级人力社保局相关行政部门同步公示,公示期不少于5个工作日。申报人对涉及本人的评审结果不服的,可以按照有关规定申请复查、进行投诉。申请复查应在评审

结果公布后2个月内，切实做到评审流程公平公正。

3. 增强服务保障，降低评审实施的复杂性

市人力社保局在组建职称评审委员会的同时将积极探索在“数字人社系统”中构建相应的职称评价服务平台、职称评审信息化管理系统，做到统一数据标准，规范评审结果等数据采集；积极探索职称评审信息化建设，推广在线评审，逐步实现网上受理、网上办理、网上反馈，为申报者提供便捷化服务，切实做到为申报者减负，提升政府主管部门办事效率与人民幸福感。在保障信息安全和个人隐私的前提下，积极探索实行职称评审电子证书，并且电子证书与纸质证书具有同等效力；努力做到逐步开放职称信息查询验证服务等便民举措。

4. 夯实监督保障，减少政策实施的随意性

各级人社系统相关部门要积极行使监督职权，加强对职称评审工作的监督检查。对各级职称评审委员会及其组建单位开展的评审工作进行抽查、巡查，依据有关问题线索进行倒查、复查。一经查实上交的职称评审相关资料存在谎报、瞒报等任何弄虚作假的行为、假冒职称评审、制作和销售假证等违法行为，将依法查处，并立即取消申报者的职称评审资格，对已经取得相应职称者将废除其职称资质，并记入职称评审诚信档案库，纳入全国信用信息共享平台。情节严重的，依法追究相关人员责任。与此同时，职称评审委员会组建单位应当依法执行物价、财政部门核准的收费标准，自觉接受监督和审计。

5. 完善法律保障，提升政策实施法治化水平

针对评审工作人员工作纪律方面，对违反本评审流程与评审规则者、弄虚作假者、敷衍塞责者以及其他违规情况等，由人力社保局相关行政部门对其职称评审权限或者职称评审行为做出不予认可的决定；情节严重的，由人力社保局相关行政部门取消职称评审委员会组建单位职称评审权，并依法追究相关人员的责任。针对职称申报人员及其单位，申报人员通过提供虚假材料以及其他违规情况，通过其他不正当手段取得职称的，申报人单位（自由职业者人事代理机构等）未依法履行审核职责的，由人力社保局相关行政部门或者职称评审委员会组建单位撤销其职称，并记入职称评审诚信档案库，纳入全国信用信息共享平台。情节严重的，依法追究相关人员责任。

五、重庆市人力资源管理专业人员职称体系改革的对策建议

为进一步深化重庆市人力资源管理专业人员职称体系改革，充分考虑到职称评价体系前连人才培养，后接人才使用，既检验人才培养成效，又为选人用人提供依据的特殊作用，在人力资源管理职称制度改革中，一方面要促进与人力资源管理专业人才培养制度的有效衔接，充分发挥职称评审对提高人才培养质量的导向作用，督促人力资源管理专业人才更新知识、提高能力素质；另一方面要促进与用人单位的有效衔接，坚持以用为本，坚持合理激励人力资源管理从业人员，做到合理确定评价与聘用的衔接关系，评以适用、以用促评。为此结合调查研究，本研究拟提出以下 5 点对策建议。

（一）科学设定评定指标，突出创新能力特点

在品德方面，坚持德才兼备、以德为先，把品德放在首位，重点考察人力资源管理专业人员的职业道德，探索建立职称申报评审诚信档案和失信黑名单制度，完善诚信承诺和失信惩戒机制，对品德有问题的实行“零容忍”，对学术造假实行“一票否决制”，对通过弄虚作假、暗箱操作等违纪违规行为取得的职称，一律予以撤销。

在能力方面，突出对创新能力的评价，合理设置人力资源管理专业职称评审中的论文和科研成果条件，不将论文作为评价应用型人才的限制性条件，建立职称评审绿色通道。向优秀人力资源管理专业人员和艰苦边远地区人力资源管理专业人员倾斜。例如由国家、市级组织人事部门选派到西藏、新疆、青海等地服务锻炼并做出突出贡献的人力资源管理从业人才（含市行业主管部门选派的专业志愿者），在同等条件下优先评审；对创新经济活动方式、构建经济新业态、推动行业发展做出重大贡献及在基层一线工作贡献突出的人力资源管理专业人员，可适当放宽学历、资历和科研能力等条件申报职称。

在业绩方面，突出评价人力资源管理人员的业绩水平和实际贡献，将科研成果取得的经济效益和社会效益作为职称评审的重要内容。尤其要做到评审标准去学术化，综合考虑申报者的业绩能力指标，调整人力资源管理专业人员职称评审标准的工作能力和业绩成果指标，将人力资源管理专业人员履行岗位职责的工作绩效、创新成果、实际贡献作为职称评价的重要条件，提升从业人员在实际工作中的能力

和业绩贴合度，让职称标准发挥精准筛选人才的作用。

（二）注重评审结果运用，充分发挥社会效应

注重职称评审结果运用，能促进人力资源职称评审制度发挥社会效应，创新思路适应社会化评审。社会化评审突出了个人申报、社会评审、单位聘用，最大的特点就是把申报的自主权回归给了个人。应当加强和人力资源管理相关行业协会的沟通，例如，加强对重庆市人才研究和人力资源服务协会等行业组织指导沟通，关注行业的发展动态，关注收集行业中对人才的需求，关注行业人才的发展，尤其是青年人才、高精尖人才的状况，积极参与通过行业协会对行业范围内特别专业人才的聘任工作。并通过行业协会对职称评审委员会进行宣传，使行业内外充分了解职称评审委员会的权职范围，树立职称评审委员会的威信，扩大职称评审委员会在行业内外的影响。

（三）优化评审实施流程，提升职称评审效率

一是优化职称评审流程，为企事业单位减少烦琐程序，同时能够提升企业对员工参加职称评审的认识，切实减轻各方负担。二是优化人力资源管理专业技术人员职称评审标准。通过调查结果发现，接近一半的被调查者认为目前的经济师评审在人力资源管理的职称评审标准中有不合理部分，评审流程有待优化。三是要创新人力资源管理专业人员职称评价机制，丰富职称评价方式，适当拓展职称评价人员范围，推进职称评审社会化。评审标准制定上应当增加更多实事求是、“不拘一格降人才”的评定内容，为人才发挥作用、施展才华提供了更加广阔的天地。

（四）建立高质量评审专家库，增进评审公平水准

通过社会招募、单位推荐、主管部门考核等方式选拔一批既能掌握深厚人力资源管理理论知识，又有人力资源管理实践经验的高素质评审专家队伍，建立评审专家库。加大对评审专家评审职业道德和评审技能的培训力度，建立动态的评审专家进入与退出机制，对于评审中出现的问题及时纠偏。同时深化评审各方交流，促进企事业单位与评审机构信息沟通，主管部门加强与评审资格单位的业务指导。评审机构应根据用人单位选人的详细要求，坚持科学、客观、公正的原则，对人力资源管理专业人员的学问水平、能力、职业能力倾向、发展潜力及业绩等状况进行科

学综合测评。确保在进行人力资源管理专业人员职称评审的过程中，企事业单位严格遵守职称评审的法律法规与政策，并根据相关法规与政策的变化及时调整自己的管理方式，从而使自身的人才结构趋于合理科学。

（五）加强评审监督管理，提高监管服务水平

加强评审监督管理，是切实保障人力资源管理专业职称评审全过程、各方面的重要手段。评审权下放的目的是发挥用人主体在职称评审中的主导作用，推动人力资源相关企事业单位按照管理权限自主开展职称评审。一方面，在权力下放的过程中，应注重合理下放、有序承接。承接单位必须符合组建职称评审评委会的各项条件，有一套健全的制度保证评审公平公正。另一方面，下放过程必须稳步推进，优先选择条件成熟的单位和社会组织，试点先行，逐步承接，避免放而不管，在下放权限的同时加强监管，维护良好的职称评审生态。与此同时，应当加强监督管理工作。在下放管理层级、推进单位自主评审和社会化评审的同时，绝不能放弃监管责任，必须加强事中事后监管。承接单位接受评审权的同时，更要按照权责一致原则，承担相应责任，实施问责制。科学合理设置职称评价条件和程序，切实增强服务能力和水平，更好地为人才提供服务。

课题研究单位：四川外国语大学
课题组负责人：高福霞
课题主研成员：徐新鹏　林　川　翟浩森

重庆市人力资源服务从业人员现状调查与发展研究

摘　要:随着人力资源服务业的蓬勃发展和外部服务需求的不断增加,人力资源服务从业人员对实现充分就业、激发人才创新创造活力和推动经济高质量发展具有积极作用。本研究通过深度访谈和问卷调查的方法,结合统计数据与文本分析,对重庆市人力资源服务从业人员的数量、质量现状以及发展环境做了调查分析。基于重庆市人力资源服务从业人员发展中存在的问题,结合重庆市的实际情况,从"选、用、育、留"等方面对人力资源服务从业人员的未来发展提出了具体的对策建议。

关键词:人力资源服务从业人员　现状　发展　对策建议

一、前言

(一)研究背景

人力资源服务业是实现更充分、更高质量就业的重要基础,是激发人才创新创造活力的重要载体,重庆市人力资源服务业发展是推动国家经济高质量发展的重要力量之一。近年来,重庆市人力资源服务业发展迅速,营业收入不断提升,整体看来,人均服务量处于中西部前列。作为西部唯一的直辖市,重庆市集"一带一路"和长江经济带建设、成渝地区双城经济圈建设、中新互联互通项目、西部陆海新通道等诸多国家规划于一身,肩负着打造带动全国高质量发展的重要增长极和新的动力源的使命，这对重庆市人力资源服务业的发展既是挑战也是机遇。为提升行业发展规模和水平，拓宽服务领域和服务内容，2020 年，市人力社保局出台了《重庆市人力资源市场条例》，推动人力资源服务业健康可持续发展；设立每年 3800 万元规模的人力资源服务产业发展资金，推动人力资源市场发展壮大；深化人力资源服务领域“放管服”改革，激发市场主体活力。特别是按照“1+10+N”产业园体系建设目标，建成了 1 家国家级人力资源服务产业园、5 家市级产业园和 6 个区县级园区，进一步促进了人力资源服务业集聚发展。此外，重庆市每年还积极筹办相关大会和赛事，通过“赛会”结合的方式，打造西部人才聚集高地，增强人力资源服务业发展新动能。2021 年 7 月 28—29 日，第一届全国人力资源服务业发展大会在重庆顺利召开。此次大会选址重庆，不仅因为其本身具有良好的区位优势和产业基础，同时也意在将重庆打造为人力资源服务行业最领先、最具创新意识的标杆。

重庆市人力资源服务业发展迈向新征程，从业人员是不可或缺的中坚力量。一方面，人力资源服务从业人员数量质量的提升对区域经济发展的贡献率不断提升，促进了全业态的人力资源产业链的形成。数据显示，截至 2021 年底，重庆市人力资源服务机构 2846 家，从业人员达 28486 人，年营业收入 618.05 亿元。另一方面，人力资源服务从业人员服务质效明显提升，对促进就业作用显著。2021 年，全市人力资源服务机构帮助 364.5 万人次实现就业和流动，举办现场招聘会 4347 场次，全市各类人力资源服务机构为 1.28 万余家用人单位提供人力资源管理咨询服务，并通过高级人才寻访成功推荐人才 10929 人次。从业人员素质稳步提升，大大提高了劳动者与岗位匹配的效率，在促进就业创业、人力资源优化配置等方面发挥着重要作用。人力资源服务从业人员通过开展职业技能培训、召开扶贫专场招聘会、宣传就业创业政策等形式，积极助力脱贫攻坚行动，取得了显著效果。诸如“春风行动”“百企进村送万岗”“民营企业招聘周”等公共就业服务专项活动提供了丰富的就业岗位。

重庆市人力资源市场化配置程度不断提高，从业人员自身及服务对象不仅为全市经济社会发展做出了积极贡献，对中西部地区乃至全国人力资源服务业发展都起到一定推动作用，在加快推进服务业发展的新背景下，推动人力资源服务从业人员数量和质量的稳步提升对重庆市人力资源服务业的长足发展起到关键作用。

（二）研究意义

人力资源服务业是国家确定的生产性服务业重点领域，加快发展人力资源服务业，是促进更充分和更高质量就业的重要途径。本研究对人力资源服务从业人员现状与发展进行调查研究的目的和意义在于：一是扩充关于重庆市人力资源服务从业人员现状与发展问题的相关研究；二是贯彻落实国家和重庆市关于加快人力资源服务业发展的若干意见，为后续产业政策制定和发展方向的研究提供数据支撑；三是促进重庆市人力资源服务体系多层次、多元化发展，以促进重庆市人力资源服务体系进一步完善，为重庆市和西部地区的人力资源发展贡献应有之力。

（三）研究方法及思路

1. 研究方法

本研究拟采用 SPSS，Stata 统计分析软件作为研究工具，综合运用文献分析法、问卷调查法、访谈法等研究方法来完成研究内容。

首先，运用文献分析法，在查阅和整理人力资源服务行业及其从业人员的相关文献与书籍资料、政策法规文本、统计调查数据的基础上，梳理重庆市人力资源服务行业和从业人员队伍的发展态势，形成对其现状和未来发展较为全面的认识和准确的定位。

其次，使用访谈法，基于以上的文献资料梳理设计访谈提纲，对重庆市政府有关单位和重点产业企事业单位进行访谈调查。将访谈结果进行转录、编码和分析，进一步了解重庆市人力资源服务从业人员队伍所处的环境现状、问题以及未来需求。

最后，选用问卷调查法，在文献梳理和访谈研究基础上，编制具有良好信效度的调查问卷，采用便利抽样，机构水平取样在 30 左右，个体水平取样在 200 左右。调查数据的处理上主要包含以下几点：①利用描述统计，考察重庆市人力资源服务从业人员的知识素养、职业技能以及职业态度的整体状况；②利用 t 检验、F 检验等方法对从业人员在个体因素（性别、年龄、职务等）上进行差异性分析；③利用回归分析探讨影响从业人员职业态度的因素。

2. 研究思路

在文献综述和开放式调查的基础上，提出本研究的理论构想，然后运用多种方法进行理论构想验证，最终基于研究分析结果对完善重庆市人力资源从业人员的现状和发展提出对策建议，研究思路如图 1 所示。

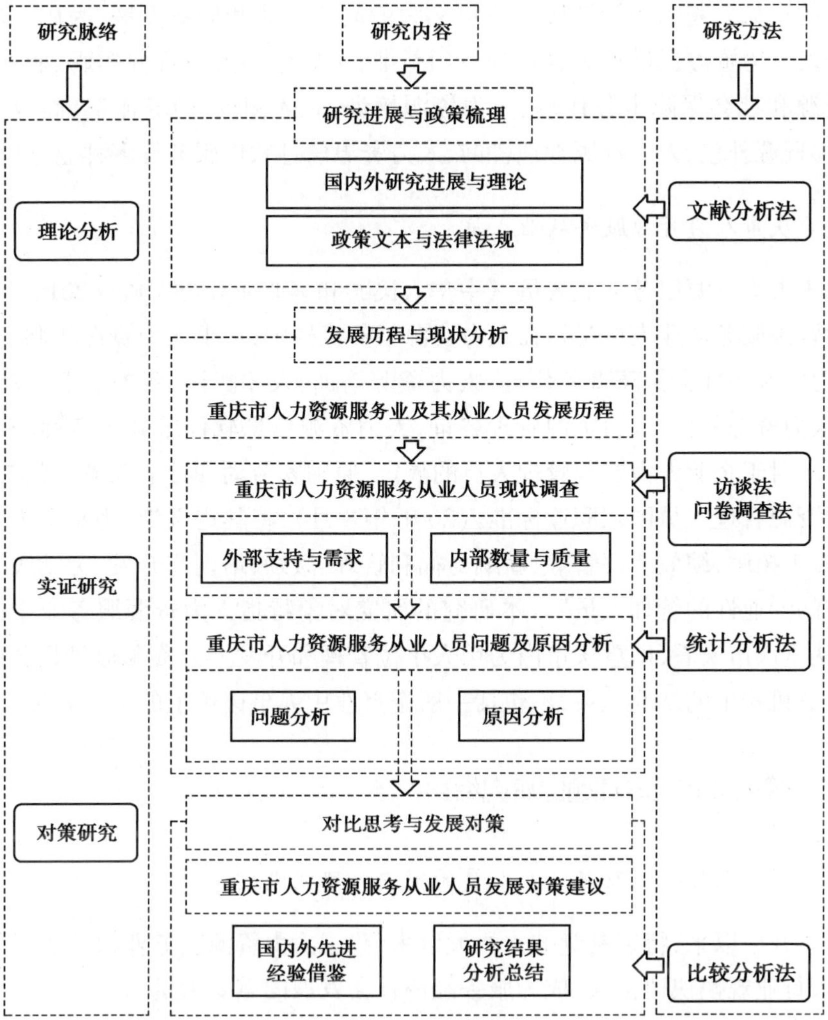

图1　研究思路

二、重庆市人力资源服务从业人员的研究现状

（一）概念界定

1. 重庆市人力资源服务业

2014年，人社部、国家发展改革委、财政部联合下发《关于加快发展人力资源

服务业的意见》，将人力资源服务业定义为劳动者就业和职业发展，为用人单位管理和开发人力资源提供相关服务的专门行业，主要包括人力资源招聘、职业指导、人力资源和社会保障事务代理、人力资源培训、人才测评、劳务派遣、高级人才寻访、人力资源外包、人力资源管理咨询、人力资源信息软件服务等多种业务形态。

2. 重庆市人力资源服务从业人员

对于人力资源服务从业人员，《中华人民共和国职业分类大典》(2015年版)认为人力资源服务从业人员是指在人力资源服务机构中，从事人力资源招聘、职业指导、人力资源和社会保障事务代理、人力资源培训、人才测评、劳务派遣、高级人才寻访、人力资源外包、人力资源管理咨询、人力资源信息软件服务等多种服务的专业人员。对于企业人力资源管理人员的界定，原国家劳动和社会保障部颁布的《企业人力资源管理人员国家职业标准》(2001年8月)，将其定义为“为从事人力资源规划、员工招聘、绩效考评管理、薪酬与福利管理、激励、培训与开发、劳动关系调节等工作的专业性的管理人员”。本研究的研究对象特指人力资源服务业中的从业人员，从重庆市来看，即重庆市内为用人单位管理和开发人力资源提供相关服务的专门服务机构中的从业人员，不包括一般企事业中人事岗位上的工作人员。

(二)国内外有关本课题的研究综述

1. 人力资源服务业及其从业人员的国内外研究进展

改革开放以来，特别是党的十八大以来，我国人力资源服务业保持了长期的高速发展，行业规模快速扩大，成为服务经济社会发展的重要力量[①]。

当前我国人力资源服务业发展趋势主要体现在3个方面：从总体业态分布来看，人力资源服务的各业态已经形成了金字塔形分布，高级人才访聘、测评、管理咨询等高端业态占据金字塔顶端，派遣、招聘等业态占据金字塔主体[②]；从市场竞争格局来看，这几年人力资源服务业的发展非常大的一个变化是传统的行业巨头面临市场被瓜分的挑战，专注于某一细分市场、能较好融合互联网技术的创新型企业

① 商华. 我国人力资源服务行业现状及分析[J]. 人力资源管理，2012(2)：76-78.

② 孙建立. 人力资源服务业高质量发展：成效、问题与对策[J]. 中国劳动，2019(3)：18-29.

发展迅猛[①];从行业发展形势来看,在国家重点城市和地区中心城市建立人力资源服务产业园,与经济运行的新形态、新机制结合起来,为人力资源服务企业发展搭建实体平台,通过园区模式推动产业发展[②]。充分发挥政府、企业等多个主体的作用,形成了政府主导、市场主导以及混合运营 3 种模式[③],这也是我国产业发展的重要突破。

但国内的人力资源服务业目前还面临着一些问题和挑战。首先,创新能力和专业人才缺乏,这是制约行业高质量发展的关键问题[④]。其次,行业整体发展质量有待进一步提高[⑤]。在"互联网+"的大环境下表现出了产业链延展性不足,业态创新滞后;市场细分度不高,重度垂直模式有待更好运用;服务质量把控难,服务标准化有待提高;盈利模式较单一,增值服务价值有待进一步挖掘等问题[⑥]。我国县域城市人力资源服务业公司则存在规模小,竞争能力不强,专业化强度不高,服务产业同质化严重,信息化建设滞后,市场监管不够严格等一系列问题[⑦]。最后,人力资源服务业区域发展不平衡问题十分严重,这与地区间对人力资源服务业的经济社会价值认知差异以及市场潜在需求的激发状况密切相关。

关于未来人力资源服务业实现行业高质量发展,相关研究也为课题组提供了一定思路。如依托高校、科研机构、企业的智力资源和研究平台,建立一批联合实训基地,把就业、人才培养和能力提升有机结合起来。将市场竞争格局由过去"大而全"的综合性业务竞争转向"小而美"的单个细分领域深度竞争。从未来人力资源服务业业态和产业链发展趋势看,跨界发展将是重要趋势。除此之外,人力资源服务业要实现高质量发展,"互联网+"的作用也不可小觑,其对人力资源服务业的促进作用主要包括提高经营效率、创新产品和服务模式、加强机构品牌建设等。

---

① 田永坡."互联网+"与人力资源服务业创新发展状况:基于调查数据的研究[J].中国人力资源开发,2017(8):148-155.

② 汪怿.国外人力资源服务业:现况、趋势及其启示[J].科技进步与对策,2007,2(7):195-200.

③ 李燕萍,陈文.后疫情时代我国人力资源服务业发展转型:基于疫情防控常态化下人力资源服务政策文本分析[J].中国人力资源开发,2020(10):18-32.

④ 田永坡.人力资源服务业四十年:创新与发展[J].中国人力资源开发,2019(1):106-115.

⑤ 汪怿.加快我国人才服务业发展的几点思考[J]. 科技进步与对策,2009,26(15),142-146.

⑥ 吴帅."互联网+"对我国人力资源服务业发展的影响和趋势分析[J].中国人力资源开发,2016(21):90-94.

⑦ 苗潇曼.当前县域城市人力资源服务业发展现状及前景展望[J].人力资源,2020(6):92.

国外研究则主要揭示了人力资源服务业在减少人力资源市场信息摩擦[①]、整合雇用双方[②]、降低雇用双方交易成本[③]和分担雇用风险[④]等方面的优势，并重点围绕人力资源服务产业制度环境构建[⑤]、人力资源市场配置效率和人力资源服务产业国际化[⑥]等方面进行了系统探索。

目前针对人力资源服务从业人员的相关研究很少，大部分都是针对企事业内部人力资源岗位的人事工作者展开的研究。但出于职业的共通性，我们也能从这部分研究中得到一定启示。从其需求角度而言，人力资源从业者主要渴望满足个人权力、社会地位等高级需求，同时物质需求仍然是人力资源从业者非常重要的需求要素[⑦]。从其面临的挑战来看，当前人力资源从业者面临着来自组织、社会和个人等多方面因素带来的压力和挑战，主要表现为员工之间分工不明、职责不清，管理者的管理方式不当，企业的规章制度不合理，社会福利以及社会发展变化，工作与家庭平衡，能力与期望不匹配等[⑧]。近年来互联网兴起后，人力资源从业者又面临着新的困境[⑨]。互联网的广泛应用颠覆了人力资源从业者传统的工作方式，使一些从事基础人事的工作人员面临着越来越严峻的淘汰风险。

2. 重庆市人力资源服务从业人员的现状和发展的研究进展

目前关于重庆市人力资源服务从业人员的相关研究极少。已有的相关研究主

① STANTON C T, THOMAS C. Landing the first job: The value of intermediaries in online hiring[J]. The Review of Economic Studies, 2016,83(2):810-854.

② BARBIERI P, CUTULI G. Dual labour market intermediaries in Italy: How to lay off "lemons":Thereby creating a problem of adverse selection[J]. De Economist, 2018,166(4):477-502.

③ INGOLD J, VALIZADE D. Employers' recruitment of disadvantaged groups: Exploring the effect of active labour market programme agencies as labour market intermediaries[J]. Human Resource Management Journal,2017,27(4):530-547.

④ FINLAY W, COVERDILL J E. The search game: Organizational conflicts and the use of headhunters[J]. The Sociological Quarterly, 1999,40(1):11-30.

⑤ HIPP L, BERNHARDT J, ALLMENDINGER J. Institutions and the prevalence of nonstandard employment [J]. Socio-Economic Review, 2015,13(2):351-377.

⑥ COE N M, JORDHUS-LIER D C. Constrained agency? Re-evaluating the geographies of labour[J]. Progress in Human Geography[J]. 2011,35(2):211-233.

⑦ 李壮，周娟，倪香花. 基于角色分析的人力资源从业者需求模型构建初探[J]. 价值工程，2010，29(32)：65-66.

⑧ 栗雪冬. 人力资源从业者工作压力分析[J]. 河南科技大学学报(社会科学版)，2017，35(5)：77-82.

⑨ 毛宇飞，胡文馨. 人工智能应用对人力资源从业者就业质量的影响[J]. 经济管理，2020，42(11)：92-108.

要包括对于重庆市人力资源服务业发展现状的研究[①]、重庆市农村的人力资源开发研究[②]、重庆市一些企业的培训管理体系研究等。比较有针对性的研究是《重庆市人力资源服务业发展报告(2019)》,该报告指出,重庆市人力资源服务从业人员队伍的发展主要呈现出以下态势:第一,人员队伍逐渐壮大,人力资源服务机构以经营性机构为主;第二,队伍素质稳步提升,服务水平逐渐提高;第三,各项政策为人员的发展提供了有力支持,工作环境持续优化。

3. 综述小结

已有研究主要还是针对重庆市人力资源服务业展开,而专门针对其中从业人员的现状和发展的研究极少。仅有的报告也只是对重庆市人力资源服务从业人员的一部分现状进行了简单描述,缺乏对其所处的外部环境以及内部数量和质量现状上的系统调查,其中不仅包括不同领域和地区的分布,也包括其对工作的态度和所具备的工作胜任力能否满足行业发展的需求等。在当前研究都集中在整体行业发展的问题上时,也应有更多的研究关注到重庆市人力资源从业者目前的工作现状和未来发展问题。

三、重庆市人力资源服务业及其从业人员的发展历程

(一)重庆市人力资源服务业的发展历程

重庆人力资源服务业的发展态势蕴藏于整个中国人力资源服务业的潮流之下。真正现代意义上的人力资源管理体系——通过市场配置人力资源,尊重劳动者的自主择业权,努力培育和发展人力资源服务业市场是随着社会主义市场经济体制在中国逐步确立的同时,才逐渐建立并发展起来的。在综合吸收学术界各类成果基础上,本研究将这一建立及发展的过程,综合划分为如下 3 个阶段。

1. 1992—2000 年:形成期

1992 年 1 月 18 日至 2 月 21 日,邓小平同志曾到南方视察。其在发表讲话时

---

① 孙继伟. 重庆人力资源服务业走上发展快车道[J]. 中国人力资源社会保障,2018(9):20-21.

② 曹颖,王婷. 重庆农村人力资源开发对促进新型城镇化建设的几点思考[J]. 经济师,2017(12):165-166.

已经明确指出:“中国的事情能不能办好,社会主义和改革开放能不能坚持,经济能不能快一点发展起来,国家能不能长治久安,从一定意义上说,关键在人。”

1993 年 11 月,党的十四届三中全会首次明确提出了劳动力市场的概念。人事部门也提出了将适应计划经济的人事管理体制调整到与社会主义市场经济相配套的人事管理体制上来、将传统人事管理调整到整体性人才资源开发上来的人事工作“两个调整”思路,确立了对人才资源进行市场化配置的方向。

1993 年 2 月 13 日,中共中央、国务院印发的《中国教育改革和发展纲要》使高校毕业生开始实行“双向选择”“自主择业”的模式进行就业,而不是传统的包分配。中国的企业劳动人事管理制度,也逐步开始实现市场化的转轨变型。

同一时期,重庆仍将人力资源管理称为“人才流动服务管理”。1994 年重庆市人民政府发布《重庆市非政府人事部门人才流动服务管理试行办法》,该《办法》认为非政府人事部门人才流动服务机构,是指除各级政府人事部门人才交流机构以外的具有人才智力流动服务功能的各类机构(含具有人才智力资源调节配置功能的各类市场)。

2. 2001—2007 年:发展期

2001 年 12 月,中国正式加入世界贸易组织。以此为标志,中国的人力资源行业也开始了加速变革。市场化、规范化和国际化是这一阶段的几个关键词。

2005 年,国务院发布《关于进一步加强就业再就业工作的通知》,明确“发展和规范各种专业性职业中介机构和劳务派遣、职业咨询指导、就业信息服务等社会化服务组织”。

2007 年 3 月,国务院印发《关于加快发展服务业的若干意见》,首次将人才服务业作为服务业中的一个重要门类。同年 8 月,《中华人民共和国就业促进法》首次在国家法律层面明确提出“人力资源市场”这一概念。这一系列政策措施的推出,使非市场性的直接管理减少,产业引导、环境营造职能加强,各类人力资源服务新业态也因此迅速崛起,并呈现出向纵深发展、综合服务一体化发展的特征。

同一时期,重庆市政府以及下辖各区县政府多次发布关于人才建设的规范性文件,具体内容包括培养人才市场、加快人力市场建设等。

3. 2008 年至今:规范期

2008 年元旦开始实行的《中华人民共和国劳动合同法》,是这一阶段开始的标志。明确用人单位和劳动者的权利和义务,对劳动合同的订立、履行、变更、解除或者终止以及相应的法律责任做出了明确规定。

2009 年颁布的《重庆市人民政府办公厅关于进一步做好农民工工作的通知》将人力资源市场的信息范围延伸到全市所有乡镇(街道),关注农民工的就业。2012 年相关文件提到要"加快建立职工工资收入与工业经济同步增长机制"。2016 年发布的《〈关于深化人才发展体制机制改革促进人才创新创业的实施意见〉的通知》中首次提到建立人力资源服务产业发展基金、加快人力资源服务业发展。2018 年市人力社保局、市发展改革委、市财政局联合发布《关于加快人力资源服务业发展的实施意见》,提出人力资源服务业重点任务是要发展各类人力资源服务机构,推进人力资源服务业信息化建设,强化人力资源服务业监督管理。2020 年市人民政府办公厅发布了《重庆市人力资源和社会保障事业发展"十三五"规划》,加快推进了信息建设,建立财政投入稳定增长机制等措施促进了重庆市人力资源市场的规范性。2020 年颁布的地方性法规《重庆市人力资源市场条例》进一步规范了人力资源市场,为重庆市人力资源服务业的发展营造了良好的外部环境。

为了使人力资源服务产业和人力社保公共事业更好地有机结合,实现市场服务、公共事务、行政管理三大职能有机衔接,中国・重庆人力资源服务产业园于 2011 年 7 月获得人力资源和社会保障部批准筹建,这也是继上海产业园之后,西部第一个、全国第二个国家级人力资源服务产业园。为鼓励猎头基地入驻企业为重庆社会经济发展广纳人才,产业园先后出台了一系列政策,对入驻的猎头机构进行补贴与奖励。2021 年,入驻企业超过 110 家,园区企业全年营收突破 130 亿元。

(二)重庆市人力资源服务从业人员的发展态势

根据相关文件及数据分析,重庆市人力资源服务业从业人员队伍的发展主要呈现出以下态势。

1. 从业人员数量呈上升趋势,素质稳步提升

截至 2021 年底,全市共有 2846 家人力资源服务机构,同比增长 32.06%。全市行业从业人员 2.85 万人,除 2020 年略有下降外,2016 年至今,从业人员数量整体呈上升趋势。

2. 从业人员队伍服务水平逐渐提高

为加强人力资源服务从业人员职业技能培训,提升从业人员专业水平和综合

能力,重庆市发布了《关于印发〈重庆市人力资源服务从业人员技能提升培训计划(2020—2021年)〉的通知》(渝人社办〔2020〕154号)。同时,探索建立了HR能力大赛,以赛促学、以赛促进。在重庆市政府和相关企事业单位的共同努力下,重庆市人力资源服务从业人员队伍的服务水平逐渐提高。

3. 从业人员的工作环境持续优化

从重庆市来看,近几年人力资源服务业取得了长足发展,多元化、多层次的人力资源服务体系初步形成,为重庆市人力资源服务业从业人员提供了更好的发展环境。2021年,重庆市陆续出台文件,强调持续深化"放管服"改革,实施"双随机、一公开"监督检查,优化营商环境,净化人力资源市场环境,促进事中事后监管措施规范化、制度化、常态化,维护市场公平竞争有序。

4. 川渝公共人才服务合作发展新格局初步形成

为全面贯彻落实习近平总书记关于成渝地区双城经济圈建设重要指示精神和《成渝地区双城经济圈建设规划纲要》决策部署,市人力社保局和四川省人社厅共同研究确定了《2021年度川渝人社合作重点工作任务清单》,进一步拓宽合作领域,促进川渝人才要素顺畅流动、人才服务协同发展、人才创新创业开放共享,形成了区域人才服务一体化发展新格局。

5. 从业人员的诚信化建设得到进一步重视

市人力社保局发布的《重庆市人力资源和社会保障局关于加强人力资源服务机构诚信建设的通知》提到,要严格落实从业人员诚信培训教育制度,营造良好氛围,在全社会形成人力资源服务行业的良好形象。

6. 从业人员的工作形式和服务业态发生了迭代更新

2016年,市人力社保局提出,坚持行政与市场手段"双结合",运用"互联网+"建立人力资源综合服务平台,做好人力资源基础台账的动态更新、数据分析以及服务对接。3年来,多家知名猎头机构入驻基地,形成了猎头行业的规模化集聚效应。

四、重庆市人力资源服务从业人员的现状调查

本研究主要从重庆市人力资源服务从业人员的数量、质量和发展环境3个方

面分析其现状情况。

（一）重庆市人力资源服务从业人员的数量现状调查

结合近年来重庆市公布的统计年鉴以及最新发布的行业报告，课题组以服务机构数量作为衡量从业人员整体数量的指标，对重庆市人力资源服务从业人员的整体地区分布、所属组织性质分布以及提供各类服务的频次情况进行了现状分析。

1. 2016—2021 年重庆市各类人力资源服务机构数量情况

由表 1 可知，总体来看，民营性质服务企业的从业人员占比最大且增速最快。

表 1　2016—2019 年重庆市各类人力资源服务机构数量情况

单位性质	2016 年	2017 年	2018 年	2019 年
人力资源服务机构	1044	1427	1680	1863
#综合性公共就业和人才服务机构	38	39	40	40
#国有性质的服务企业	98	105	141	140
#民营性质的服务企业	856	1247	1472	1639
#外资性质的服务企业	5	3	4	5
#港资性质的服务企业	1	1	1	1
#行业所属服务机构	10	3	—	—
#民办非企业等其他性质服务机构	32	27	17	33

注：“#”表示在上一行大类中的分类，下同。

从不同性质单位的人员数量占比来看，民营性质服务企业中的从业人员数量最多，外资性质的服务企业和港资性质的服务企业的从业人员最少，占比不足千分之五。

从 2016—2021 年从业人员数量的增速来看，民营性质服务机构的从业人员数量增长最快，几乎翻了一番，其次是国有性质服务机构的从业人员，而其他类型单位的从业人员数量变化不明显。

2. 2016—2019 年重庆市人力资源服务机构提供的服务数量情况

整体来看，从业人员提供的各类服务数量变化各异，如设立人力资源市场个数整体呈下降趋势，举办的人力资源招聘会在2017年和2018年呈下降趋势，但在2019年又猛增到2016—2019年的最高点。从公共就业服务机构来看，其登记的招聘人数和求职人数呈下降趋势，介绍成功人次维持在21万人次以上，见表2和表3。

表2　2016—2019年重庆市人力资源服务机构提供的各类服务数量情况

服务种类	2016年	2017年	2018年	2019年
设立人力资源市场个数(固定招聘场所)	600	454	269	276
举办人力资源招聘会(次)	6272	5245	5073	7238
登记求职或要求流动人员(人)	4751686	8101486	6823842	7825916
现存档案总量(万份)	138.98	101.92	203.48	226.28
当年流动人员职称评定	12052	5595	7563	17176
#评定高级职称人数	1879	1105	2008	2696
#评定中级职称人数	4982	2341	2766	6311
#评定初级职称人数	5191	2549	2789	8169

表3　2016—2019年公共就业服务机构提供的各类服务数量情况

服务种类	2016年	2017年	2018年	2019年
登记招聘单位数	50555	33786	—	—
登记招聘人数	984269	786619	743480	757484
登记求职人次(人次)	714873	523148	491502	481622
#女性	328717	246335	218492	199536
#城镇登记失业人员	457402	402306	15663	—
#高校毕业生	73773	8585	37678	39177
#农村劳动力	148554	98126	181454	167675
职业指导人数	445216	383828	475245	435039
介绍成功人次(人次)	217618	240918	240350	227794
#女性	99345	112001	99686	89906
#城镇登记失业人员	107895	180430	6365	—
#高校毕业生	10065	4188	15741	11584
#农村劳动力	67174	45122	85517	85725

3.2020 年重庆市从业人员的基本分布情况

(1)所属机构性质分布情况

由表4 可知,公共人力资源服务机构44 家(含2 家行业所属机构),占2.04%,经营性人力资源服务机构占97.96%,在经营性服务机构中,除了外资等性质的企业,其他性质的企业均呈正增长。

表4　2020 年重庆市各类人力资源服务机构数量情况

机构类型	数量	比例(%)	同比增长(%)
公共人力资源服务机构(含行业)	44	2.04	10.00
经营性人力资源服务机构	2111	97.96	15.80
#民营企业	1974	91.6	17.64
#国有机构	111	5.15	9.90
#外资等性质企业	26	1.21	-40.91

(2)地区分布情况

从机构分布情况看,机构数量重庆市排前五名的区县分别是江北区、九龙坡区、渝中区、渝北区、沙坪坝区,共计705 家,累计占全市机构数量的32.71%。

在新增机构中,从机构性质来看,民营机构增长较快,占新增机构95.79%,民办非企业机构减少13 家。从区县分布看,新增机构数量排重庆市前五名的区县为高新区、渝中区、江北区、綦江区、铜梁区,见表5。

表5　2020 年重庆市部分区域人力资源服务机构数量新增情况

部分区域	新增数量	占比(%)
西部科学城重庆高新区	55	18.84
渝中区	34	11.64
江北区	27	9.25
綦江区	19	6.51
铜梁区	17	5.82
主城都市区	266	91.1
渝东北三峡库区城镇群	12	4.11
渝东南武陵山区城镇群	12	4.79

从区域分布看,“主城都市区”新增机构266家,占新增机构的91.1%,“渝东北”新增机构12家,占新增机构的4.11%,“渝东南”新增机构14家,占新增机构的4.79%。

4.2020年不同省(直辖市)从业人员的数量对比情况

课题组整理了上海、北京、天津、重庆、四川以及中国内地的人力资源服务从业人员数量的基本情况。

由表6可知,重庆市人口基数较大,人力资源服务机构总量和从业人员总量较少,人力资源服务从业人员的人均占比(0.08%)略高于全国平均水平和四川省水平,但在4个直辖市中占比排名最低,仅达到其他3个直辖市的1/3至1/2水平。

表6 2020年国内部分省市人力资源服务从业人员数量情况

地　区	常住人口（万人）	人力资源服务机构	人力资源服务从业人员（万人）	人力资源服务从业人员人均占比(%)
中国内地	141177.87	45800	84.33	0.06
上　海	2487.09	2278	7.23	0.29
北　京	2189.31	2460	5.00	0.23
天　津	1386.60	2200	2.50	0.18
重　庆	3205.42	2155	2.56	0.08
四　川	8367.49	2278	3.57	0.04

注:数据整理自第七次全国人口普查和各省市人力社保局官网公开信息。

(二)重庆市人力资源服务从业人员的质量现状调查

采用网上派发问卷的形式,共计发放180份预测问卷,共收回有效问卷170份,问卷有效回收率为94.4%。使用SPSS26.0统计软件对有效数据进行描述性统计、差异分析和回归分析。

1.从业人员质量现状的描述性统计

(1)从业人员的学历学位水平跨度大

抽样调查结果显示,重庆市人力资源服务从业人员的学历学位水平跨度较大,从中学及以下至研究生及以上均有所分布，且大多数从业人员都是本科学历，只有极少数是研究生及以上学历，如图 2 所示。

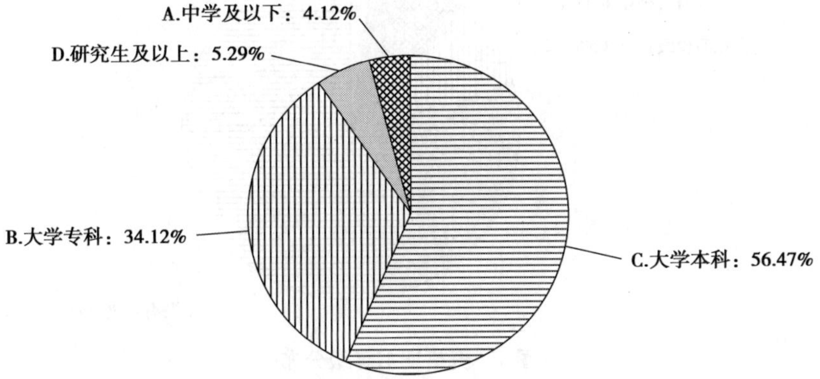

图 2　学历分布

（2）从业人员的学科背景分布广泛

抽样调查结果显示，从业人员的学科背景分布十分广泛，反映了人力资源服务行业的包容性较强，除了对口专业，也愿意吸纳其他专业学科背景的人才，这有利于人力资源服务业的综合性发展，但同时也应对其他专业学科背景人才的专业性问题提高关注，如图 3 所示。

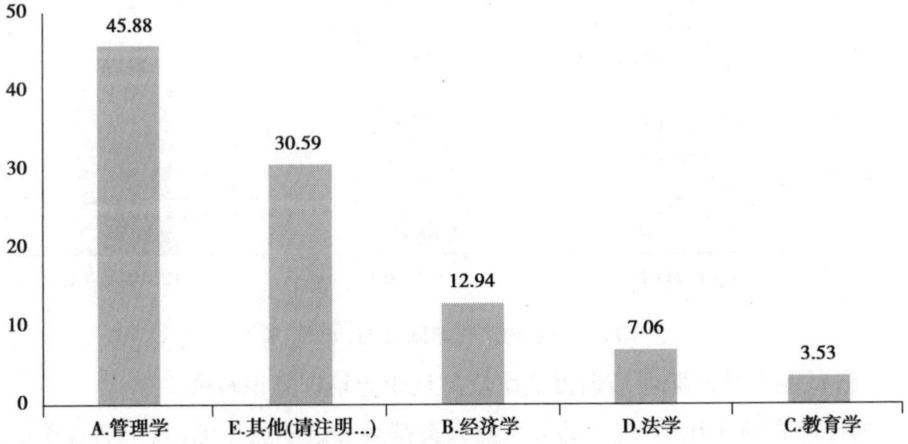

图 3　学科背景分布（单位：%）

（3）从业人员的职业资格证书持有率较低

抽样调查结果显示，重庆市人力资源服务从业人员的企业人力资源管理师资格证书的持有率较低，这在一定程度上反映了从业人员的专业性有待提升，尤其是在从业人员的学科背景来源广泛的情况下，如图 4 所示。

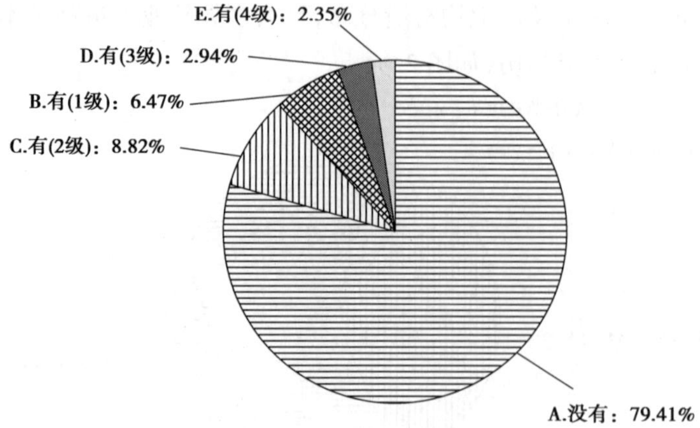

图4　资格证书等级分布

(4)从业人员的行业工作年限差异大

抽样调查结果显示,从业人员在本行业内的工作年限差异较大,且有相当一部分从业人员的工作年限不超过3年,如图5所示。

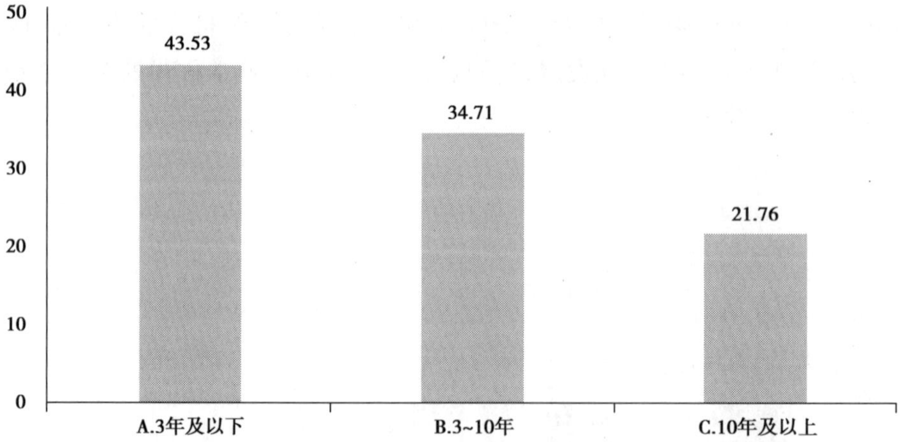

图5　行业内工作年限分布(单位:%)

(5)从业人员的职业培训覆盖率较高且职业培训意识较强

抽样调查结果显示,绝大部分从业人员都接受过职业培训,其中通过单位内部自行组织参加培训的占比最高;其次是市人力资源培训中心统一组织参加培训;自行寻找培训途径的占比为37.65%;没有参加过任何职业培训的仅占4.12%,如图6所示。可见大部分从业人员都能通过单位或培训中心得到职业培训,这与重庆市大力发展人力资源服务从业人员技能提升培训计划密不可分。值得注意的是,有相当一部分从业人员会额外寻找职业培训以提升自身专业技能,说明从业人员的职业培训意识较强，且职业培训需求较大。

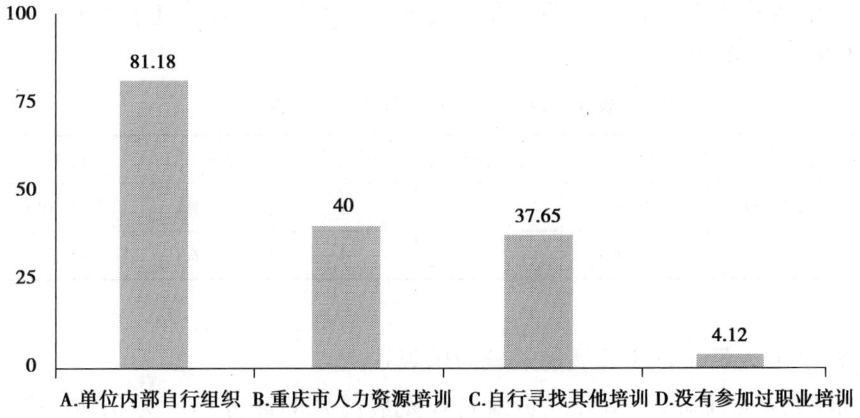

图 6　职业培训情况分布（单位：%）

（6）从业人员对组织内部环境的评价整体较高

总体来讲，从业人员对组织内部的规章制度、创新文化和上下级关系认可度较高，而对诚信文化建设的认可度稍低。

具体来看，规章制度的评分均值为 3.07，处于中等偏上水平，即从业人员认为所在单位相关制度比较规范；诚信文化均值为 2.95，与其他方面相比略低；创新文化均值 3.12，人力资源服务单位总体上更注重创新文化建设，而诚信文化建设重视程度稍低；上下级关系均值为 3.31，处于较高水平，可见，人力资源服务单位的上下级关系比较和谐，见表 7。

表 7　组织内部环境各维度均值

维　度	*N*	最小值	最大值	均　值	标准差
规章制度	170	1	4	3.07	0.611
诚信文化	170	1	4	2.95	0.969
创新文化	170	1	4	3.12	1.081
上下级关系	170	1	4	3.31	0.536

（7）从业人员对组织外部环境的评价整体较低

调查结果显示，从业人员感受的就业压力与失业压力均较大，尤其是就业压力。

具体来看，被调查者中认为就业压力比较大、很大的占比高达 85.89%，说明人力资源服务从业人员整体感受到的就业压力较大；被调查者中认为失业压力比较大、很大的占比为59.41%，说明从业人员整体感受的失业压力也相对较高，但比就业压力要小一些，见表8。

表8　组织外部环境描述性统计结果

变　量	N	最小值	最大值	均　值	标准差
就业压力	170	1	4	3.04	0.585
失业压力	170	1	4	2.65	0.682

(8)从业人员对行业发展前景较为乐观

抽样调查结果显示，从业人员对行业发展前景的评分均值为3.06，其中有将近70%的从业人员认为人力资源服务业的发展前景较好，重庆市人力资源服务从业人员对本行业的发展前景持比较乐观的态度，如图7所示。

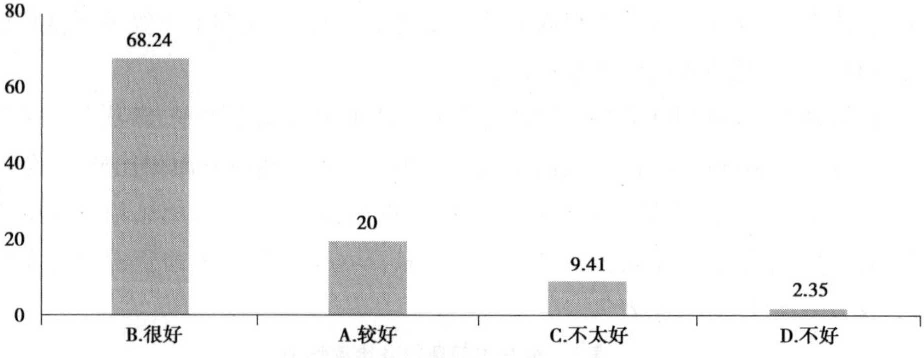

图7　从业人员行业发展前景评价得分分布(单位:%)

(9)从业人员的职业认同感水平存在差异

课题组从4个维度测量了从业人员的职业认同感，总体来看从业人员的职业认同感水平趋于中等偏上水平，职业认同感较高。

具体来看，个人-功利维度平均得分2.32，说明当下的行业薪资水平并不能很好地满足从业人员的个人物质需要；个人-理想维度平均得分为2.89，说明从业人员在单位的发展途径较为顺畅；社会-理想、社会-功利两个维度平均分均为3.12，处于中等偏上水平，即从业人员对自身职业所能实现的社会意义和社会价值具有较高的认可度，见表9。

表 9　职业认同各维度得分

维　度	N	最小值	最大值	均　值	标准偏差
个人-功利	170	1	4	2.32	0.811
个人-理想	170	1	4	2.89	0.644
社会-理想	170	1	4	3.12	0.681
社会-功利	170	1	4	3.12	0.642

(10)从业人员的职业满意度总体较高

抽样调查结果显示,从业人员的职业满意度平均得分为 3.02,说明从业人员的总体职业满意度水平较高。不过仍有约 1/10 的从业人员对这份职业不满意,如图 8 所示。

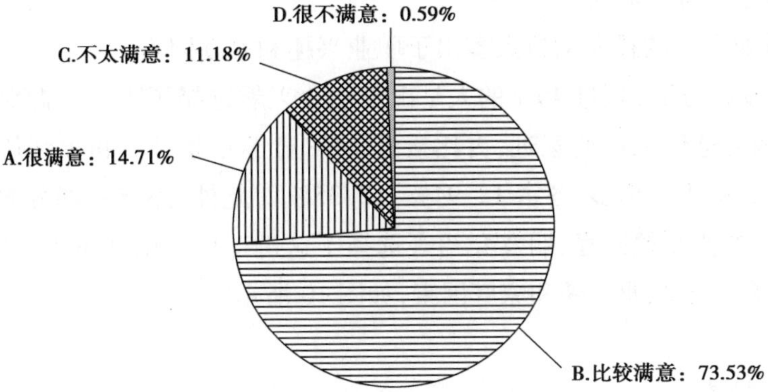

图 8　职业满意度得分构成

(11)从业人员的离职倾向较高

在离职倾向上,课题组调查了两个方面。对于跳槽离职倾向,有 1/3 左右的从业人员从未想过跳槽,而在高薪诱惑下,有超过六成的从业人员会选择跳槽,这说明更高的薪酬对于大部分的人力资源服务从业人员都具有较大的吸引力,是影响他们跳槽离职的重要因素,如图 9 所示。

(12)从业人员最看重职业对个人发展和社会经济的贡献

在职业价值观上,课题组从两个维度分析了职业价值观:个人-社会维度和功利-理想维度,根据这两个维度,可以区分出 4 种类型的职业价值取向:个人-理想型、个人-功利型、社会-理想型、社会-功利型。从统计结果来看,被调查对象中,有 89.41% 的从业人员的职业价值观偏向个人理想型,74.12% 的从业人员偏向个人

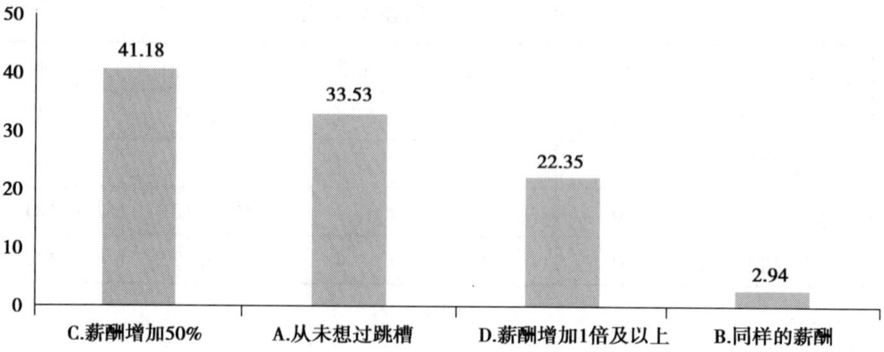

图9　跳槽离职倾向得分分布（单位：%）

功利型，82.94%的从业人员偏向社会理想型，89.41%偏向社会功利型。由此可见，从业人员的择业因素中最看重的是职业给自身发展创造的条件以及职业对社会经济技术等方面的贡献力。

（13）从业人员的择业动机大多出于职业兴趣和家庭因素

在择业动机方面，超过40%的人是出于职业兴趣选择了人力资源服务这份工作；其次是因为这份工作离家近，占比接近1/4；出于专业对口和福利待遇好而选择这份工作的占比差不多，各占12.94%，12.35%。此外，还有一部分被访者是因为工作稳定、方便照顾家庭、朋友介绍等选择了这份工作。由此可见，从业人员的择业动机大多出于职业兴趣和家庭因素，如图10所示。

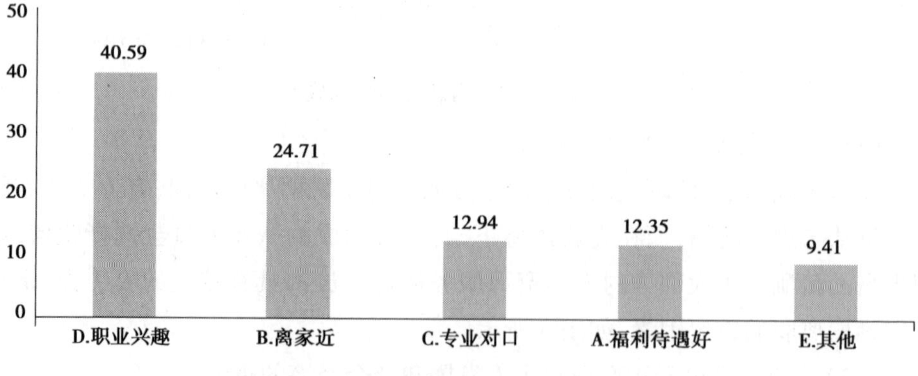

图10　择业动机得分分布（单位：%）

（14）从业人员的人格特质大多为尽责型和宜人型

由表10可知，人力资源服务从业人员的人格特质大多是自律令人信赖且友善招人喜欢的，而冷静、情绪稳定的相对较少。

表 10　大五人格占比

大五人格类型	占比(%)
外向型	82.94
尽责型	94.71
开放型	90.59
宜人型	94.11
情绪稳定型	72.94

2. 从业人员质量现状的差异分析

采用多因素方差分析对相关变量进行差异检验，展示主效应显著的条目，见表 11。

表 11　多因素方差分析的主效应检验结果

变　量	性别	年　龄	学历	单位领导角色	行业工作年限
职业认同-个人功利实现程度(行业薪资水平)	3.825*	0.271	0.799	0.582	0.612
职业认同-个人理想实现程度(个人发展路径)	0.003	0.425	0.155	2.725**	2.652*
职业认同-社会理想实现程度(职业社会意义)	0.073	0.247	3.994**	1.378	0.995
职业价值观-个人功利型(高福利待遇择业取向)	0.025	8.680***	1.039	2.238*	0.117
行业发展前景	0.567	0.692	3.180**	0.754	2.018
组织外部环境(就业压力)	0.974	2.168*	0.075	0.816	1.139

注：***，**，* 分别表示 $P<0.01$，$P<0.05$，$P<0.1$，下同。

(1)行业薪资水平认同度在性别上存在差异

上述分析结果显示，个人-功利维度的职业认同在性别上存在显著性差异($P=0.002$)，男性对该行业薪资水平的认可度更高，见表 12。

表 12 行业薪资水平在性别上的差异

变 量	(I)平均值 男	(J)平均值 女	平均值差值(I-J)	P
行业薪资水平	2.574	2.183	0.390***	0.002*

(2)个人发展路径畅通性在单位领导角色上存在差异

从表 11 可知,个人-理想维度的职业认同度在单位领导角色上存在显著差异。事后多重比较分析发现,高层领导相对于普通员工和基层领导在个人理想层面的职业认同感更高,在单位的个人发展路径更顺畅,见表 13。

表 13 个人发展路径畅通性在单位领导角色上的差异

变 量	(I)在本单位角色	(J)在本单位角色	平均值差值(I-J)
个人发展路径畅通性	普通员工	高层领导	-0.76***
	基层领导	高层领导	-0.67**

(3)个人发展路径畅通性在工作年限上存在差异

从表 11 可知,个人-理想维度的职业认同度在工作年限上存在显著差异。事后多重比较分析发现,相比于工作年限为 3~10 年的从业人员,工作年限为 10 年及以上的从业人员在个人理想维度上的职业认同感更高,个人发展路径更顺畅,见表 14。

表 14 个人发展路径畅通性在工作年限上的差异

变 量	(I)工作年限	(J)工作年限	平均值差值(I-J)
个人发展路径畅通性	3~10 年	10 年及以上	-0.34**

(4)职业社会意义认同度及行业发展前景在学历上存在差异

从表 11 可知,社会-理想维度的职业认同度及行业发展前景在学历上存在显著差异。事后多重比较分析发现,学历在“中学及以下”的群体对人力资源服务业的发展前景的认可度显著高于学历为“大学专科”“大学本科”“研究生及以上”学历的群体,见表 15。

表 15　职业社会意义认同度及行业发展前景在学历上的差异

变　量	(*I*)学历	(*J*)学历	平均值差值(*I*−*J*)
职业社会意义认同度	中学及以下	大学专科	0.52**
		研究生及以上	0.68**
行业发展前景	中学及以下	大学专科	0.66**
		大学本科	0.67**
		研究生及以上	0.94***

(5)就业压力及高福利待遇择业取向在年龄上存在差异

从表 11 可知,组织外部环境中的就业压力和职业价值观中的个人功利型均在年龄上有显著差异。事后多重比较分析发现,年龄在 26～30 岁、41 岁及以上阶段的人员感受到的就业压力更大。26～30 岁的从业人员比 31～40 岁和 41 岁及以上两个阶段的从业人员更不认同"高福利待遇是选择工作的首要标准"的观点,说明随着年龄的增长,人力资源服务从业人员的职业价值观越来越偏向于个人功利型,即更倾向于选择高福利待遇的工作,见表 16。

表 16　就业压力及高福利待遇择业取向在年龄上的差异

变　量	(*I*)年龄(岁)	(*J*)年龄(岁)	平均值差值(*I*−*J*)
就业压力	18～25	26～30	−0.37**
高福利待遇择业取向	18～25	41 及以上	−0.52***
	26～30	31～40	−0.45***
		41 及以上	−0.81***
	31～40	41 及以上	−0.37**

3. 从业人员职业满意度和离职倾向的回归分析

使用 SPSS 软件对重庆市人力资源服务从业人员的职业满意度和离职倾向分别进行多元线性回归和二元 Logistics 回归分析,研究影响从业人员职业满意度和离职倾向的主要因素。

(1)职业满意度的回归分析

①职业满意度的回归模型构建

建立多元线性回归方程,采用分层逐步回归的方法对重庆市人力资源服务从业人员职业满意度的主要影响因素进行分析。将从业人员的个体特征(性别、年龄、职务)作为第一层变量引入回归方程,然后将知识素养(学历、学科背景、资格证书等级)、专业技能(工作年限、职业培训)和职业态度(组织内部环境、组织外部环境、职业认同、职业价值取向、工作动机、未来发展愿景、大五人格)三大方面中的各个变量作为第二层变量引入回归方程,职业满意度作为因变量。结果一共得到了 6 个模型,此处仅展示最终得到的最优模型,见表 17。

表 17　重庆市人力资源服务从业人员的职业满意度回归分析

变　量	维　度	职业满意度的最优模型
个体特征	性　别	0.042
	年　龄	-0.058
	职　务	0.008
组织内部环境	组织制度规范	-0.176***
职业认同	职业认同-个人理想实现程度	0.318***
	职业认同-社会理想实现程度	0.130***
	职业认同-个人功利实现程度	0.134***
大五人格	宜人型	-0.165***
	R^2	0.460
	N	170

②职业满意度的回归结果分析

从表 17 结果来看,从业人员的个体特征、知识素养和专业技能对其职业满意度都没有显著影响,主要影响因素来自职业态度。

就组织内部环境而言,组织制度规范性对职业满意度有显著负向影响,这样的结果似乎有悖常理,不过也可能是因为制度规范的单位往往会对员工自由进行较大程度的约束,这可能会降低从业人员的职业满意度。

其次是职业认同,从业人员在单位中的个人发展途径越顺畅,行业薪资水平越高,从事的职业对社会服务事业的推动作用越大,其职业满意度越高。

最后是大五人格,人格特质偏友善且招人喜欢的从业人员其职业满意度反而较低，这可能是因为宜人型人格的从业人员往往为了让周围人满意而对自己严格要求，这会给自身带来较大的工作压力，进而影响其工作满意度。

（2）离职倾向的回归分析

①离职倾向的回归模型构建

建立二元 Logistics 回归方程，对重庆市人力资源服务从业人员的离职倾向的主要影响因素进行分析。跳槽离职倾向和转行离职倾向的回归结果分别得到了 3 个和 4 个模型，此处仅展示最终得到的最优模型，见表 18。

表 18　重庆市人力资源服务从业人员的离职倾向回归分析

变　量	维　度	跳槽离职倾向的最优模型	转行离职倾向的最优模型
个体特征	性　别	0.302	0.924**
	年　龄	-0.649***	-0.586**
	职　务	0.351	0.239
知识素养	学　历	—	-0.859***
专业技能	职业培训	—	-2.869**
组织外部环境	行业失业压力	—	0.994***
职业认同	职业认同-个人功利实现程度	-0.566**	—
	职业认同-社会理想实现程度	-0.739**	—
职业满意度	职业满意度	-1.679***	-3.468***
	R^2	0.340	0.441
	N	170	170

②跳槽离职倾向的回归结果分析

从表 18 的结果来看，从业人员的个体特征和职业态度对其跳槽离职倾向有显著影响，而知识素养和专业技能对其跳槽离职倾向的影响不显著。具体来看，一是从业人员个体特征中的年龄对其跳槽离职倾向具有显著负向影响。二是职业认同中的个人功利实现程度和社会理想实现程度均显著负向影响跳槽离职倾向，说明薪资水平不高，职业带来的社会服务价值感不高的从业人员更容易跳槽。三是职业满意度显著负向影响跳槽离职倾向，并且边际效应最大，说明整体的职业满意度是影响跳槽离职倾向的主要因素。

③转行离职倾向的回归结果分析

从表18的结果来看，从业人员的个体特征、知识素养、专业技能以及职业态度对其转行离职倾向均具有显著影响作用。具体来看，一是个体特征中，年龄也是显著负向影响转行离职倾向。此外，女性的转行离职倾向高于男性。二是在知识素养中，学历越低，其转行离职倾向越高。三是在专业技能中，参加过职业培训的从业人员，其转行离职倾向低于未参加过职业培训的从业人员。四是在组织外部环境中，从业人员感知到的行业的失业压力越大，其选择转行的可能性越高。五是在职业满意度中，同跳槽离职倾向的结果一样，职业满意度也是显著负向影响转行离职倾向，并且边际效应也是最大，说明整体的职业满意度对于跳槽离职倾向和转行离职倾向来说都是最主要的影响因素。

（三）重庆市人力资源服务从业人员的发展环境现状调查

1. 政策文本数量对比分析

课题组选择了上海、天津、北京等3个直辖市以及成都作为比较对象，在“北大法宝”专业数据库中，以“人力资源服务业”为关键词对重庆、北京、上海、天津、成都5地发布相关政策进行检索，数据结果见表19。

表19 近十年五地人力资源服务行业政策文本总量

序号	城市	政策数量
1	上海	34
2	北京	29
3	重庆	22
4	天津	11
5	成都	10
总计		106

从总数量来看，选取的5个城市与“人力资源服务业”直接相关的政策文本共106本。其中，上海市可供参考的相关政策最多，其余依次为北京、重庆、天津、成都市。总体看来，5地人力资源服务业和人力资源服务业从业人员的发展与保障均有相应的政策文件支持。

2. 政策年发文量对比分析

从时间先后来看，在5个城市中，上海市和北京市率先出台政策扶持人力资源服务业和人力资源服务业从业人员的发展，起步较早；其次是成都市和重庆市；天津市在2013年出台4部人力资源服务业相关政策，稍晚于其他3个直辖市，见表20。从增长率来看，重庆市和北京市近3年均出台了3部以上涉及人力资源服务业的相关政策，特别是从数量和增长情况上来看，后期重庆市在政策上加大对人力资源服务业和人力资源服务业从业人员发展的支持力度，如图11所示。

表20　近10年5地人力资源服务行业年发文量

年份	上海	北京	重庆	天津	成都
2010	3	1	0	0	0
2011	5	0	0	0	0
2012	6	3	2	0	4
2013	3	3	0	4	1
2014	2	1	1	1	1
2015	1	4	1	3	2
2016	4	2	2	1	0
2017	3	4	1	1	0
2018	2	1	0	0	0
2019	1	1	3	0	1
2020	3	5	5	1	1
2021	1	4	6	0	0

3. 政策文本效力级别对比分析

从不同效力级别的政策数量来看，5地可供参考的政策均以地方性工作文件和地方性规范文件为主。而重庆市同时把对人力资源服务业与人力资源服务业从业人员的政策支持上升到了法规的高度。可见，重庆市在促进人力资源服务业从业人员发展的法制化建设方面做出了表率，见表21。

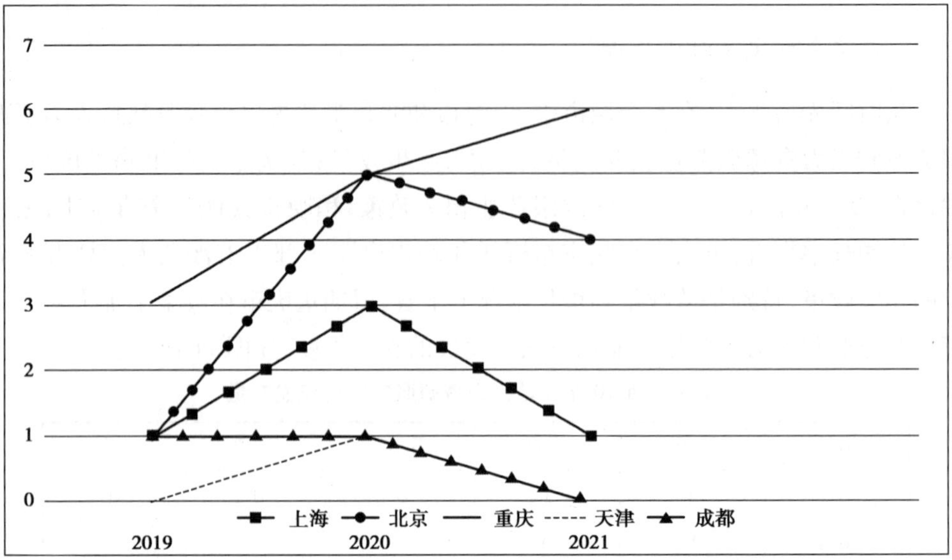

图 11　2019—2021 年 5 地出台行业政策发布量

表 21　近 10 年 5 地政策文本效力级别

效力级别	上海	北京	重庆	天津	成都
地方性法规	0	0	1	0	0
地方政府规章	0	1	0	0	0
地方性规范文件	9	10	10	4	3
地方工作文件	25	18	11	7	7

4. 可供参考政策文本节选

在 106 部政策文本中，根据"人力资源服务""人力资源服务业""人力资源服务业从业人员"等关键词和相关内容出现频数高低的统计结果，节选出 5 地中最具有代表性的政策文本共 15 部，见表 22。

表 22　近 10 年 5 地发布人力资源政策文本节选

序号	名　称	地点	颁布机构	颁布年份
1	《上海市人民政府关于印发上海市就业和社会保障"十二五"规划的通知》(沪府发〔2012〕7 号)	上海	上海市人民政府	2012

续表

序号	名　称	地点	颁布机构	颁布年份
2	《上海市人力资源和社会保障局关于印发2020年度上海市人力资源服务“伯乐”奖励计划奖励机构名单的通知》（沪人社力〔2020〕468号）	上海	上海市人力资源和社会保障局	2020
3	《上海市人民政府办公厅关于印发〈上海市服务业发展“十四五”规划〉的通知》（沪府办发〔2021〕7号）	上海	上海市人民政府	2021
4	《北京市人民政府关于加快发展人力资源服务业的意见》（京政发〔2014〕31号）	北京	北京市人民政府	2014
5	《北京市人力资源和社会保障局关于进一步加强人力资源服务机构诚信建设的通知》（京人社市场发〔2017〕143号）	北京	北京市人力资源和社会保障局	2017
6	《北京市朝阳区人民政府关于朝阳区促进人力资源市场发展的意见》（朝政发〔2021〕2号）	北京	北京市朝阳区人民政府	2021
7	《重庆市人力资源和社会保障局 重庆市发展和改革委员会 重庆市财政局关于加快人力资源服务业发展的实施意见》（渝人社发〔2018〕171号）	重庆	重庆市人力资源和社会保障局、重庆市发展和改革委员会、重庆市财政局	2018
8	《重庆市人力资源和社会保障局关于推进市级人力资源服务产业园建设的意见》（渝人社发〔2019〕120号）	重庆	重庆市人力资源和社会保障局	2019
9	《重庆市人力资源市场条例》	重庆	重庆市人大常委会	2020
10	《天津市人力资源和社会保障局关于印发人力资源服务机构诚信体系建设实施方案的通知》（津人社办发〔2013〕96号）	天津	天津市人力资源和社会保障局	2013
11	《天津市人力资源和社会保障局关于加快推进我市人力资源市场整合改革工作的实施意见》（津人社局发〔2014〕94号）	天津	天津市人力资源和社会保障局	2014
12	《天津市人社局关于做好新冠肺炎疫情防控期间人力资源服务有关工作的通知》（津人社办发〔2020〕31号）	天津	天津市人力资源和社会保障局	2020

续表

序号	名　称	地点	颁布机构	颁布年份
13	《成都市人力资源和社会保障局关于印发〈成都市人力资源和社会保障局 2012 年落实"五大兴市战略"推进方案〉的通知》(成人社发〔2012〕2 号)	成都	成都市人力资源和社会保障局	2012
14	《成都市人力资源和社会保障局关于做好 2014 年度人力资源服务机构年检工作的通知》	成都	成都市人力资源和社会保障局	2015
15	《成都市人力资源和社会保障局关于严禁经营性人力资源服务机构违规协助他人获取成都市高端人才资格的通知》	成都	成都市人力资源和社会保障局	2020

通过对重庆、天津、北京、上海、成都 5 地可供参考的 106 篇关于人力资源服务业政策的分析比较,课题组分别从重庆市与其他四地政策中谈及的人力资源服务业对从业人员支持的相同点、不同点两个方面入手来分析。

(1)相同点

具体包括以下 9 点内容:①提出进行产业园建设,要规模化、集聚化来发展人力资源服务业,把人力资源服务业纳入重点产业;②给予资金支持,包括财政上的拨款以及税收上的优惠政策等,让从业人员减少了财务上的压力;③重视人力资源服务业的宣传,给予从业人员一个良好发展的环境氛围;④重视人力资源服务业品牌的建设,打造品牌化人力资源服务机构,引导从业人员发展方向;⑤强调人力资源服务业诚信体系的建设,为从业人员发展营造诚信环境;⑥提出了要培养人才,为人力资源服务业的发展提供动力,也支持了从业人员自身能力素质的提高;⑦提出要加强人力资源服务行业之间的交流与合作,不断促进从业人员之间互助成长;⑧针对人力资源行业的建设发展提出了意见,为从业人员发展提供保障;⑨重视人力资源服务行业市场的建设与发展,让从业人员更有底气在人力资源服务行业工作,增强其从业信心。

(2)不同点

①重庆市对其他 4 地的政策优势比较

一是重庆市更重视鼓励社会力量参与人力资源市场化建设;二是重庆市更加强调要发挥互联网作用,鼓励人力资源服务机构通过互联网提供人力资源服务,推动"互联网+人才服务",提升人力资源服务业发展水平;三是重庆市更注重发挥成渝地区双城经济圈作用，注重区域协同发展，相对于其他地区倡导的人力资源服务行业开放合作的政策来看，重庆把与四川人力资源服务行业的合作交流方针落实得更加具体化和细节化；四是重庆地区更加强调政府部门作用的发挥，如加强组织领导，市人力社保局监管监察等；五是重庆地区率先把对人力资源服务业与人力资源服务业从业人员的政策支持上升到了法规的高度，走上法治化建设的道路。

②其他 4 地对重庆市的政策优势比较

一是上海地区就人力资源服务行业提出的落户政策支持、高层次人才开发政策支持、子女入学政策支持、工商政策支持以及产业园区先行先试政策支持；天津地区实行的开放工商登记政策、开放土地用房政策、开放人力社保政策等，以上政策都是重庆地区在对人力资源服务行业的人才支持方面所欠缺的。二是成都市出台的政策主要以监察为主，如监察有无经营许可等，而重庆在这方面还存在着不足的地方。

5. 重庆市人力资源服务业发展的需求

根据《中共重庆市委关于制定重庆市国民经济和社会发展第十四个五年规划和二〇三五年远景目标的建议》，重庆市重点产业发展主要涉及传统产业转型升级以及新兴产业的发展壮大，并将制造业、现代服务业、基础建设业以及互联网行业等列为重点发展产业。

本研究针对制造业、现代服务业、基础建设业及互联网行业的 6 家公司进行了访谈，整理访谈结果发现以下现象。

第一，与人力资源服务公司存在合作的大部分是现代服务业与基础建设业，合作的业务也主要集中于人力资源招聘、劳务派遣、人力资源外包等基础业务。访谈结果表明基建企业的合作需求主要在于人力资源培训、人力资源测评及职业指导；而部分服务业企业未来合作意向主要是社会保障事务代理及员工评价体系建设等相关服务。

第二，依然存在并未与人力资源服务公司合作的企业，而影响合作意愿的因素主要包括企业本身具备完善的人力资源管理架构，可以妥善处理人力资源方面需求；所接触的人力资源服务公司提供的服务与企业的需求不匹配等因素。而针对这些没有合作的企业，大部分企业未来合作的业务主要倾向于人力资源招聘、高级人才寻访、人力资源测评和人力资源信息软件服务。

五、重庆市人力资源服务从业人员存在的问题及原因分析

（一）从数量情况分析

1. 从业人员的地区分布不均，县域城市人力资源服务业发展较慢

从统计数据来看，截至 2021 年末，重庆市共有人力资源服务机构 2864 家，但主要集中在主城都市区的江北区、九龙坡区、渝中区、渝北区和沙坪坝区。县级城市的人力资源服务业在促进就业等方面作用发挥得还不够突出，仍然存在支撑保障能力不足的问题。人力资源服务从业人员与各城区的经济发展密不可分，要想完善经济发展结构，促进产业多元化发展，就需要配备较为完善的人力资源服务体系，而人力资源服务从业人员的数量是保证供给的前提条件，有了足够的数量作为基础，才能确保各地平衡协调发展，进而促进整体发展。

2. 从业人员所属单位性质分布较为单一集中

统计结果表明，目前经营性人力资源服务机构为人力资源服务机构主要形式，而其中民营性质企业占比达到 91%。单位性质过于集中也可能导致部分国有性质企业面临生存压力，以及外资企业融入困难等问题，这不利于人力资源行业的风险抵抗，同时可以看出，人力资源服务业在跨国合作、引进跨国企业进驻等方面仍存在提升空间。

3. 从业人员人均占比较低

统计结果表明，在 4 个直辖市中，重庆市人力资源服务从业人员的人均占比排名最低，一方面是因为重庆市的人力资源服务从业人员的绝对数量本身较少，另一方面是因为重庆市的人口基数在 4 个直辖市中最大，因此造成了排名靠后。

（二）从质量情况分析

1. 从业人员中缺乏高学历人才，且整体专业性不高

从重庆市人力资源服务从业人员的学历背景情况的调查结果来看，在重庆市

人力资源服务从业人员中,高学历人才较为匮乏,而拥有职业资格证书的更是占少数。重庆市肩负着打造带动全国高质量发展的重要增长极和新的动力源的使命,这对其人力资源服务业及其从业人员的知识素养和专业技能都提出了更高的要求,同时重点产业的服务需求也反映了对于高素质人才的迫切需求。

2. 从业人员的诚信化建设力度不够

从组织内部环境来看,有近 1/4 的从业人员表示所在单位极少或从未开展过诚信文化建设,该项政策内容在各人力资源服务组织内部的落实成效有待进一步提高。事实上,诚信文化建设对于组织自身和整个行业的发展都具有重要影响,只有将诚信文化观念渗透到组织管理过程之中,内化为从业人员的自觉意识和行动,才能够促进组织和整个行业的可持续发展。

3. 从业人员的就业压力和失业压力大且随着年龄的增长而加大

从描述统计结果来看,从业人员的就业压力和失业压力都很大,就业压力问题尤其突出。就业压力和失业压力大主要源于人才市场的供求不平衡,随着市场需求和行业发展的变化,人力资源服务行业更需要综合素质高、专业能力强的人才,但从从业人员目前的情况来看,这两方面都比较欠缺,这也就造成了他们对就业压力大的主观感受,同时能力不足也面临着被市场淘汰的风险,因此也会有一定的失业压力。

从差异性分析结果来看,随着年龄的增长,从业人员的就业压力也随之变大。相关研究表明,在时代巨变过程中,人们在青少年时期习得的知识和技能可能很快就会被淘汰,整个社会文化和行为规则会向新时代青年人倾斜,让中年人在社会中处于相对劣势的位置。因此,年龄较大的从业人员有着更大的就业压力,对这部分从业人员的心理关注是组织应该关注的重点之一。

4. 从业人员的行业薪资水平认同度整体较低且女性认同度更低

从描述统计结果来看,从业人员在个人-理想、社会-理想、社会-功利 3 个维度上的职业认同均处于较高水平,唯独在个人-功利维度,即行业薪资水平的认同度上处于较低水平。这说明目前重庆市人力资源服务行业的薪资水平相比于其他行业而言,不能很好地满足从业人员的物质生存需要,这对从业人员的职业满意度和离职倾向势必会造成一定影响。

另外，从差异分析的结果来看，女性从业人员对人力资源服务行业工资水平的认同度显著低于男性。尽管当今时代女性在多个重要职位担任主要角色，但女性从业人员的薪资待遇仍普遍低于男性，同工不同酬的现象仍然存在。

5. 从业人员的个人发展路径在基层不够畅通

从差异分析的结果来看，相比于组织中的高层领导，普通员工和基层领导认为在组织单位中个人发展路径不够畅通。总体来说，普通员工和基层领导的工作量要大于高层领导，他们努力工作希望得到提拔，但越往基层竞争越大，这在客观上决定了基层晋升的难度，但如果从业人员在工作中付出了很多却无法得到相应的提拔，势必会影响其工作积极性，进而影响整个组织和行业的发展。

6. 从业人员的离职倾向较高且呈现出年轻化和女性化

从描述统计结果来看，近一半的从业人员在本行业的工作年限不超过 3 年，而这与较高的转行离职倾向也较为吻合。

从回归分析的结果来看，年龄、性别均对离职倾向有一定的影响。首先是年龄，年轻的人力资源服务从业人员相比于年长的从业人员，更容易受到高薪诱惑的影响而选择跳槽离职。此外，年轻的人力资源服务从业人员的转行离职倾向也相对更高，这反映了整个人力资源服务业对年轻的从业人员的吸引力不足，存在留不住青年人才的问题，从长远来看，不利于人力资源服务从业人员人才队伍的持续稳定与发展。

其次是性别，从行业工资水平的性别比较中，可以看出女性的行业工资水平认同度显著低于男性，女性从业者认为需要在薪酬待遇、加班问题、晋升渠道、培训提升和组织氛围方面改进的比例也明显高于男性，工作中诸多不满意的地方导致了女性的转行离职倾向显著高于男性。

7. 从业人员的职业价值观随着年龄增长更倾向于个人功利型

从差异分析的结果来看，随着从业人员年龄的增长，其职业价值观更倾向于个人-功利型，即更高的薪水福利是影响他们择业的最重要因素。这或许与高年龄段的从业人员所需要肩负的家庭责任相关，但一味追求高福利待遇不利于合理就业。在尊重个人职业价值观的同时，也要注意对特定群体职业价值观的正确引导，让从业人员获得物质和精神双重满足的同时，更好地促进行业发展。

8. 从业人员的职业社会意义认同度和行业发展前景评价在较高学历中反而更低

从差异分析的结果来看，与中学及以下群体相比，大学专科及以上学历的群体对人力资源服务这份工作的社会意义认同度及该行业的发展前景评价都更低。在实际情况中，如果出现预期与实际不符，比如存在所在行业产出无法满足重点产业需求，行业整体薪资水平较低，职业环境差等影响员工幸福感的因素，便会导致其与较低学历的从业人员相比，会对职业的社会意义及行业发展前景做出较低的评价。

（三）从发展环境分析

1. 政策支持对比分析

从5个城市的相关政策对比中发现，重庆市针对人力资源服务业及其从业人员的支持性政策还有一些急需完善的地方，具体包括以下4个方面。

一是新冠肺炎疫情期间对人力资源服务业及其从业人员的扶持政策宣传不到位。疫情突如其来，各地政府都相继出台相应的政策保障行业和从业人员的发展，针对疫情实际情况，重庆市也出台了相应的政策保障民生，但由于有关部门缺乏对各项保障政策全面、深入的宣传，导致某些人力资源服务机构没有正确理解政策精神，机构及其从业人员没有及时得到政府的帮助，没有享受到政策的福利。有些小微企业面对风险的承受能力弱，甚至出现运转出现困难、倒闭破产的情况，一部分人力资源服务从业人员丢掉工作，失去收入来源。

二是政策出台过程中对从业人员意见的听取和反馈不足。在目前检索到的重庆市相关政策文本中，并未明显地体现出对从业人员意见的听取和反馈。人力资源服务从业人员是整个行业的主体，应该充分重视他们在政策制定中的意见与想法，广泛收集他们的建议，并及时反馈，这样才能更好地建设人力资源服务行业，更好地促进人力资源服务行业发展。

三是政策缺乏国际化视野。随着国际交流与合作进一步加深，各地需抓住时代机遇发展人力资源服务业，培养国际化的人力资源服务企业。就目前查找到的重庆市相关政策中，少有提到国际化合作发展的条例，若缺少国际化的视野，很可能出现闭门造车的情况，不利于人力资源服务业行业和从业人员的成长与发展。

四是人力资源服务业人才引进政策不够具体,吸引力不够。重庆市当前重点发展本市优秀人力资源服务业人才和建立本地人力资源专家库,主要采取职业培训等方式培养行业发展所需的专业人才,即使政策中出现了人才引进的条例,也只是简短提及,缺乏具体的政策方案和实施细则,以及多样的配套设施与政策福利吸引外地人力资源服务人才来渝发展。

2. 重庆市重点产业的需求与现状的差距

重庆市重点产业的需求与现有人力资源服务业及其从业人员提供的服务之间存在一定差距,主要体现在以下 3 个方面。

一是部分人力资源服务公司所提供的业务无法满足重点产业的多样化需求。目前大部分人力资源服务公司所提供的服务大多集中在人力资源招聘、劳务派遣以及人力资源培训等基础业务层面,而较少提供高级人才寻访、人力资源信息软件服务、人力资源测评等中高端服务业务。主要原因可能在于人力资源服务公司缺乏高技术人才,大多只是对基础业务较熟练,而对于中高端的服务业务却很难提供。

二是人力资源服务公司提供的业务与部分重点产业单位的期望存在错位现象。大部分企业所需要的人力资源招聘业务与服务公司所提供的业务存在差距,主要问题体现在招聘中的人才整体素质不高,人员筛选不严格,与企业期望和需求不符。导致这一问题的原因错综复杂,主要是重点产业单位对于人才需求是否清晰明确以及传达到位,这是合理满足需求的前提。

三是人力资源服务从业人员的专业性不强且流动性较大。部分重点产业单位认为人力资源服务从业人员专业性不强,工作能力有待加强,工作配合度不高且流动性较大,导致业务衔接断层。人力资源服务从业人员专业性不强可能与从业人员的知识素养、专业技能有关,而流动性大可能主要与从业人员的薪酬福利与工作压力密切相关,薪酬福利不匹配、工作压力较大可能影响人力资源服务从业人员离职倾向,而这一定程度上降低了人力资源服务从业人员工作的稳定性,带来工作衔接断层等问题。

六、重庆市人力资源服务从业人员未来发展的对策建议

针对重庆市人力资源服务从业人员发展在数量、质量和发展环境方面存在的

问题，政府、社会、企业应当予以高度重视，系统规划，从选、用、预、留等多个环节齐抓共管，以期全面促进人力资源服务从业人员发展。

（一）提高政策效益：加强宣传力度，壮大人才队伍

1. 加大宣传力度，提升行业吸引力

一是积极开展送政策、送宣传、送服务到公司活动，营造一个全社会关心和支持从业人员发展的良好氛围。

二是多方位细化人才引进政策的具体措施，增加行业吸引力，如在配偶就业、子女入学、医疗、住房、社会保障等方面下大力气。

2. 开发县域市场服务，壮大人才队伍

一是鼓励区县城市建立行业协会，发展人力资源服务，广泛举办讲座论坛、专题培训班等活动，激发当地年轻人参与人力资源服务行业的热情，厚植人才优势；二是注重宣传推广，壮大人才队伍。

（二）筑牢"选人"根基：完善人才评价体系，加强市场监管力度

1. 完善人才评价体系，为从业人员提质赋能

一是要建立人力资源服务领域的职业资格水平认证制度，提升从业人员专业化水平。

二是要在评价体系中加入服务对象尤其是重点产业的满意度等评价指标，以顾客导向推动从业人员提升工作效率及质量。

三是要落实评价体系，根据评价体系客观任用和提拔人才，畅通从业人员尤其是基层员工的发展路径。

2. 加强市场监管力度，为从业人员营造良好的就业环境

一是要对无证经营或超范围经营的企业加大查处力度并予以取缔，维护行业口碑。

二是要提高行业准入门槛，将从业人员的素质水平与机构等级认证相挂钩，推动从业人员和机构优质发展。

（三）释放“用才”活力：盘点人才组织清单，优化人才配置结构

1. 盘点人才组织清单，明确未来发展方向

一是要定期盘点重庆市内人力资源服务从业人员及其组织的数量分布、能力结构、人岗匹配度等，充分发挥区县城市带动就业作用，保障主城和区县协调发展。

二是要在明确重庆市经济社会发展需求，尤其是重点发展产业的人才服务需求情况下，为人力资源服务从业人员及其组织制定相适应的发展战略。

2. 优化人才配置结构，促进人岗匹配

一是要形成多层次、多元化的人力资源人才分布结构，促进人力资源服务行业和其他行业的学习交流。

二是加强高端服务需求方面的人力资源服务人员配置，为高质量发展提供保障。

三是对口重点发展产业建立常态化人才服务机制，为重点产业的需求业务配备一支专业稳定的人力资源服务从业人员队伍，以产业高质量发展带动从业人员高素质提升。

（四）提高“育才”质量：完善人才培养体系，丰富人才交流活动

1. 完善人才培养体系，提升人才培育质量

一是建立多样化的人才培养体系，在确保单位培训的情况下，多发挥政府职业培训中心的培训功能，同时鼓励从业人员加强自我学习和提升。

二是着力加强培训师资队伍建设，打造专业师资队伍，开发更具专业性、针对性的培训课程，切实提升培训质量。

2. 丰富人才交流活动，加强道德品质建设

一是注重在组织中培养诚信之风，加强诚信制度建设。

二是政府牵头引导相关部门组织开展各项道德品质建设活动，帮助从业人员树立正确的职业价值观。

（五）建立“留才”纽带：提供人才政策支持，确保留住青年才俊

一是加大政策投入力度，留住高水平高技能人才。一方面，完善人才方面的投入机制，建立以政府投入为导向、用人单位投入为主体、社会资助为补充的投入机制，保证人才开发投入不断增长；另一方面，逐步完善人才的服务机制，对高层次高水平人才及其所在单位给予政策、资金和技术扶持，为人才的科学发展解决后顾之忧。

二是完善政策制度规范，留住青年人才和女性人才。一方面，加强对企业管理制度规范化的指导，引导企业建立合理完善的职工晋升机制体制，提高行业的整体薪酬待遇水平，留住青年人才；另一方面，规范招工用工过程中存在的性别歧视问题，保障女性从业人员的合法权益，留住女性人才。

（六）接轨国际发展：拓宽国际化视野，培育国际化人才

1. 首先拓宽国际化视野，与国际化发展接轨

一是以面向全球、面向未来的方式进行人力资源服务从业人员管理。

二是出台政策促进国内、国际市场之间的人才流动与互动，建立国际化的薪酬机制、激励机制、职位体系等，在宗教、文化和人文关怀方面也要与国际发展接轨。

2. 培育国际化人才，提升国际竞争力

一是对标国际一流城市和企业的培育方法来培养本土人才，提升人力资源服务从业人员在全球经济发展中的地位和作用。

二是培养从业人员跨语言、跨文化的工作能力，使其熟悉国际法和国际惯例，提升人力资源服务企业和从业人员在国际交流中的合作力和竞争力。

课题研究单位：重庆大学

课题组负责人：陈永进

课题主研成员：支愧云　杨　勋　郭英慧　陈培峰　刘　敏　黄　葳
孙欣欣

附录

重庆市人力资源市场条例

（2020年7月30日重庆市第五届人民代表大会常务委员会第二十次会议通过）

第一章　总　则

第一条　为了规范人力资源市场活动，培育和发展人力资源市场，推动人力资源合理流动和优化配置，促进就业创业，根据《中华人民共和国就业促进法》、《人力资源市场暂行条例》等有关法律、行政法规，结合本市实际，制定本条例。

第二条　本市行政区域内通过人力资源市场求职、招聘和开展人力资源服务，以及对人力资源市场的培育和监督管理，适用本条例。

法律、行政法规和国务院规定对求职、招聘和开展人力资源服务另有规定的，从其规定。

第三条　本条例所称人力资源服务机构，包括公共人力资源服务机构和经营性人力资源服务机构。

公共人力资源服务机构，是指市、区县（自治县）人民政府设立的公共就业和人才服务机构。经营性人力资源服务机构，是指依法设立的从事人力资源服务经营活动的机构。

第四条　人力资源市场建设应当符合本市战略定位和发展目标，坚持政府引导、市场运作、科学规划、合理布局、规范有序的原则。

人力资源市场活动应当遵循合法、公平、诚信的原则。

人力资源市场的监督管理，应当遵循依法、公正、效能的原则。

第五条　市、区县（自治县）人民政府应当将人力资源市场建设纳入国民经济和社会发展规划，建立统一开放、竞争有序的人力资源市场体系，发挥市场在人力资源配置中的决定性作用，健全人力资源开发机制，加强大数据、智能化技术在人力资源市场的应用，激发人力资源创新创造创业活力，促进人力资源市场繁荣发展。

乡镇人民政府、街道办事处应当协助做好人力资源市场培育、服务和监督管理等基础性工作。

第六条　市人力资源社会保障行政部门负责全市人力资源市场的统筹规划和综合管理工作。

区县（自治县）人力资源社会保障行政部门负责本行政区域内人力资源市场的管理工作。

市、区县（自治县）人民政府发展改革、教育、公安、财政、商务、税务、市场监督管理、数据资源管理等部门在各自职责范围内做好人力资源市场的相关管理和服务工作。

第七条　市人民政府应当加强人力资源服务标准化建设，建立健全人力资源服务标准的推行、宣传以及实施情况的评估工作体系，发挥人力资源服务标准在行业引导、服务规范、机构自律、市场监管等方面的规范引领作用。

市、区县（自治县）人力资源社会保障行政部门负责人力资源服务标准的推广应用。

第八条　人力资源服务行业协会应当依照法律、法规、规章及其章程的规定，制定行业自律规范，推进行业诚信建设，提高服务质量，对会员的人力资源服务活动进行指导、监督，依法维护会员合法权益，反映会员诉求，促进行业公平竞争。

市、区县（自治县）人力资源社会保障行政部门应当加强对行业协会的指导和监督。

第二章　人力资源市场培育

第九条　市、区县（自治县）人民政府建立政府宏观调控、市场公平竞争、单位自主用人、个人自主择业、人力资源服务机构诚信服务的人力资源流动配置机制，促进人力资源自由有序流动。

市、区县（自治县）人民政府应当引导和促进人力资源在机关、企业、事业单位、社会组织之间以及不同地区之间合理流动，鼓励和支持人才向艰苦边远地区和基层一线流动。

任何部门和单位不得违反国家规定在户籍、地域、身份等方面设置限制人力资源流动的条件。

人力资源流动应当遵守法律、法规关于服务期、从业限制、保密等方面的规定。

第十条　市、区县（自治县）人民政府综合运用产业、土地、财政、金融、税收、就业创业、社会保障等政策，推进人力资源市场建设，鼓励设立人力资源服务产业发展资金，扶持人力资源服务机构发展，提高人力资源服务业发展水平。

鼓励社会力量参与人力资源市场建设。

第十一条　市、区县（自治县）人民政府建立政府购买人力资源服务目录，通过政府购买服务等方式，支持经营性人力资源服务机构提供公益性人力资源服务。

经营性人力资源服务机构提供免费职业介绍、就业见习等公益性人力资源服务的，可以按照国家和市级有关规定申请相关财政补贴。

第十二条　市、区县（自治县）人民政府应当建立覆盖城乡和各行业的人力资源市场供求信息系统，完善市场信息发布制度，实现政府有关部门、用人单位、人力资源服务机构和行业协会的信息共享。

市人力资源社会保障部门应当建立人力资源市场供求信息系统相关标准，组织区县（自治县）人力资源社会保障部门做好人力资源信息网上采集、归类、分析和发布工作，为求职、招聘等提供服务，促进人力资源开发利用和合理配置。

第十三条　市、区县（自治县）人民政府鼓励人力资源服务机构管理创新、技术创新、产品创新和服务创新，鼓励并规范高级人才寻访、人力资源测评、管理咨询、人力资源信息软件服务等业态发展，提高人力资源服务业发展水平。

第十四条　市、区县（自治县）人民政府应当加强人力资源服务机构培育，引导人力资源服务机构细化专业分工，支持人力资源服务机构创建自主品牌，提升人力资源服务业的知名度、美誉度和社会影响力。

第十五条　鼓励和支持有条件的区县（自治县）建设符合市场需求、功能完善、特色鲜明的人力资源服务产业园，发挥园区集聚产业、拓展服务、孵化企业、培育市场的功能。

支持国家级人力资源服务产业园及分园建设，充分发挥其示范引领作用。

第十六条　市、区县（自治县）人民政府应当制定扶持激励政策，加强人力资源服务业人才队伍建设，提高人力资源服务从业人员的专业化、职业化水平。

第十七条　鼓励开展平等、互利的人力资源国际国内交流合作，充分开发利用国际国内人力资源。

鼓励引进国（境）内外高端人力资源服务机构，支持市内人力资源服务机构到市外设立分支机构或者合资合作企业。

第十八条　市、区县（自治县）人民政府应当建立和完善政府引导、用人单位为主、市场化配置的人才引进机制，积极引进紧缺优秀人才。

鼓励企业、高等院校、科研院所等用人单位通过人力资源市场引进紧缺优秀人才。

第三章　人力资源服务机构

第十九条　市、区县（自治县）人民政府应当加强公共人力资源服务机构和基层公共人力资源服务平台建设，将服务经费纳入本级政府预算，完善城乡公共人力资源服务体系。人力资源社会保障行政部门应当依法加强公共人力资源服务经费管理。

第二十条　公共人力资源服务机构应当根据政府确定的就业创业和人才工作目标任务，制定公共人力资源服务计划，执行就业创业和人才政策，开展人力资源市场调查分析，组织实施就业创业和人才服务相关项目，办理就业创业和人才服务的相关事务。

第二十一条　公共人力资源服务机构提供下列服务，不得收费：

（一）人力资源供求、市场工资指导价位、职业培训等信息发布；

（二）职业介绍、职业指导和创业开业指导；

（三）就业创业和人才政策法规咨询；

（四）对就业困难人员实施就业援助；

（五）办理就业登记、失业登记等事务；

（六）办理高等学校、中等职业学校、技工学校毕业生接收手续；

（七）人才引进和服务；

（八）流动人员人事档案管理；

（九）市、区县（自治县）人民政府确定的其他公益性服务。

公共人力资源服务机构在提供前款第八项服务时，不得拒收符合存放政策的流动人员人事档案，对接收的档案应当保证其真实、准确、完整、规范，不得装入和出具虚假的证明材料。

第二十二条　经营性人力资源服务机构从事职业中介活动的，应当依法向市、区县（自治县）人力资源社会保障行政部门申请行政许可，取得人力资源服务许可证。

经营性人力资源服务机构从事劳务派遣业务的，执行国家有关劳务派遣的规定。

第二十三条　经营性人力资源服务机构从事职业中介活动的，应当具备下列条件：

（一）有营业执照；

（二）有明确的章程和管理制度；

（三）有开展业务必要的固定场所、办公设施和开办资金；

（四）有一定数量的具备相应职业资格的专职工作人员；

（五）法律、法规规定的其他条件。

第二十四条　市、区县（自治县）人力资源社会保障行政部门应当自收到经营性人力资源服务机构从事职业中介活动的申请之日起二十日内依法作出行政许可决定。符合条件的，颁发人力资源服务许可证；不符合条件的，作出不予批准的书面决定并说明理由。

第二十五条　经营性人力资源服务机构从事下列业务，应当自开展业务之日起十五日内向市、区县（自治县）人力资源社会保障行政部门备案：

（一）人力资源供求信息的收集和发布；

（二）就业和创业指导；

（三）人力资源管理咨询；

（四）人力资源测评；

（五）人力资源培训；

（六）承接人力资源服务外包；

（七）法律、法规规定的其他人力资源服务。

市、区县（自治县）人力资源社会保障行政部门应当自收齐备案材料之日起五个工作日内予以备案并出具备案证书。

第二十六条　市人力资源社会保障行政部门应当编制许可、备案等事项的办事指南和示范文本，并向社会公布。办事指南、示范文本的线上与线下标准应当统一，并同步更新。

第四章　人力资源市场活动规范

第二十七条　个人求职时，应当如实提供本人基本信息以及与应聘岗位相关的知识、技能、工作经历等情况，并配合核实信息的真实性。

第二十八条　用人单位发布或者向人力资源服务机构提供的单位基本情况、招聘人数、工作岗位、工作内容、资格条件、用工类型、劳动报酬、福利待遇、社会保险、联系方式等招聘信息，应当真实、合法，不得含有民族、种族、性别、籍贯、宗教信仰等方面的歧视性内容。

用人单位通过人力资源市场招用人员的，人力资源服务机构应当核实求职者所提供的个人身份的基本信息。

用人单位自主招用人员，需要建立劳动关系的，应当依法与劳动者订立劳动合同，并按照国家有关规定办理社会保险等相关手续。

第二十九条　用人单位招用人员，不得有下列行为：

（一）提供、发布虚假招聘信息，发布虚假招聘广告；

（二）扣押求职者的居民身份证或者其他证件；

（三）以担保或者其他名义向求职者收取或者变相收取押金、保证金、风险金等财物；

（四）招用未满十六周岁的未成年人或者无合法身份证件等法律、行政法规规定不得招用的人员；

（五）泄露或者违法使用求职者个人信息；

（六）以招聘人员为名牟取不正当利益或者进行其他违法活动；

（七）法律、法规禁止的其他行为。

第三十条　人力资源服务机构开展人力资源服务时，不得有下列行为：

（一）发布虚假求职和招聘信息，或者发布的信息中包含歧视性内容；

（二）超越许可证核准的业务范围开展人力资源服务活动；

（三）伪造、涂改、出借、出租、转让人力资源服务许可证；

（四）为无合法证照的用人单位提供人力资源服务；

（五）介绍未满十六周岁的未成年人就业；

（六）为无合法身份证件的求职者提供人力资源服务；

（七）介绍求职者从事法律、法规禁止从事的职业；

（八）扣押求职者的居民身份证或者其他证件；

（九）以担保或者其他名义向求职者收取或者变相收取押金、保证金、风险金等财物；

（十）违反规定收取服务费；

（十一）以暴力、胁迫、欺诈等方式进行人力资源服务活动；

（十二）采取不正当竞争手段从事业务活动或者损害利害关系人的合法权益；

（十三）泄露、违法使用在业务活动中收集或者知悉的用人单位商业秘密、求职者个人信息；

（十四）其他违反法律、法规规定的行为。

第三十一条　人力资源服务机构接受用人单位委托招聘人员，双方应当签订协议。人力资源服务机构应当要求用人单位提供招聘简章、营业执照或者有关部门批准设立的文件、经办人的身份证件、用人单位的委托证明，并对所提供材料的真实性、合法性进行审查。

第三十二条　人力资源服务机构接受用人单位委托提供人力资源服务外包的，不得改变用人单位与个人的劳动关系，不得与用人单位串通侵害个人的合法权益。

第三十三条　人力资源服务机构接受用人单位委托或者依法自行组织开展人力资源培训，应当注重提高劳动者的职业素质和职业技能，培训内容不得违反法律、法规的有关规定。

第三十四条　鼓励人力资源服务机构通过互联网提供人力资源服务。人力资源服务机构通过互联网提供人力资源服务的，应当遵守本条例和国家有关网络安全、互联网信息服务管理的规定。

经营性人力资源服务机构应当在网站主页标明人力资源服务许可证号和人力资源服务备案号。

第三十五条　大众传播媒介发布人力资源广告信息，应当查验委托人的营业执照或者有关部门批准设立的文件，核实信息的合法性和真实性，发现有违法、虚假信息的，不得发布；已经发布的，应当立即删除，保存有关记录，并向有关部门报告。

第五章　监督管理

第三十六条　人力资源市场的监督管理，应当健全以“双随机、一公开”监管为基本手段、重点监管为补充、信用监管为基础的监管机制，探索包容审慎监管，加强事中事后监管。

人力资源社会保障行政部门应当加强与市场监督管理、公安等部门的信息共享，不得要求经营性人力资源服务机构重复提供相关信息。

第三十七条　市、区县(自治县)人力资源社会保障行政部门对人力资源服务机构实施监督检查，可以采取下列措施：

(一)进入被检查单位进行检查；

(二)询问有关人员，查阅服务台账等服务信息档案；

(三)要求被检查单位提供与检查事项相关的文件资料，并作出解释和说明；

(四)采取记录、录音、录像、照相或者复制等方式收集有关情况和资料；

(五)法律、法规规定的其他措施。

市、区县(自治县)人力资源社会保障行政部门实施监督检查时，监督检查人员不得少于两人，应当出示执法证件，告知检查事项，同步形成现场检查笔录、视听资料等，对被检查单位的商业秘密和相关人员的个人信息应当予以保密。

对市、区县(自治县)人力资源社会保障行政部门依法进行的监督检查，被检查单位应当配合，如实提供相关资料和信息，不得隐瞒、拒绝、阻碍。

第三十八条　经营性人力资源服务机构应当每年在人力资源社会保障行政部门规定期限内，向市、区县(自治县)人力资源社会保障行政部门提交经营情况年度报告，并保证报告内容的真实性和完整性。市、区县(自治县)人力资源社会保障行政部门应当对提交的年度经营情况报告依法核查。

市、区县(自治县)人力资源社会保障行政部门可以依法公示或者引导经营性人力资源服务机构依法公示年度报告的有关内容。

第三十九条　市、区县(自治县)人力资源社会保障行政部门应当畅通对用人单位和人力资源服务机构的举报投诉渠道，自受理举报投诉之日起十个工作日内对举报投诉的内容进行调查核实，并在规定期限内将调查处理结果反馈举报投诉人。

第四十条　市、区县(自治县)人力资源社会保障行政部门在主动检查、核查年度报告、核实举报投诉时,发现用人单位和人力资源服务机构存在事实清楚、证据确凿、可以当场处理的违反劳动保障法律、法规或者规章行为的,有权当场予以纠正;对应当依法立案查处的其他违法行为,应当自立案之日起六十个工作日内作出处理并告知救济途径,依法可以延长处理期限、中止调查的除外。市、区县(自治县)人力资源社会保障行政部门发现违法行为不属于人力资源市场管理事项的,应当及时移送有关部门处理;涉嫌犯罪的,应当依法移送有权机关处理。

第四十一条　市、区县(自治县)人力资源社会保障行政部门应当加强人力资源市场诚信建设,把用人单位、个人和经营性人力资源服务机构的信用数据和失信情况等纳入市场诚信建设体系,建立守信激励和失信惩戒机制,实施信用分类监管。

市、区县(自治县)人力资源社会保障行政部门在建立人力资源服务机构诚信档案时,应当针对不同信用水平的监管对象采取差异化分类监管措施,合理确定、动态调整监督检查比例、频次。

第六章　法律责任

第四十二条　违反本条例规定,未经许可擅自从事职业中介活动的,由市、区县(自治县)人力资源社会保障行政部门予以关闭或者责令停止从事职业中介活动;有违法所得的,没收违法所得,并处一万元以上五万元以下的罚款。

第四十三条　违反本条例规定,经营性人力资源服务机构开展人力资源供求信息收集和发布、就业和创业指导、人力资源管理咨询、人力资源测评和培训、承接人力资源服务外包等人力资源服务业务未备案的,由市、区县(自治县)人力资源社会保障行政部门责令改正;拒不改正的,处五千元以上一万元以下的罚款。

第四十四条　违反本条例规定,用人单位招用人员,有下列行为的,按照下列规定进行处罚:

(一)扣押求职者的居民身份证或者其他证件,以及以担保或者其他名义向求职者收取或者变相收取押金、保证金、风险金等财物的,按照《中华人民共和国劳动合同法》的规定予以处罚。

(二)招用未满十六周岁的未成年人等法律、行政法规规定不得招用的人员的，按照《中华人民共和国劳动法》、《中华人民共和国未成年人保护法》等法律、行政法规的规定予以处罚。

（三）招用无合法身份证件的人员，由市、区县（自治县）人力资源社会保障行政部门责令改正，并处二百元以上一千元以下的罚款。

（四）泄露或者违法使用所知悉的求职者个人信息，按照有关个人信息保护的法律、行政法规的规定予以处罚。

（五）以招聘人员为名牟取不正当利益或者进行其他违法活动的，由市、区县（自治县）人力资源社会保障行政部门责令改正，并处二百元以上一千元以下的罚款；法律、法规另有规定的，从其规定。

第四十五条　违反本条例规定，用人单位、人力资源服务机构发布的招聘信息不真实、不合法，或者人力资源服务机构未依法开展人力资源服务业务的，由市、区县（自治县）人力资源社会保障行政部门责令改正；有违法所得的，没收违法所得；拒不改正的，处一万元以上五万元以下的罚款；情节严重的，吊销人力资源服务许可证；给他人造成损害的，依法承担民事责任。违反其他法律、法规的，由有关主管部门依法予以处罚。

违反本条例规定，用人单位或者人力资源服务机构发布虚假招聘广告的，由市场监督管理主管部门按照《中华人民共和国广告法》等法律、行政法规的规定予以处罚。

第四十六条　违反本条例规定，经营性人力资源服务机构未在规定期限内提交经营情况年度报告的，由市、区县（自治县）人力资源社会保障行政部门责令改正；拒不改正的，处五千元以上一万元以下的罚款。违反其他法律、法规的，由有关主管部门依法予以处罚。

第四十七条　公共人力资源服务机构违反本条例规定的，由上级主管机关责令改正；拒不改正的，对负有责任的领导人员和直接责任人员依法予以处分。

第四十八条　人力资源社会保障行政部门和有关主管部门及其工作人员有下列情形之一的，对直接负责的领导人员和其他直接责任人员依法予以处分：

（一）不依法作出行政许可决定；

（二）在办理行政许可或者备案、实施监督检查中，索取或者收受他人财物，或者谋取其他利益；

（三）不依法履行监督职责或者监督不力，造成严重后果；

（四）不依法处理举报、投诉，造成严重后果；

（五）泄露被检查单位或者个人的商业秘密、信息；

（六）其他滥用职权、玩忽职守、徇私舞弊的情形。

第七章　附　则

第四十九条　本条例所称“双随机、一公开”，是指采取随机抽取检查对象、随机选派执法人员的方式实施监督检查，并将监督检查的情况及时向社会公开。

第五十条　本条例自 2021 年 1 月 1 日起施行。

2021 年度重庆市人力社保工作大事记

1 月

1 月 6 日，市人力社保局召开疫情防控和安全稳定工作专题会议，传达学习市委办公厅、市政府办公厅《关于认真做好 2021 年节假日期间疫情防控和应急值守工作的通知》以及市疫情防控领导小组《关于印发 2021 年元旦春节期间疫情防控工作实施方案的通知》精神，听取有关处室（单位）工作汇报，安排部署疫情防控工作。

1 月 7 日，市人力社保局、市财政局出台《关于 2020 年提高城乡居民基本养老保险基础养老金标准的通知》。

1 月 14 日，市人力社保局在国家级专家服务基地学术报告厅举行援藏暨扶贫工作分享会，旨在讲好援藏、扶贫干部好故事，在全局营造干事创业奉献担当的良好氛围。

1 月 16 日，全市人力资源和社会保障工作视频会议召开。会议全面学习贯彻党的十九大和十九届二中、三中、四中、五中全会及中央经济工作会精神，认真落实市委五届七次、八次、九次全会及全市经济工作会部署，总结“十三五”时期人力社保事业发展成就，分析明确“十四五”时期形势和任务，安排部署 2021 年重点工作。

1 月 29 日，市人力社保局召开了川渝人社合作工作推进会，深入学习贯彻落实《成渝地区双城经济圈建设规划纲要》决策部署和重庆四川党政联席会议第二次会议精神，全力做好川渝人社工作对接会前期筹备工作。

2月

2月3—4日，市人力社保局主要领导分别带队走访慰问了鲜学福、杨士中、向仲怀院士等14名在渝高层次专家人才，向他们致以诚挚问候和新春祝福。

2月4日，川渝人社合作工作对接会在重庆市荣昌区召开。会议研究了川渝人力社保合作2021年重点工作任务，对接了四川和市人力社保"十四五"规划编制中涉及川渝合作板块，讨论了2021年川渝人社合作联席会议第一次会议相关事项。

2月19日，市人力社保局联合市经信委、市民政局、市交通局、市扶贫办、市总工会、市妇联、大足区人民政府在大足高新区火炬广场举行重庆市2021年"春风行动"启动仪式暨大型招聘会，47家重点用人单位组织2726个就业岗位开展现场招聘。

2月26日，"重庆掌上12333"App正式更名为"重庆人社"App，以推动人社线上服务品牌提档升级，为群众提供171项公共服务事项和高频服务事项。

3月

3月5日，市人大常委会人代工委支部和市人力社保局办公室支部在人力资源服务产业园联合开展主题党日活动。两个支部召开座谈会，集中学习习近平总书记关于完善覆盖全民的社会保障体系重要讲话精神，深入交流支部党建工作经验，并就办好人大代表建议进行探讨。

3月15日，全市农民工工作暨重点产业用工保障工作电视电话会议召开。会议通报了2020年度农民工工作和重点企业用工保障工作情况，安排了2021年工作任务，铜梁、合川、开州、巫溪、垫江等区县做了经验交流。

3月15日，市人力社保局召开2021年重庆市高技能人才工作联席会议，为首批专业技术人才参加高技能人才评价的邱庆等10名代表颁发职业技能等级证书，标志着重庆市专业技术人才与高技能人才实现职业发展融合贯通。

3月24—26日，市人力社保局、四川省人社厅共同举办成渝地区双城经济圈就业创业活动。此项活动吸引近 10 万人次参与，网络直播观看超过千万人次。

3 月 26 日，重庆市人力资源流动管理、人才服务、人事考试及人力资源培训开发工作电视电话会议召开。会议全面总结重庆市“十三五”期间人力资源流动管理、人才服务、人事考试及人力资源开发培训工作所取得的成绩，分析新形势、新情况、新问题，安排部署“十四五”和 2021 年重点工作。

3 月 31 日，人社部国际合作司司长郝斌一行来渝调研人力社保基层平台建设，并对持续推进中国和新加坡在航空、交通物流和金融服务等领域人才合作事宜予以支持。

4 月

4 月 1 日，人社部与国际劳工组织开展学徒制培训国际合作项目试点工作会在重庆市召开。

4 月 1 日，市人力社保局与四川省人社厅签订了《川渝博士后人才发展战略合作协议》，从平台共享、联盟共建、服务联动、交流互动等方面促进两地博士后人才合理流动和高效集聚，助推成渝地区双城经济圈建设。

4 月 12—18 日，市人力社保局举办全市首期“互联网营销师”新职业师资培训班，对来自重庆市职业院校、技工院校、民办职业培训机构等 100 余名专兼职教师和从业人员开展培训。

4 月 19—23 日，2021 年全市高级专家国情市情专题研修班在上海交通大学成功举办，42 名高层次专家人才参加研修。

4 月 20 日，市人力社保局组织召开局人才工作领导小组 2021 年第二次会议。会议要求，要把握战略契机，强化做好人才工作的政治自觉；要抓好重点工作，努力创造人才工作新业绩；要凝聚工作合力，不断筑牢人才工作组织根基。

4 月 21 日，市人力社保局召开全市人力社保培训工作会，总结 2020 年全市培训工作成效，谋划 2021 年培训工作。

4 月 22 日，全市职业技能提升行动质量督导专题会议顺利召开。市人力社保局组建百名质量督导员队伍，在全市设立 7 个片区，确保质量年活动扎实开展。

4 月 24 日，第八届全国饭店业职业技能竞赛面条专项赛全国决赛暨“巴渝工匠”杯第二届全国重庆小面技能大赛和首届全国中国菜技能大赛在重庆市沙坪坝区磁器口沙磁巷正式开幕。

4 月 26—29 日，由市人力社保局、四川省人社厅主办，市专家服务中心承办的 2020 年成渝地区双城经济圈建设专家服务团学党史、办实事、助力乡村振兴“走进秀山”活动成功举办。

5 月

5 月 5 日，按照国家决策部署和市委、市政府工作要求，重庆市圆满完成 2020 年城乡居民养老保险基础养老金调整工作。

5 月 8 日，市社保局以“走心为民心·社保暖巴渝”为主题组织开展首届“最美巴渝社保人”先进事迹宣讲会。

5 月 9 日，市人力社保局会同市委组织部等 10 部门发布了《2021 年重庆市招募“三支一扶”人员简章》，全市 34 个区县(自治县)面向全国公开招募 531 名高校毕业生到基层事业单位从事“三支一扶”工作。

5 月 14 日，市人力社保局召开选派驻镇工作队队员和驻村第一书记工作座谈会。

5 月 18 日，重庆市职业技能提升行动主城都市区第一片区工作会在长寿召开。会议进一步明确了抓好职业培训专项整治、技能鉴定自查自纠、民办职业培训学校办学评估等工作的有关要求。

5 月 23—29 日，重庆市就业工作领导小组办公室主办的第三期就业工作干部能力拓展研修班在华侨大学举办。

5 月 24 日，市人力社保局组织召开局人才工作领导小组办公室工作会。

5 月 27 日，由市人力社保局主办、綦江区人力社保局协办的重庆市电子社保卡签发超千万现场活动在綦江区政务服务中心隆重举行。

5 月 28 日，推动成渝地区双城经济圈建设川渝人社合作联席会议第五次会议在重庆召开。川渝两地人社部门现场签署了《大力推进川渝人社公共服务“十件实事”合作协议》《川渝事业单位人事管理工作战略合作协议》。

5 月 28 日，2021 年重庆市人力社保“普法宣传月”活动在沙坪坝区陈家桥学府广场启动。

5 月，举办全市技工院校庆祝建党 100 周年“匠心向党·技教筑梦”“匠心向党·技能报国”“匠心向党·技献百年”“匠心向党·技能花开”系列主题活动。

6月

6月1日,重庆市社保卡阅读“一卡通”项目启动仪式举行。

6月2日,市人力社保局召开全市人力社保系统2021年党风廉政建设工作座谈会暨社保基金管理问题专项整治动员部署会。

6月7日,重庆市(沙坪坝区)专家服务基地正式揭牌成立,中国工程院院士、重庆研究院院长潘复生与市人力社保局领导共同为专家服务基地揭牌。

6月9日,四川省委组织部高端人才服务中心、四川省人才交流中心和重庆市人才交流服务中心共同在成都举行川渝两地英才卡服务共享方式工作研讨会。

6月21—23日,“创业导师走进西部(重庆)科学城”活动在重庆高新区成功举办。来自全市15家主要投融资机构、7个重点创新创业园区、53个优秀创新创业项目负责人及团队成员共120余人参加,110余万观众在线观看了活动。

6月22日,第十五届高技能人才表彰大会在北京举行,重庆市7人1单位获第十五届全国高技能人才表彰。

6月24日,市政府召开迎接全国农民工工作暨保障农民工工资支付工作督察迎检工作视频会议,传达督察工作方案,安排部署迎检工作。

6月25日,重庆社会保险“三进三送”启动仪式在两江新区康庄美地街道成功举行。全市社保经办系统围绕“走心为民心,社保暖巴渝”主题,联动市、区县两级,宣传社保政策、开展社保服务,积极营造“全民参保、人人受益”的良好氛围,切实为参保群众、参保企业办实事。

7月

7月5—9日,2021年全国专业技术人才工作骨干培训班在中国·重庆人力资源服务产业园成功举办,来自全国各地专业技术人才工作骨干113人参训。

7月6日,“成渝地区双城经济圈乡村振兴国家级专家服务基地示范活动”在重庆文理学院举行。人社部专技司、四川省和重庆市相关单位的领导、专家学者等共计200余人参加活动。

7月6日，人社部公布第46届世界技能大赛中国集训基地，重庆市获批23个国家级集训基地。

7月15日，市人力社保局召开全市巩固拓展人社脱贫攻坚成果推进乡村振兴工作动员视频部署会。

7月17日，重庆市第三届“巴渝工匠”青年技能营在丰都县仙女湖镇闭营。本届青年技能营结合“迎世赛·点亮技能之光”主题推广活动，相继开展了世赛先进事迹报告会、技能“三进”、营地课堂、拓展训练等系列活动。

7月17日，“百年荣光，砥砺奋进”专家人才党史学习教育艺术欣赏活动在重庆群星剧院举行。

7月19日，市人力社保局、市发展改革委召开“十四五”促进就业规划编制专家研讨会，邀请就业领域专家为“十四五”就业工作把脉开方。

7月22日，工伤认定辅助调查核实试点工作座谈会召开。

7月28—29日，以“新时代、新动能、新发展”为主题的第一届全国人力资源服务业发展大会在重庆国际博览中心、悦来国际会议中心拉开序幕。其间同步举办人力资源服务业成果产品展示会。

8月

8月11日，市人力社保局组织召开第一届全国人力资源服务业发展大会工作总结会，全面总结办会经验，通报表彰决定，安排部署下一步重点工作。

8月12日，市人力社保局组织召开人力资源服务业“千亿跃升”行动座谈会，专题听取区县、行业机构、专家学者各方意见建议，研究如何推进人力资源服务行业实现千亿产业集群发展目标。

8月15日，重庆市出台《关于做好职业培训券推广使用有关工作的通知》，明确职业培训券适用项目、发放对象、渠道方式等，按照便民、惠企、精准、安全的原则，积极推动职业培训券在政府补贴性职业技能培训项目中的推广应用。

8月17日，人社部与重庆市人民政府、四川省人民政府签署了《推动成渝地区双城经济圈建设深化人力资源社会保障战略合作协议》。

8月19日，市服务业扩大开放综合试点工作人才领域开放工作推进组第一次会议召开。

8月24日，市人力社保局乡村振兴工作领导小组召开2021年第二次全体会议暨迎接中办督查室、国家三部委督查调研部署会。

8月30日，重庆市出台《加快集聚优秀科学家及其团队的若干措施》《支持青年人才创新创业的若干措施》，针对“塔尖”高层次人才和“塔基”青年人才的不同需求，分类制订培养引进措施，加快集聚优秀人才。

8月31日，“重庆人社”App“长辈服务专区”正式上线运行，切实解决老年人运用智能技术困难问题。

9月

9月3日，重庆市博士后沙龙走进江北嘴金融核心区活动暨江北嘴博士后创新创业园揭牌仪式顺利举行，重庆市部分博士、博士后代表，江北英才代表，重点金融机构相关负责人等近100人参加活动。

9月4日，国管局、中直管理局、国家发展改革委、财政部等四部门联合印发《第一批节约型机关建成单位名单》，市人力社保局机关、市社保局、市就业局、市监察总队、市劳动人事争议仲裁院荣获“节约型机关”称号。

9月8日，市人力社保局召开2021年全市技工院校庆祝教师节视频会。通报表扬技教名师、优秀教师、优秀班主任、优秀教育工作者并颁发证书，举行大师、专家聘用及青年教师拜师仪式；进行技工院校教学教研成果研讨。

9月9日，市人力社保局召开社保基金监管暨参保扩面工作专题会，研究部署如何在新形势下、新任务要求下，不断提升社保参保质量，强化社保基金监管。

9月13—17日，市人力社保局在宁夏大学举办了失业保险业务能力提升培训班。

9月15—17日，成渝地区双城经济圈建设专家服务团暨海外赤子为国服务行动计划“走进永川”活动成功举办。

9月16日，市人力社保局召开青年干部职工座谈会，深入学习贯彻习近平总书记在中央党校秋季开学典礼上的重要讲话精神，教育引导青年干部树立正确世界观、人生观、价值观，激励全局青年崇尚学习、勤于思考、敢于担当、善于作为。

9月26日，市人力社保局召开社保基金专项整治工作情况汇报会，人力资源和社会保障部社会保险基金监督管理局副局长张永清主持会议并讲话。

9 月 26—28 日，2021 年人社部高层次专家服务团走进重庆渝北区活动成功举行。

9 月 29 日，重庆市社会保险服务系统 3.0 上线仪式在中国・重庆人力资源服务产业园顺利举行。

10 月

10 月 14—15 日，市人力社保局开展第一轮巡察工作业务培训。局巡察人才库人员、基层党组织负责人、专兼职纪检干部等 60 余人参训。

10 月 16 日，第三届全国创业就业服务展示交流活动在吉林省长春市圆满落幕，重庆荣获“城市创业精品展示项目”奖项。

10 月 17—18 日，重庆市开展 2021“百万英才兴重庆”——北京行活动，赴京引才人数创历史新高，参会单位共收到简历 2956 份，现场达成意向人才 553 人。

10 月 17—18 日，由市人力社保局，万州区委、区政府主办的成渝地区双城经济圈建设专家服务团暨重庆市博士后沙龙走进万州活动成功举办，培训指导总人数超过 1500 人。

10 月 17—23 日，市人力社保局直属机关委员会在中共延安市委党校举办 2021 年度局直属机关优秀共产党员和基层党组织党务工作者素质提升培训班。

10 月 18—20 日，川渝英才爱国奋斗研修班暨成渝地区双城经济圈建设专家服务团“走进石柱”活动在中益乡初心学院举行。

10 月 19—22 日，人社部、财政部评估调研组赴重庆市开展实地评估调研，对机关事业单位养老保险制度改革以来的运行情况进行全面总结评估。

10 月 28—29 日，市人力社保局在万州区恒合土家族乡和开州区满月镇顺利举办 2021 年人力资源市场建设助力乡村振兴活动暨专场招聘会，促进 190 余名劳动者与用人单位达成就业意向。

10 月 29 日，市人力社保局召开智能终端产业重点电子企业新一阶段用工保障工作部署会。

10 月 31 日，全市社保系统以“我为群众办实事”实践活动为抓手，扎实开展“四进四送四服务”百日攻坚行动。

11 月

11 月 1 日,由市人力社保局、四川省人社厅主办的“共建共享协同发展——第二届成渝地区双城经济圈人力资源服务产业园联盟大会”在中国·重庆人力资源服务产业园成功举办。

11 月 5 日,市人力社保局结合党史学习教育“我为群众办实事”实践活动要求,聚焦全市乡村振兴 17 个市级重点帮扶乡镇,启动实施“乡村创业领雁训练营”活动。

11 月 10 日,川渝两地人社部门通过云签约方式签署了《川渝城镇企业职工基本养老保险关系转移资金定期结算合作协议》,转移资金定期结算工作于 2021 年 12 月 1 日起正式实施。

11 月 11 日,市人力社保局、四川省人社厅共同举办了 2021 年川渝职业指导峰会,“云签署”《“十四五”期间川渝职业指导服务协同发展合作备忘录》,推动职业指导人才库共建、服务共享、结果互认、政策协同。

11 月 21 日,重庆英才大会圆满落幕,大会共引进紧缺急需人才 3319 名、项目 407 个,分别比上届增长 82%,52%,达到历年最高值;大会正式揭牌成立中国·重庆数字经济人才市场,首次为 5 位院士代表颁发“重庆英才荣誉卡”,西部省、自治区、直辖市共同启动“西部联合引才”活动。

11 月 22 日,重庆市委人才工作会议召开。会议认真学习贯彻党的十九届六中全会精神,深学笃用习近平总书记关于新时代人才工作的新理念、新战略、新举措,全面落实中央人才工作会议要求,部署加强和改进新时代重庆人才工作,加快建设全国重要人才高地。

截至 11 月底,市人力社保局通过强化市场化招工、实施应急资源调度等手段协助智能终端产业重点电子企业招工 32.9 万人,同比增长 9.7%,企业用工得到及时、全面保障。

12 月

12 月 2 日,“逐梦·筑梦·圆梦——农民工与城市化专题展”开展仪式在重庆建川博物馆举行。

12 月 3 日,市人力社保局在中国·重庆人力资源服务产业园组织开展“宪法宣传周——我为群众办实事,人社法规进企业”主题宣传活动。

12 月 6 日,全市巩固拓展人力社保脱贫攻坚成果同乡村振兴有效衔接业务培训会在 1421 视频会议室召开。

12 月 6 日,市人力社保局、市委宣传部、市精神文明办共同举行重庆市 2021 年“最美基层高校毕业生”发布和颁奖仪式。谢发滔等 10 人受表彰。

12 月 7 日,市人力社保局召开全市社会保险基金管理警示教育动员会。

12 月 8—10 日,由市人力社保局、黔江区委、区政府共同主办的成渝地区双城经济圈建设专家服务团“走进黔江”活动举行。

12 月 14 日,2021 重庆英才大会“英才杯”创新创业创造项目大赛决赛在重庆圆满落幕。

12 月 14—17 日,2021 年全市高级专家休假、疗养、学术交流“三位一体”活动在北碚成功举办。

12 月 20 日,重庆代表团在第一届全国博士后创新创业大赛斩获 2 金 1 银 2 铜 1 优秀组织奖。

12 月 23 日,市人力社保局召开全市人力资源服务业发展大会。

12 月 24 日,由川渝两地人社、教育部门联合主办的“创业西部 留·在双城”第二届成渝地区双城经济圈留学生创新创业大赛在成都圆满落幕,重庆市选派的 10 支参赛队伍斩获一等奖 1 名、二等奖 2 名、三等奖 3 名的佳绩。

12 月 31 日,市人力社保局圆满完成 2021 年度养老保险待遇调整工作。

截至 2021 年底,通过“重庆市政府”“重庆人社”、微信、支付宝等 30 个渠道,签发电子社保卡突破 1700 万张。

2021 年,全市城镇新增就业 75.1 万人,完成全年目标任务 60 万人的 125.2%,同比增长 14.5%。

2021 年,市人力社保局充分发挥公共就业服务,大力开展“重庆英才·职等您来”网络直播招人招才公共服务,向广大求职群众免费提供高效便捷的“一站式”公共就业网服务。